黒《こく》風《ふう》白《はく》雨《う》

私はこのように生きてきた

宇都宮健児

花伝社

黒風白雨——私はこのように生きてきた◆目次

はじめに　5

第一部　時代と向き合う　7

第1章　『週刊金曜日』との出会い　8

第2章　日弁連会長としての二年間を振り返って　21

第3章　都知事選に三度出馬して　51

第二部　黒風白雨・風速計　63

第1章　二〇〇九年～二〇一一年　64

第2章　二〇一二年〜二〇一五年　108
第3章　二〇一六年〜二〇一八年　165
第4章　二〇一九年〜二〇二一年　222
第5章　二〇二二年〜二〇二四年　291
おわりに　364

はじめに

二〇〇九年一月から『週刊金曜日』の編集委員に加わり、「風速計」と「黒風白雨」というコラムを担当してきている。

私が何故『週刊金曜日』の編集委員に加わることになったかについては、本書の第一部第1章の「『週刊金曜日』との出会い」で触れているので参照してほしい。

私が『週刊金曜日』の編集委員に加わった後の私自身の大きな出来事としては、二〇一〇年の日本弁護士連合会（日弁連）の会長選挙に立候補して当選し二〇一〇年四月から二年間日弁連会長を務めたことと、日弁連会長退任後三度の東京都知事選挙に出馬したことがある。この二つの経験は、「風速計」と「黒風白雨」のコラムにも反映されていると思う。

本書は花伝社の平田勝社長に勧められ『週刊金曜日』の了解を得て、一五年間にわたる『週刊金曜日』の「風速計」と「黒風白雨」のコラムの中から抜粋し、一冊の本にまとめたものである。「風速計」と「黒風白雨」のコラムは、一五年間にわたる世界と日本の政治や社会の動きに対し、どのように私が感じ、考えたかを記述したものである。

第二部のコラムの前に、第一部では私と『週刊金曜日』が出会うきっかけとなった「サラ金大手武富士による高額損害賠償請求訴訟」と、この一五年間を振り返って私にとって大きな出来事であった日弁連会長としての二年間の活動と、都知事選に三度出馬した経験について触れた。

どちらも私にとって弁護士になった当初は、とても予測もしなかった貴重な経験であった。

日弁連会長としての活動や都知事選の活動では、多くの素晴らしい人々との出会いがあった。

日弁連会長選挙で選対本部長を務めていただいた新里宏二弁護士をはじめとして私の日弁連会長選挙を支援していただいた全国各地の弁護士の皆さん、二年間の日弁連会長としての活動を支えていただいた海渡雄一日弁連事務総長をはじめ日弁連副会長の皆さんと日弁連職員の皆さん、都知事選を支えていただいた選対メンバーの皆さんと市民ボランティアの皆さんに対し、改めて感謝を申し上げたい。

第一部

時代と向き合う

第1章　『週刊金曜日』との出会い

サラ金大手武富士の高額損害賠償請求訴訟

二〇〇九年一月から『週刊金曜日』の編集委員に加わり、「風速計」と「黒風白雨」というコラムを担当してきている。

私と『週刊金曜日』との出会いのきっかけは、サラ金大手武富士が提起した名誉毀損を理由とする高額損害賠償請求訴訟である。

武富士は一九六六年一月武井保雄によって創業されたサラ金（消費者金融）で、一九九八年一二月東京証券取引所第一部に上場し、二〇〇二年一一月には日本経済団体連合会に加盟したサラ金業界のトップ企業であった。

二〇〇三年当時武富士は、武富士を批判する出版社やフリーのジャーナリスト、弁護士らに対し、批判封じ、言論封じのために名誉毀損を理由とする高額の損害賠償請求訴訟を乱発していた。今ではこのような訴訟は「スラップ訴訟」と呼ばれている。

武富士が提訴した主な訴訟を時系列的に上げると以下のとおりとなる。

①週刊金曜日訴訟（二〇〇三年三月一四日提訴）
被告　株式会社金曜日、三宅勝久氏
武富士の業務実態について『武富士残酷物語』を連載
一億一〇〇〇万円を請求

②武富士の闇を暴く訴訟（二〇〇三年四月二四日提訴）
被告　同時代社、新里宏二弁護士、今瞭美弁護士、宮田尚典弁護士
武富士被害対策全国会議編による『武富士の闇を暴く　悪質商法の実態と対処法』の出版
五五〇〇万円と出版差し止めを請求

③週刊プレイボーイ訴訟（二〇〇三年五月一四日提訴）
被告　株式会社集英社、編集長、寺沢有氏
武富士と警察との癒着を中心とした報道
二億円と謝罪広告を請求

④月刊ベルダ訴訟（二〇〇三年七月一四日提訴）
被告　株式会社ベストブック、編集長、山岡俊介氏
武富士の盗聴疑惑や警察との癒着などの報道

一億円と謝罪広告を請求

⑤月刊創訴訟（二〇〇三年八月二七日提訴）
被告　株式会社創出版、山岡俊介氏、野田敬生氏
武富士の盗聴や警察との癒着などの報道
一億三〇〇〇万円と謝罪広告を請求

「武富士の闇を暴く訴訟」で被告になった新里宏二弁護士、今瞭美弁護士、宮田尚典弁護士は「全国クレジット・サラ金問題対策協議会」（現在の「全国クレサラ・生活再建問題対策協議会」）でクレサラ問題に取り組む仲間の弁護士であったので、私も被告側の弁護団に参加して活動することになった。その後、武富士によって同じ性格を持つ不当な訴訟が乱発されていることがわかるようになり、これらの訴訟の被告と支援団体が中心となって、二〇〇三年一一月一五日「武富士対策連絡会議」が結成され、私がその代表となった。武富士対策連絡会議では、それぞれの訴訟の進行状況等について情報交換を行いながら、武富士対策を検討していた。

武富士の武井保雄会長を電気通信法違反（盗聴）容疑で刑事告発

ところで、武富士が武富士を批判する出版社やフリージャーナリスト、弁護士らに対し、名誉毀損を理由とする高額な損害賠償請求訴訟を乱発した年である二〇〇三年の六月一三日、私が代表となっ

て当時の武井保雄武富士会長と武富士を電気通信事業法違反（盗聴）容疑で東京地検に刑事告発をしている。この刑事告発は、二〇〇三年五月二一日恐喝未遂容疑で逮捕された武富士渉外部のN元課長が「武井保雄会長から指示され電話を盗聴した」と証言したことがきっかけとなっている。

N元課長の刑事弁護人SとYは、私のよく知っている弁護士であった。私は、SとY弁護士を通じてN元課長が武井会長や武富士の盗聴容疑に関し内部告発をしてもよいと話していることを知った。私が盗聴容疑で武井会長や武富士を刑事告発することに協力するというのである。

N元課長は、盗聴の事実を陳述書にまとめて証言してもよいということであったが、私はN元課長が途中で武富士から買収されたり脅されたりして「あれは嘘だった」と証言をひっくり返す恐れがないかと心配した。現に、商工ローン大手S社のある幹部社員は、日栄・商工ファンド対策全国弁護団に協力して商工ローン大手S社の手口について証拠として裁判所に提出するための陳述書を書いてくれていたが、後にその幹部社員はそれを撤回しているのである。

もし、途中でN元課長に証言をひっくり返されると武井会長や武富士を刑事告発した私が逆に虚偽告訴罪で告訴され、名誉毀損を理由とする高額な損害賠償請求訴訟を提起されかねない情勢であった。というのは、当時武富士は自らを告発したり批判する者を逆に虚偽告訴罪で告訴したり、前述したような名誉毀損を理由とする高額な損害賠償請求訴訟を乱発していたからである。

そこで、私はN元課長の刑事弁護人S・Y弁護士と相談して、N元課長の逮捕容疑となっている恐喝未遂事件に関し、勾留理由開示公判を開かせ、勾留理由開示公判でN元課長に武井会長の盗聴指示の事実を陳述してもらい、その陳述書を裁判所に提出してもらうという方法をとることにした。勾留理由開示公判におけるN元課長の陳述を信用して刑事告発を行ったということであれば、虚偽告訴罪による逆告訴や名誉毀損を理由とする高額な損害賠償請求訴訟を防ぐ上でいくらか効果的だと思ったからである。

N元課長は、二〇〇三年六月九日東京地裁の勾留理由開示公判で、私が期待したとおり武井会長の指示で武富士を批判するジャーナリストらを盗聴した事実を陳述した。私は、N元課長が裁判所に提出した意見陳述書のコピーをN元課長の刑事弁護人Yから入手することができた。

N元課長の意見陳述書

N元課長の意見陳述書の要旨は、以下のようなものであった。

「私は、昭和五七年三月から平成一四年九月に退社するまで㈱武富士に約二〇年余勤務していましたが、その内平成六年一二月から平成一三年六月までの間、本社の渉外部あるいは法務部に在籍している時に、㈱武富士の武井保雄会長から、暴力団、右翼、総会屋、警察、ブラックジャーナリストらに対する対応を命じられ、合法、非合法を問わずトラブル案件の処理に従事してきました。武富士が店頭公開をめざし始めた頃、社内外のトラブル案件を処理するために渉外部を設置し、私がその課長に命じられた頃からです。武井会長からは、社員の犯罪調査、またジャーナリストや武富士の役員、退社した社員等に対して電話盗聴をして、その動向を監視対応せよとの指示を受けておりました。特に、平成一二年（二〇〇〇年）から一三年（二〇〇一年）にかけては、武井会長の直接の指示で、私自身いわゆる違法な電話盗聴による情報収集に関わって参りました。武富士において、武井会長の指示は絶対服従すべき至上命題であり、逆らうわけにはいきません。前任者であったK氏（元専務）は、犯罪調査や盗聴等の違法な業務を行なっていましたが、武井会長の指示で、K氏が退職した後私がこれを引き継いでやるようになったわけです。

私は、在職中に従事した業務については、随時ノートや手帳に記載し、ボイスレコーダー（テープ）に記録として残してあります。これらの記録資料のほとんどは、このたび新宿警察署に押収されておりますので、押収目録に記載されている手帳、ノート類の書類やフロッピー、テープ類を調べていただければ、その業務内容、経過は全て明らかになります。

この度の恐喝未遂事件に利用された武富士関係の資料は、私はこれらの違法ないし不当な業務に従事していた際に記録していた物、あるいは武井会長から破棄を命じられたものの、将来の身の危険から自分及び家族を守るために保存していた物の一部であります。私は、一部上場の大企業である武富士が会社内部外部で行っている法律や社会常識を余りにも無視した違法な業務の実態を社会的に告発して、これを正そうと思う気持ちがあって、これらの資料にもとづき報道あるいは出版の機会を求めていました。しかし、この間に、私がこの告発計画を相談した者に不用意に資料の一部をコピーして渡したり、オリジナルの一部を預けて返還してもらえなかったりしたために、そのコピーが、私の意思によらず、私の知らない者に渡されて悪用されたというのが真相です。

従いまして、私は、恐喝未遂被疑事件について自分の身の潔白を明らかにするとともに、武井会長の命令とはいえ、電気通信事業法一〇四条にいう通信の秘密を侵した自分の罪を敢えて告白し、㈱武富士がこれまでに犯してきた電話盗聴の事実を以下の通り明らかにするものです。

なお、この盗聴にかかる証拠物である電話内容を録音したカセットテープについては、弁護人を通じて別途検察庁に提出する予定です。

盗聴対象は、武井保雄会長から私に直接指示があります。私が会長から指示されて電話盗聴を業者にさせた対象者は計六名です。その盗聴理由、目的は武井会長の思惑ですので正確には分かりませんが、㈱武富士あるいは武井会長や息子らを批判するジャーナリスト関係者（山岡俊介、Sスタッフこと T、N）や、武井会長の強い猜疑心から社内の危険分子と見られた社員や退職した社員（K、H、F）です。

武井会長と私との間では、電話盗聴の事実を社内に公にするわけにはいきませんので、電話等の連絡をとり合う際の隠語を取り決めており、『耳の件』ということにしていました。会長の決裁を求める決裁申請書も秘書を通じて提出するものですから、盗聴の事項については『耳の件』と記載しました。あるいは、会長のいる『決裁室』に入る時もセキュリティを解除してもらう必要があるので、用件は『耳の件』というようにしたり、電話をつないでもらう時も同じです。

電話盗聴をした結果については、西新宿のビルの一一階にある会長室（『決裁室』と呼んでいます。）に届け、会長と私の二人だけでテープを回して聞き取ります。そのうえで、盗聴を継続するか、中止にするかの具体的な指示を武井会長から直接受けます。盗聴による情報収集途中の時でも、テープの切り替え交換の際に業者から届けられた盗聴テープを私が聞き取ってその内容や成果を武井会長に電話や書類などで報告します、その際に『耳の件』との符号を使って連絡するのです。盗聴から得た情報の扱いについて、武井会長からは、広報部の佐々木に対し『第三者から得た情報』として伝えておくように指示されることもあります。

これらの盗聴テープは、武井会長から聴取し終わったものは、他の調査資料と同様に、全て破棄するように包括的に指示されていました。」

このN元課長の陳述書は、詳細で具体性に富んでおり十分に信用できるものと思われた。

七一本の盗聴テープを確認

さらに、私が武井会長と武富士を電気通信事業法違反（盗聴）容疑で刑事告発に踏み切る上で大きなきっかけとなったのは、実際に盗聴テープ七一本をこの眼で確認できたことである。

実は、N元課長は武富士をやめる際持ち出した資料の大半は、警察に押収されたり、第三者の手に渡っていたのであるが、盗聴したテープだけは警察に押収もされないまま、ある銀行の貸金庫に保管されていたのである。

N元課長は、武井会長から直接電話や面談で盗聴を指示されていた。ほかの社員に違法行為を知られないように盗聴のことを「耳の件」と呼び、盗聴テープは本社一一階の会長室で武井会長と二人で聞いていたという。武井会長は盗聴テープを聞いた後は、N元課長に破棄を指示していたが、N元課長は破棄すれば自分一人の責任とされることを恐れ、盗聴に関連する書類や盗聴テープを手元に残していたという。N元課長は、前任の渉外担当者に「会社から責任を押しつけられないよう身の保全を考えた方がいい」と言われ、何かの役に立つと思って保管していたとも話している。

N元課長の刑事弁護人Yは、N元課長より貸金庫の鍵を預かり、貸金庫から七一本の盗聴テープを取り出してきて、私とY弁護士はある場所で七一本の盗聴テープを確認した。

そこで、私が代表になって、二〇〇三年六月一三日、七一本のカセットテープとN元課長の意見陳述書その他関係証拠を添えて、武井保雄会長と武富士を、電気通信事業法違反（盗聴）容疑で東京地方検察庁に刑事告発し、直ちに記者会見を行った。

刑事告発に対する武富士の反応

私たちの刑事告発に対し、武富士は、二〇〇三年六月一四日付のホームページで「『全国ヤミ金融対策会議』代表弁護士らによる検察告発の『盗聴の指示』は事実無根」と題して以下のような記事を掲載した。

「六月一三日、『全国ヤミ金融対策会議』代表の弁護士らが、当社武井会長が盗聴を指示したとして、東京地方検察庁に、当社および武井会長他を告発し、記者会見を開きました。

しかしながら、六月一二日付の本コーナーでも指摘しましたように、当社が会社としてあるいは武井会長が盗聴を指示した事実は全くありませんし、言われるような盗聴を指示する必然性も全くありません。

同弁護団が盗聴の根拠としているのは、当社の社内情報を盗み出して改竄し、五月二〇日に恐喝未遂で逮捕され、六月一〇日に業務上横領で再逮捕された当社元社員N容疑者の資料であり、情報そのものがダーティなもので、信ずるに足りるものではありません。さらに、盗聴が開始されたとされる平成一二年末は、同容疑者が違法賭博により多額の借財を負ったことが発覚した時期と符号しています。同容疑者の行為は、個人的な借金返済という私利私欲のために犯行に及び、さらに犯行を隠匿するために武井会長に責任を転嫁し、保身をはかる恩を仇で返す卑劣なものであります。

当社は、同様の根拠で自宅を盗聴されたとして警視庁北沢警察署に武井会長を告発したメールマガジン「東京アウトローズ」山岡俊介編集長を、虚偽告訴罪で五月三〇日に同警察署に告訴していますが、本件についても当局による厳正な事件の解明を待つとともに、意図された告発に対しては、毅然とした法的対応を取りたいと考えております。

また、今回の告発の母体となった『全国ヤミ金融対策会議』には、依頼者から預かった金員を横領したとして刑事訴追を受けている弁護士がいます。このことは、同弁護団の行動が、自らの内部に対しては正義を貫こうとしないが、他に対しては厳しく接するという、典型的なダブルスタンダードによるものであることを示しています。

今回の『告発』も、ためにするものであるというそしりは免れないものと思われます。」

武富士のホームページでは、私たちの刑事告発に対し「毅然とした法的対応を取る」と書かれており、私は虚偽告訴罪での告訴、名誉毀損による高額損害賠償請求訴訟の被告となることを覚悟していたが、何故かその後私に対する武富士からの刑事告訴や損害賠償請求訴訟の提起は行われなかった。

警視庁ではなく東京地検に刑事告発した理由

何故当初警視庁に告発するのでなく、東京地検に告発したのかというと、武富士と警察の癒着問題が報道されていたからである。この点に関し、二〇〇三年五月一五日、共産党の宮本岳志参議院議員が参議院の「個人情報の保護に関する特別委員会」で、警察と武富士の癒着問題を追及していた。

警察は武富士に右翼団体、暴力団、犯罪情報などを提供する一方で、武富士は警察に対し、お歳暮・お中元としてビール券などを配ったり、警察官に関する個人信用情報を提供していた。

二〇〇三年七月一八日、警視庁は武富士との癒着問題で警視庁警察官三名を懲戒処分にするとともに、そのうち一名（警視正）を地方公務員法（守秘義務）違反容疑で書類送検した。

また、警視庁は七月二二日、警視庁警察官一四人が一九九三年から二〇〇一年にかけ武富士から九五〇～九九〇枚のビール券を受領していたとの調査結果を発表し、OB五人を除く九人を厳重注意処分としている。さらに、書類送検された警視正が一九九七年から二〇〇〇年にかけて部下警察官計一四〇人分の借り入れ状況を武富士に照会していたことが判明した。

このことにより、武富士は、二〇〇三年九月三日、信用情報機関JDB（ジャパンデータバンク）により、信用情報の不正アクセス（目的外使用）を理由としてJDB利用の一部停止処分を受けている。

その後私達の刑事告発を二〇〇三年七月三一日に警視庁も受理して、盗聴容疑の捜査に乗り出すことになるのであるが、実は七月一四日の警視庁警察官の懲戒処分が大きな影響を与えたのではないかと私は考えている。

つまり、武富士との癒着問題で警視庁は三名の警察官の犠牲者を出しているのに、武富士は全く痛手を被らず犠牲者を出していなかったからである。

N元課長が恐喝未遂容疑で逮捕されているが、これはもともと武富士が刑事告訴していた事件だったのである。

この結果、「犠牲者」を出した警視庁が、武富士は許せんと武富士捜査に熱心になったのではないかと思われるがどうであろうか。

盗聴事件の顛末

二〇〇三年一〇月二四日、警視庁は電気通信事業法違反で横浜市の探偵事務所を捜索した。同年一一月一四日には警視庁が武富士本社などを捜索、K元専務、N元課長、アーク横浜探偵局社長ら三人の計五人を電気通信事業法違反容疑で逮捕した。

そして、同年一二月二日にはついに武井保雄会長が電気通信事業法違反容疑で逮捕された。「武富士ダンサーズ」と呼ばれた武富士のテレビCMは、武井会長の逮捕によって一斉に中止された。

当初武井会長は容疑を否認していたが、一二月八日になって容疑を認め、武富士の会長も辞任した。同年一二月一五日武井会長と武富士が東京地裁に起訴された。二〇〇四年一一月一七日に東京地裁は、武井元会長に懲役三年執行猶予四年、武富士に罰金一〇〇万円の有罪判決を言い渡した。

東京地裁は「会社の財力に物を言わせ、社内での圧倒的な地位を利用し、武富士に都合の悪い記事の背後関係などを探るため、違法かつ悪らつな手段に訴えたもので厳しい非難に値する」と指摘するとともに、一九九二年秋ごろから、顧客情報の漏えいなどを疑い、同社の元幹部らの自宅を盗聴させていたと認定し「常習的に盗聴に手を染めていた」と断罪した。

盗聴事件で武富士の武井会長が逮捕され有罪となったことは、武富士に絡むその他の事件にも大きな影響を与えることになった。

武富士が、武富士を批判する出版社やフリージャーナリスト、弁護士らに対し提起していた名誉毀損を理由とする高額な損害賠償請求訴訟に関しては、前述した③④⑤の訴訟に関しては、武富士が一方的に請求放棄または被告側の反訴請求を認諾することにより、終了することになった。

また、①②の訴訟に関しても、最終的には武富士の請求は棄却され、被告側の反訴請求または反撃訴訟が認められ、被告側の全面勝訴で訴訟が終了している。

『週刊金曜日』の編集委員に就任

二〇〇八年一一月七日、長い間『週刊金曜日』の編集委員を務められてきた筑紫哲也さんが亡くなられた。筑紫哲也さんが亡くなられた後、佐高信さんから『週刊金曜日』の編集委員になってほしいと勧誘され、二〇〇九年一月から『週刊金曜日』の編集委員を引き受けることにした。

佐高信さんが、私に『週刊金曜日』の編集委員になってほしいと勧誘してきたのは、サラ金大手武富士の『週刊金曜日』と三宅勝久氏に対する名誉毀損を理由とする高額な損害賠償請求訴訟の縁ではなかったかと思っている。

第2章　日弁連会長としての二年間を振り返って

完全無派閥で日弁連会長選挙に立候補

私は二〇一〇年四月から二年間日本弁護士連合会（日弁連）の会長を務めた。日弁連は、全国の弁護士、弁護士法人、弁護士会が加入する弁護士の全国団体である。

私は弁護士になってからクレサラ問題・多重債務問題や貧困問題に取り組んできていたが、日弁連会長としての二年間は弁護士としてそれまでにも経験したことのない貴重な経験をさせてもらったと思っている。また、私は日弁連会長退任後、都内の市民グループに要請されて東京都知事選に出馬することになるのであるが、日弁連会長としての二年間の経験がなければ、おそらく都知事選には出馬しなかったのではないかと思う。

ところで、現在自民党の派閥の裏金問題が大きな問題となり、自民党内では派閥の解消が議論されているようであるが、実は弁護士会の中にも「会派」と呼ばれる「派閥」が存在するのである。基本的人権を擁護し社会正義を実現することを使命とする弁護士の団体にも派閥が存在するのであるから、私は自民党内の派閥もなくなることはないのではないかと思っている。

弁護士会の派閥は人事派閥である。この派閥は、日弁連会長だけでなく、弁護士会の会長や副会長、最高裁判事、司法修習所の教官など弁護士が関係する役職の人事について強い影響力を持っている。

したがって、これまでの日弁連会長選挙では、東京にある三つの弁護士会（東京弁護士会、第一東京弁護士会、第二東京弁護士会）と大阪弁護士会にある派閥が擁立する候補がほとんど当選しており、また、ほとんどの候補者が東京の三弁護士会か大阪弁護士会の会長を経験している候補者であった。たまに、東京の三弁護士会や大阪弁護士会以外の弁護士会に所属する弁護士が日弁連会長になることもあるが、その弁護士も東京の三弁護士会や大阪弁護士会の派閥の推薦や支持を得て当選しているのである。

東京の三弁護士会と大阪弁護士会に所属する弁護士数は、日本の全弁護士の六割を超えている。したがって、東京の三弁護士会と大阪弁護士会の派閥が連携すれば、日弁連会長選挙において圧倒的多数を獲得する可能性が大きくなるのである。よく知られている中坊公平元日弁連会長は、大阪弁護士会の会長経験者であるし、大阪弁護士会内の最大派閥S会の幹部であった。

弁護士会の派閥の中には、戦前から続いている派閥も多数存在する。

私が一部の弁護士グループから要請されて二〇一〇年二月に行われた日弁連会長選挙に立候補したときの相手方Y候補は、東京弁護士会の会長経験者であり、東京弁護士会の派閥の中で最大派閥H会の幹部であった。ちなみに、東京弁護士会は全国五二の弁護士会の中で、最も多くの会員を擁する弁護士会である。

一方の私は、Y候補と同じく東京弁護士会に所属していたが、無派閥であり、東京弁護士会の会長も経験していなかった。

弁護士会の派閥は保守系、中道系、リベラル系などに色分けされる。

東京弁護士会にリベラル系のK会という派閥がある。K会は第二次大戦後にできた派閥で、もともとは弁護士会内の派閥解消を謳って設立された派閥と聞いている。このK会には、自由法曹団や青年法律家協会（青法協）系の弁護士が多く所属している。K会は、最近では東京弁護士会の副会長ポストを確実に確保できるようになってきているので派閥解消はあまり主張しなくなっている。

私が二〇一〇年に日弁連会長選挙に立候補した時は、このリベラル系の派閥K会も相手方Y候補の推薦・支持を決めている。東京の弁護士会の他の二会（第一東京弁護士会、第二東京弁護士会）と大阪弁護士会の派閥もすべてY候補の推薦・支持を決めている。したがって、私は、東京の三弁護士会と大阪弁護士会の保守系、中道系、リベラル系の全ての派閥を相手に、政党でいえば自民党から共産党までの全ての政党を相手にして、日弁連会長選挙を闘ったわけである。

このような情勢下で完全無派閥の私が日弁連会長選挙に立候補したことは、大変無謀な立候補だと思われた。私自身、今から考えれば、よく立候補したなと思っている。マスコミも当初は私のことを泡沫候補扱いをしていた。

しかしながら、私が日弁連会長選挙に立候補した二〇一〇年当時は、一九九九年頃から始まった司法制度改革のひずみが露呈し始めていた時期であった。

司法制度改革の中で法曹（弁護士・裁判官・検察官）人口の拡大政策がとられ、法科大学院を開設するとともに、将来的には法曹人口が五万人になることを見込んで、二〇一〇年頃には司法試験合格者を三〇〇〇人にするという目標が設定されていた。しかしながら法的需要があまり増えない中で、あまりにも急激に法曹人口を増やしすぎたために、司法試験に合格して司法研修所を出たものの就職先のない若い弁護士が急増していた。

また、司法試験の合格者は、将来的に選択するのが弁護士、裁判官、検察官のいずれであろうと司法研修所で一年間（私が司法研修所に入所した当時は修習期間は二年間であった）研修を積むことになっており、司法修習生は修習専念義務が課されてアルバイトなどが禁止される一方で、公務員の初任給並みの給与が支給されることになっていた。

ところが、司法制度改革の中で、この「給費制」は二〇一〇年一一月から廃止され、経済的に困難な修習生に対しては、最高裁が生活費を貸し付ける「貸与制」に移行されることになっていたのである。生活費を貸してくれる貸与制があるといっても、これは修習修了後には返済しなければならない借金である。かなりの割合の新人弁護士が、高校・大学時代の奨学金の返済、法科大学院時代の奨学金の返済で苦しんでいる現実があるうえに、さらに司法修習時代にも借金が増えるとなると、経済的に余裕のある人でない限り法曹になれなくなってしまう。司法修習生の「給費制」の廃止と「貸与制」への移行は、およそ改革といわれるものでなく、「改悪」そのものであった。

さらに、二〇〇八年九月のリーマン・ショックを契機とした世界的な金融危機と経済不況は、大量の派遣労働者の解雇いわゆる「派遣切り」や「雇い止め」が発生し、派遣切りをされた派遣労働者を支援するために年末年始に「年越し派遣村」の取り組みがなされた。この年越し派遣村の取り組みは、わが国で広がっている貧困問題を一気に顕在化させることになった。二〇一〇年は、弁護士・弁護士会・日弁連が顕在化した貧困問題に対し、どのように取り組んでいくか問われていた時期でもあった。

私は、それまで続けられてきた司法制度改革の問題やひづみが生じているところを大胆に軌道修正し、司法試験合格者数を年間一五〇〇人程度に抑える、司法修習生の給費制を維持する、日弁連として貧困問題に取り組むなどを主な公約として日弁連会長選挙に立候補して闘うことにした。

二〇一〇年二月五日に行われた日弁連会長選挙の投票結果は、

・Y候補九五四四票（九弁護士会で最多票）
・私八五五七票（四二弁護士会で最多票）
（弁護士会のうち一弁護士会は同数で引き分け）

であった。

ところで、日弁連会長選挙に関しては、単純に得票数の多い候補者が当選となるのではなく、最多得票と同時に全国五二弁護士会のうち少なくとも三分の一を超える弁護士会で最多票を得ていなくてはならないという規定（日本弁護士連合会会則六一条二項）がある。

Y候補は、東京の三弁護士会や大阪弁護士会などで圧倒的多数の票を得たが、制した弁護士会は九会で全体の三分の一に届かなかった。

この結果、日弁連会長選挙史上初の再投票が行われることになった。再投票は三月一〇日に行われ結果は、

・Y候補八二八四票（六弁護士会で最多票）
・私九七二〇票（四六弁護士会で最多票）

となり、私は大阪弁護士会でも逆転し当選することになった。

マスコミは私の勝利を「番狂わせ」と報じた。私は、完全無派閥であり、東京の三弁護士会や大阪弁護士会の派閥の推薦・支援は一切受けなかったが、三〇年以上にわたり続けてきたクレサラ運動・多重債務者救済運動を通じて全国各地の弁護士会に共に運動する弁護士仲間のネットワークができていたことが、日弁連会長選挙で勝利する上で大きな力になったと思っている。

日弁連会長としての活動

日弁連には議決機関として総会、代議員会、理事会、常務理事会がある。

総会は日弁連の最高意思決定機関で、予算の議決・会則の制定・変更などの重要事項を審議する。総会は毎年一回開催される定期総会のほかに、必要に応じて臨時総会が開催される。

代議員会は日弁連の副会長・理事・監事の選任などについて審議する。代議員会は毎年一回開かれる。

理事会は日弁連の規則制定・総会議案・各種意見書などの事項について審議する。理事会は会長・副会長・全国の弁護士会の会長を含む七一人の理事で構成され、毎月二日間開かれる。

常務理事会は各弁護士会の会の会則・会規・弁護士名簿の登録・登録換え及び登録取消・弁護士の資格審査又は懲戒などの事項について審議する。会長・副会長・常務理事で構成される。

これらの議決機関には、日弁連会長は当然出席し、必要に応じて説明・答弁することになる。

日弁連は、基本的人権を擁護するという弁護士の使命に基づき、人権問題の調査・研究、人権思想の高揚に資するため、毎年一回、東京都以外の地で人権擁護大会を開催している。大会では、日弁連の人権擁護活動の報告、人権問題に関する宣言・決議が採択されている。また、大会にあわせて、毎回多数の弁護士・市民の参加を得て、重要な人権問題をテーマにシンポジウムが開催されている。人権擁護大会は日弁連最大のイベントであり、当然日弁連会長も出席することになる。

全国には「弁護士会連合会」（弁連）が、全国の高等裁判所に対応して北海道、東北、関東、中部、近畿、中国、四国、九州に設けられている。これら八つの弁護士会連合会の大会がそれぞれ年一回開かれるのであるが、八つの弁護士連合会の大会にも日弁連会長は出席し日弁連の活動を報告し挨拶をすることになっている。

日弁連には、法定委員会が七つ、常置委員会が五つ、特別委員会が七四ある（二〇一九年一月一日現在）。

法定委員会は、弁護士法により設置を義務付けられた委員会と外国弁護士による法律事務の取扱いに関する特別措置法により設置を義務付けられた委員会であり、資格審査会、懲戒委員会、綱紀委員会、綱紀審査会、外国法事務弁護士登録審査会、外国法事務弁護士懲戒委員会、外国法事務弁護士綱紀委員会の七つである。

常置委員会は会則により設けられた委員会で、人権擁護委員会、弁護士推薦委員会、司法修習委員会、選挙管理委員会、司法制度調査会の五つである。

特別委員会は、理事会の議決により設けられた委員会で、公害対策・環境保全委員会、消費者問題対策委員会、子どもの権利委員会、両性の平等に関する委員会、日弁連刑事弁護センター、民事介入暴力対策委員会、日弁連公設事務所・法律相談センター、国際人権問題委員会など七四の委員会がある。

このほか、対策本部やワーキンググループなどを含めると日弁連では約一一〇の委員会が活動している（二〇一九年一月現在）。

委員会から提案された意見書は、理事会で審議され、理事会で採択されると正式に日弁連の意見書となる。日弁連の意見書は日弁連会長名で発表されることになるので、当然会長としては意見書の内容についてよく勉強し理解することが求められる。

正副会長会は、毎週二回位開催される。正副会長会の構成メンバーは、会長と副会長（現在は一五名）、事務総長である。

正副会長会では、総会や臨時総会、人権擁護大会、理事会に提出される議案や意見書、その他さまざまな会務活動が報告され審議される。また、さまざまな問題について会長声明や会長談話を出す時も、正副会長会に諮られる。

このように見てくると日弁連会長としての活動は「会議」「会議」の連続であるが、日弁連会長としての一年目は私の選挙公約であった司法修習生の給費制を維持するため日弁連内に「司法修習費用給費制維持緊急対策本部」を立ち上げ、市民団体の「司法修習生に対する給与の支給継続を求める市民連絡会」と法科大学院の学生が中心となった当事者団体である「ビギナーズ・ネット」などと協力して給費制維持運動を展開した。

日弁連会長に就任して二年目を迎えようという二〇一一年三月一一日、東日本大震災と福島第一原発事故が発生した。日弁連は震災発生当日に「災害対策本部」を立ち上げるとともに、私自身も三月に宮城、四月に岩手、福島と被災地を視察し、被災者・被害者救済の態勢づくりを行った。こうして日弁連会長としての二年目は東日本大震災とこれに伴う原発事故による被災者・被害者支援の取り組みが中心的課題となる。

司法修習生の給費制を維持する運動

戦前の法曹を要請する司法修習制度は、裁判官、検察官と弁護士は分離修習とされ、弁護士の修習には国費が投入されてこなかった。戦後の司法の民主化の一環として、裁判所法によって、司法修習生に修習専念義務が課され、裁判官・検察官・弁護士が統一修習とされ、司法修習生には給費が支払われ、その養成に国費が投入されることになった。

ところが、一九九九年に内閣に司法制度改革審議会が設置されて始まった司法制度改革の議論の中で、日本の法曹人口は欧米に比べて極端に少ない、法の支配を徹底する観点から少なくともフランス並みの法曹人口をめざすべきだとされ、法曹を養成する法科大学院の設置と当面司法試験の合格者数を当時の年五〇〇人から年三〇〇〇人に増員することになった。また、大量の合格者の修習費用を削減するため、修習期間を段階的に二年から一年に短縮し、修習費用は無給とし、必要な者には最高裁判所が修習費用を貸し付ける「貸与制」が導入されることになった。これが「給費制」が廃止された理由である。

高校・大学時代の奨学金の返済、法科大学院時代の奨学金の返済に司法修習生時代の貸与制による債務が加わるとなると、経済的に余裕のある人でない限り法曹になれなくなってしまう。

私が日弁連会長になった二〇一〇年四月の最初の理事会で「司法修習費用給費制維持緊急対策本部」の設置を決めた。そして同年五月の第六一回日弁連定期総会では「市民の司法を実現するため、司法修習生に対する給費制維持と法科大学院生に対する経済的支援を求める決議」を採択した。また、二〇一〇年六月には、当事者の運動体として若手弁護士、司法修習生、法科大学院の学生などで構成される司法修習生の給費制維持のための若手ネットワーク「ビギナーズ・ネット」と市民団体による「司法修習生に対する給与の支給継続を求める市民連絡会」が結成された。

日弁連の対策本部は、ビギナーズ・ネット、市民連絡会と協力して請願署名活動と全国各地での集会、デモ、院内集会、与野党の国会議員に対するロビー活動などを精力的に行った。請願署名は約六八万筆が集まり、市民集会は全国約四〇カ所で開催された。九月には国会に向けて約二〇〇〇人の請願パレードを実施し、計五回の院内集会を開催した。

全国約四〇カ所で開かれた給費制維持を求める市民集会には、私も半分以上の集会に参加し集会後行われたデモの先頭に立った。この市民集会によく参加して「社会的・経済的弱者の人権を守るためには手弁当で弁護を引き受けてくれる弁護士が必要だ。そのような弁護士を養成するには給費制が絶対に必要だ」と訴えていただいたのが、布川事件の冤罪被害者である桜井昌司さんと杉山卓男さんであった。桜井さんと杉山さんが司法修習生に対する給費制の維持を求める市民集会に参加してくれたのは、二〇〇九年一二月に再審開始決定が確定し、水戸地方裁判所土浦支部で再審公判が始まっている時期であった。二〇一〇年七月九日に水戸地方裁判所土浦支部で再審第一回公判が開かれている。

桜井さんと杉山さんは、二〇一一年五月二四日水戸地裁土浦支部の再審公判で無罪を勝ち取った。

同年六月七日検察側が控訴を断念したため、無罪判決が確定した。

桜井さんはその後、二〇一九年三月二日に結成された「冤罪犠牲者の会」の活動の中心になるとともに、二〇一九年五月に結成された「再審法改正をめざす市民の会」にも参加して共同代表として活動している。

桜井さんと杉山さんには日弁連の給費制維持運動に協力していただいたので、私も現在は「再審法改正をめざす市民の会」に共同代表として参加して再審法改正運動の一端を担わせてもらっている。

残念ながら杉山卓男さんは二〇一五年に、桜井昌司さんは二〇二三年八月に逝去された。お二人のご冥福をお祈りしたい。

このような給費制維持運動を行った結果、二〇一〇年一一月から司法修習生に対する給費制が廃止され、司法修習生に対し、修習資金を国が貸し付ける貸与制に移行されることになっていたが、二〇一〇年一一月二六日臨時国会で給費制を一年間延長する裁判所法の改正を勝ち取ることができた。私が日弁連会長に就任してから貸与制導入まで僅か七カ月間程しかなかったので、給費制の維持は誰がみても不可能だと思われていたが、精力的な運動を行った結果奇跡ともいえる成果を勝ち取ることができたのである。

貸与制の導入が一年間延期されたので、日弁連会長二年目も徹底した給費制維持運動を行えば、給費制は恒久化できるだろうと考えていた。しかしながら、二〇一一年三月一一日東日本大震災と福島第一原発事故が発生したため、私の日弁連会長としての二年目は東日本大震災とこれに伴う原発事故による被災者、被害者支援活動に重点を置かざるを得ない状況となった。

このため、残念ながら二〇一一年一一月（新六五期修習生から）貸与制が導入されることになってしまった。

しかしながら、日弁連の給費制維持対策本部はその後もねばり強く給費制復活の運動を続けた結果、七一期以降の司法修習生に対し基本給付金一三・五万円、住居給付金三・五万円および移転給付金を支給する裁判所法の一部を改正する法律が二〇一七年四月に成立している。

ただしまだ、大きな問題が残されている。新六五期から七〇期の司法修習生に対しては新修習給付金の適用はなく、七一期以降の司法修習生に比して経済的負担が重くなるという問題（「谷間世代問題」と呼ばれている）が生じているのである。明らかに谷間世代の法曹に不平等・不公平が存在しているので、日弁連の給費制維持対策本部は、国に対し谷間世代の不平等・不公平を是正する措置を求める運動を展開している。また、従来の給費制では公務員の初任給並の給費が支給されていたが、二〇一七年四月復活した新修習給付金制度で支給される給費は、従来の給費の半額程度であり、新修習給付金では十分な修習生活が維持できず、司法修習生の中には、修習生活資金の借り入れをしている司法修習生も多い。司法修習生に支給される給費は、従来の給費制で支給されていた公務員の初任給並の水準に戻すべきだと考えている。

東日本大震災とこれに伴う原発事故による被災者・被害者支援の取り組み

二〇一一年三月一一日午後一時から二〇一一年度の日弁連の副会長、理事・監事などの専任について審議する代議員会が行われ、代議員会終了後弁護士会館一六階にある会長室に戻り席に着くとすぐの午後二時四六分大きな地震に見舞われ、弁護士会館が数分間（私には大変長く感じた）大きく揺れた。会長室に飾っていた大きな絵も壁から落ちてしまった。会長室から日比谷公園を覗くと周辺の会社や官公庁に勤務している会社員や公務員と思われる人々が心配そうに大勢集まっていた。

私はあまりの地震の揺れの大きさに、初めはてっきり震源地は東京近辺であろうと思ったが、報道で震源地は東北三陸沖ということがわかった。また、マグニチュード九・〇の巨大地震であるということだったので、東北地方では相当大きな被害が出ているのではないかと思い、東北地方の弁護士と連絡を取ろうとしたがほとんど電話が繋がらなかった。

震災当日はＪＲや地下鉄がほとんどストップしており、タクシーを捕まえるのも困難だった。日弁連は東京三会（東京弁護士会、第一東京弁護士会、第二東京弁護士会）と協議して、帰宅困難者のために会館の一部を解放した。震災当日は日弁連の会務を終えた後、私は江東区にある自宅まで徒歩で二時間位かけて帰宅した。

日弁連は震災当日すぐに会長を本部長とする「東日本大震災・原子力発電所事故対策本部」（以下「災害対策本部」という）を立ち上げ、直ちに義援金の募集を開始するとともに、被災地の弁護士会や全国各地の弁護士会、日本司法支援センター（法テラス）などと協力して、電話による無料相談や避難所などを直接訪問しての無料法律相談活動を続けた。

日弁連は、二〇一一年五月二七日開催された第六二回定期総会において「東日本大震災及びこれに伴う原子力発電所事故による被災者の救済と被災地の復旧・復興支援に関する宣言」を採択した。この宣言の中で、日弁連は「被災地の復旧・復興の主体が被災者であることを十分に認識し、復旧・復興が憲法の保障する基本的人権を回復するための『人間の復興』であることを銘記し、この理念に基づいて、法律専門家団体としての職能を活かし、被災者に対する相談活動などを通じて被災者の救済と被災地の復旧・復興支援に取り組むこと」を宣言している。

私は東日本大震災と原発事故の被災地を私自身がまず視察することが大切だと考えた。当時は東日本大震災の影響で東北新幹線などの運転は全て停止されていたので、三月二七日に羽田空港から山形空港に飛び、山形空港からバスで仙台市内に入った。三月二八日は仙台弁護士会の新里宏二弁護士（二〇一一年四月一日からは日弁連副会長に就任）と地元の仙台市の市議さんに案内してもらって津波被害が大きかった仙台市若林区荒浜地区と避難所などを視察した。

若林区荒浜地区では津波が押し寄せた地点までの建物が土台だけを残して跡形もなく流されていた。また、海岸線に生えていた松の巨木が根こそぎなぎ倒されてあちことに散乱していた。私はこのような光景を見て津波の破壊力の凄まじさに驚愕した。

その後若林区の小学校の体育館に設置された避難所を視察して被災者の話しを聞いた。避難所は被災者で満杯状態であり被災者と被災者の間は段ボールの仕切りがある位であり、とてもプライバシーが守られる状態ではなかった。

日弁連が無料電話相談を開始していたが、避難所に避難している被災者にとっては電話相談を利用するのは困難な状況であった。私は避難所の状況を見て、弁護士が直接避難所に出かけて行って相談に応じる体制をつくる必要があると考え、仙台から帰京した後災害対策本部で検討してもらうことにした。

二〇一一年四月六日には羽田空港から花巻空港に飛び、いわて花巻空港まで迎えに来てくれていた岩手弁護士会の弁護士さんの車で釜石市まで送ってもらい、釜石市の津波の被災状況を視察した。また、避難所となっていた高台にあった小学校の避難所も視察した。小学校の先生が近く新学期が始まるが、子ども達は小学校に避難している被災者を毎日見ながら勉強することになるが、このことも子ども達にとってよい勉強になるのではないかと話していたことが印象に残っている。

翌四月七日には、やはり岩手弁護士会の弁護士さんの車で陸前高田市まで送ってもらい陸前高田市の津波の被災状況を視察した。

陸前高田市でも甚大な津波被害を受けていた。市庁舎も津波で壊滅的な被害にあい、多くの市職員が亡くなっている。また、東日本大震災が起きる直前の二〇一一年二月に行われた陸前高田市長選挙で初めて当選した戸羽太市長は、東日本大震災で妻を亡くしながらも被災者の救済・支援の先頭に立っていた。

陸前高田市では海岸の砂浜沿いに約七万本の松の木が茂っていたが、東日本大震災の大津波でほとんど全滅してしまった。ただし一本だけ松の木が残っており、その松は「奇跡の一本松」として知られるようになった。陸前高田市では避難所となっていた中学校の体育館を視察して被災者の話を聞いた。中学校の校庭では仮設住宅の建設が始まっていた。

岩手県の釜石市、陸前高田市の津波による被災状況を視察した後、盛岡市内にある岩手弁護士会館で記者会見し「未曾有の震災被害、津波被害に対しては被災者救済のために平成の徳政令的な特別な施策が必要である」と発言した。津波被害で自宅を失った被災者の中には住宅ローンがまだ残っている被災者も多かった。これから自宅を再建するためには再び住宅ローンを利用して再建するしかない。そうすると被災者は二重のローンを抱えるようになり、生活の再建、震災からの復興は困難・絶望的になってしまうからだ。岩手県からの帰京後、私は日弁連の災害対策本部で二重ローン対策を検討してもらうことにした。

四月一一日は新宿から出ている高速バスに乗り五時間かけて福島市内に入った。四月一二日福島県弁護士会の会館で福島県弁護士会の弁護士さん達と会議をしていたら突然大きな余震があり棚から書類が崩れ落ちた。すると福島県弁護士会の弁護士さん達は、崩れ落ちた書類には目もくれず、「すぐにテレビをつけて」「原発は大丈夫か」と叫んだ。福島県弁護士会の弁護士さん達は皆、地震の揺れよりも原発事故と放射線による被曝に神経質になっていることがわかった。

福島県弁護士会の弁護士さん達との会議後、福島県弁護士会の弁護士さんの案内で福島第一原子力発電所近くの市町村から避難した人の避難所となっている福島市内のあづま総合運動公園体育館を視察した。葛尾村から避難したという人達が、原発事故で避難しながらも今年の田植えをどうしようかなど農作業の心配をされていたことが印象に残っている。福島からの帰りも高速バスを利用して帰京した。

日弁連は、被災地の弁護士会や全国各地の弁護士会、日本司法支援センター（法テラス）などと協力して、電話による無料法律相談や避難所等を訪問しての無料法律相談活動を続けた結果、私が日弁連会長を退任するまでの相談件数は三万七四件を超えている。

法律相談活動の中から浮き彫りになってきた問題を解決するために、二〇一二年三月末までに一〇九本もの意見書や会長声明を出すなどして積極的な立法・政策提言を行い、その実現に向けた取り組みを行ってきた。これらの立法・政策提言の中で、二重ローン問題については、個人については「個人債務者の私的整理ガイドライン」が策定され、中小事業者については二重ローン対策立法として「株式会社東日本大震災事業者再生支援機構法」が成立している。また、原発被害者の救済に関しては、「原子力損害賠償紛争解決センター」(原発ＡＤＫ)が設置され、日弁連はこのセンターに仲介委員や調査官として多数の弁護士を推薦し派遣している。このほか、相続放棄等熟慮期間の延長、災害弔意金の支援対象の拡大、義援金の差押え禁止、民事法律扶助の特例法などの法律が成立している。

これらの立法や制度創設は、与野党ねじれ国会の中、政府提案の法案ですらその成立が困難視される中で、被災者・被害者支援の一点で日弁連が与野党に働きかけ、与野党の接着剤となって成立させたものである。

さらに、今回の被災者の多くが弁護士過疎地であったために、宮城県の南三陸町、山元町、東松山市、岩手県の大槌町に法テラスの出張所が開設されるとともに、日弁連の支援により岩手県の陸前高田市に「いわて三陸ひまわり基金法律事務所」、福島県南相馬市に「福島県弁護士会原子力発電所事故被害者救済支援センター南相馬出張所」が開設されている。

これらに関連して、私は日弁連会長として、二〇一二年三月一〇日岩手県大槌町で行われた法テラス出張所の開所式、同年三月二〇日岩手県陸前高田市で行われた「いわて三陸ひまわり基金法律事務所」の開設式、同年四月一四日福島県南相馬市で行われた「福島県弁護士会原子力発電所事故被害者救済支援センター南相馬出張所」の開設式に出席している。

法曹人口拡大政策にブレーキをかける

一九九九年頃から始まった司法制度改革の中で法曹（弁護士・裁判官・検察官）人口の拡大政策がとられ、日本の法曹人口は少なくともフランス並みの五万人をめざすべきとされて、法科大学院を開設するとともに司法試験合格者数を当時の年五〇〇人から年三〇〇〇人にするという目標が設定されていた。

私が日弁連会長に就任した年の二〇一〇年の司法試験合格者は二〇七四人であった。しかしながら、法曹人口は増えても家事事件だけは増加傾向にあったが民事事件、刑事事件、少年事件は減少傾向を示すなど法的需要はあまり増えていなかった。

法的需要はあまり増えない中で、あまりにも急激に法曹人口を増やしすぎたために、司法試験に合格して司法修習所を出たものの就職先のない若い弁護士が急増していた。司法試験合格者が増えても、裁判官、検察官採用人数はあまり増えず、大半の司法試験合格者が弁護士として活動することをめざしたため、若い弁護士の就職難は深刻な状況になっていた。日弁連は全国の弁護士会に働きかけて若い弁護士の採用を再三呼びかけていた。

そこで、私が日弁連会長に就任した後、日弁連内に「法曹人口政策会議」を設置して、これまでの法曹人口政策を再検討してもらうことにした。

「法曹人口政策会議」で喧々諤々の議論をしてもらった結果、日弁連は二〇一二年三月一五日「法曹人口政策に関する提言」を取りまとめ、この中で「司法試験合格者数をまず一五〇〇人にまで減員し、更なる減員については法曹養成制度の成熟度や現実の法的需要、問題点の改善状況を検証しつつ対処していくべきである」と提言している。

二〇二二年の司法試験の合格者は一四〇三人、二〇二三年の司法試験合格者は一七八一人となっている。

この間、七四校あった法科大学院は定員割れや募集停止が相次ぎ、二〇二三年度の入学者選抜実施校は三四校に減少してきている。また司法試験受験者数は、二〇一一年の八七六五人をピークに減少に転じ、近年の司法試験の受験者数は三〇〇〇～四〇〇〇人程度で、ピーク時の半分以下になっている。

今から振り返ると、司法制度改革の中での法曹人口拡大政策は現実の法的需要を無視したかなり観念的な拡大政策だったと思える。司法試験合格者数、法曹人口については、数年毎に現実の法的需要を分析し、柔軟に見直し、調整するシステムを構築すべきだったと思われるが、そのようなシステムは構築されていなかった。

私としては、一九九九年頃から始まった司法制度改革について、現時点においてもう一度検証、総括すべきではないかと思っている。

世界の弁護士・弁護士会との交流～国際会議に出席

日弁連は、さまざまな国際法律家団体に加盟しているとともに、世界の弁護士・弁護士会とも交流を行ってきている。

私は日弁連会長としていくつかの国際会議に出席した。

二〇一〇年七月二七日、二八日には、マレーシアのクアラルンプールで開かれた「アジア弁護士会会長会議」（ＰＯＬＡ）に参加し、アジア各国の弁護士会の会長と交流した。印象に残ったのは、このＰＯＬＡの会議には、中国の弁護士会会長と台湾の弁護士会会長が共に参加していたことである。

二〇一〇年八月七日から八月一〇日にかけては、米国サンフランシスコで開かれた「米国法曹協会」（ＡＢＡ）の年次大会に出席した。ＡＢＡは約四〇万人の個人会員と約三五〇の団体会員を有する全米最大の法曹団体で、日弁連は二〇〇三年に友好協定を締結し交流を続けている。ＡＢＡの年次大会は、米国の弁護士・裁判官・検察官などの法曹関係者だけでなく、世界各地の弁護士会の会長など数万人が参加する年次大会である。ＡＢＡの年次大会では、米国の弁護士をはじめ世界の弁護士会の弁護士と交流した。

二〇一一年七月一六日から七月一九日にかけては、中国の天津で開かれた「三極会議」に出席した。三極会議とは、日弁連と「中華全国律師協会」（ＡＣＬＡ）、「欧州弁護士評議会」（ＣＣＢＥ）との意見交換・交流の場であり、一年毎に日本、中国、ヨーロッパと場所を変えて開かれている。

二〇一一年一〇月九日、一〇日には、韓国ソウルで開かれた「アジア太平洋法律家協会」（ＬＡＷＡＳＩＡ）の年次大会に参加し、日弁連会長として挨拶をした。ＬＡＷＡＳＩＡは、一九六六年にオーストラリアのキャンベラで設立されたアジア・太平洋地域の法曹団体及び法律家の団体である。二〇一九年現在、各国・地域の四〇以上の団体が会員となっている。

二〇一一年一〇月三一日から一一月三日にかけては、アラブ首長国連邦のドバイで開かれた「国際法曹協会」（ＩＢＡ）の年次大会に出席し、日弁連会長として英語でスピーチを行った。ＩＢＡは世界各国の弁護士団体が加盟する国際組織で、現在は世界二〇〇を超える国・地域の八万人の弁護士が加盟している。

二〇一一年は第二東京弁護士会所属の川村明弁護士がＩＢＡの会長を務めていた。通常はＩＢＡの年次大会には日弁連の担当副会長が出席していたのであるが、日本の弁護士がＩＢＡの会長を務めていることもあり是非日弁連の会長が出席して挨拶をしてほしいという要請であったので、私が出席することになった次第である。

日弁連と韓国の大韓弁護士協会とは一九七八年以来、執行部同士の交流として隔年毎に相手国を訪問するかたちで定期交流会が行われてきていた。私が日弁連会長になった時も、二〇一一年九月一七、一八日は東京で、二〇一一年九月二三、二四、二五日は韓国の済州島で定期交流会が行われている。

また、私が日弁連会長に就任した二〇一〇年は、日本が朝鮮半島を植民地支配下に置いた日韓併合条約から一〇〇年目に当たるため、日弁連と大韓弁護士協会は、日本による植民地支配下での人権侵害、特にアジア太平洋戦争時の人権侵害による被害と被害回復に関しソウルと東京で開催した共同シンポジウムの成果を踏まえて、日本軍「慰安婦」問題や強制動員被害の救済のために「共同宣言」を発表している。この「共同宣言」は現在でも日弁連のホームページで見ることが出来る。

この時の大韓弁護士協会の会長は金平祐弁護士であったが、金弁護士は当時韓国でも大きな社会問題となっていた高利金融業者の横行と多重債務問題について関心をもっており、私が日弁連会長になる前の多分二〇〇九年であったと思うが、金弁護士が日弁連創立六〇周年の記念式典・祝賀会に来日した際、日本の弁護士、弁護士会の高利金融業者や多重債務問題の取り組みについて話しを聞きたいと私のところに連絡があり、私が日本の貸金業法改正運動や多重債務問題の取り組みについて金弁護士に説明したことがあった。このような経緯があったので、私が日弁連会長に就任するとすぐに金弁護士は日弁連会長室まで私を訪ねて来られ、金弁護士から会長就任のお祝いをいただいた。

二〇一一年二月二〇日韓国釜山で開催された大韓弁護士協会の「第二回人権・環境大会」には、金弁護士から要請され私も大会に参加して特別に記念講演を行った。テーマは「貧困問題と弁護士・弁護士会の役割」であったと思う。

このような国際会議に出席して、世界各国の弁護士・弁護士会と交流することができたことは、大変貴重な経験であったし、弁護士・弁護士会の使命や役割について見識を深めるのに役立ったと思っている。

弁護士の使命と弁護士自治

弁護士法は、弁護士の使命について「基本的人権を擁護し、社会正義を実現することを使命とする」と定めている（弁護士法第一条一項）。

弁護士がその使命である人権擁護と社会正義を実現するためには、弁護士はいかなる権力にも屈することなく自由独立でなければならない。そのため、日弁連には完全な自治権が認められている。弁護士の資格審査、登録手続は日弁連自身が行い、日弁連の組織・運営に関する会則を自ら定めることができ、弁護士に対する懲戒は弁護士会と日弁連によって行われる。弁護士会と日弁連の財政は全ての会員の会費によって賄われている。

このように、弁護士に対する指導監督は日弁連と弁護士会のみが行うことから、弁護士になると各地にあるいずれかの弁護士会の会員となり、かつ当然に日弁連の会員にもなるとされている。

戦前は、弁護士・弁護士会は国家すなわち司法大臣の監督下におかれていた。検事長は司法大臣の命により、またはその認可を受けて国家の意に副わない弁護士の懲戒の申立てをすることができた。また、司法大臣は、弁護士会の総会監察、決議の認可取消、議事停止などを行う権限を有していた。

著名な布施辰治弁護士は、戦前から戦後にかけて、労働者・小作農民・借家人・被差別部落民・刑事被告人・社会主義者など一貫して社会的・経済的弱者の弁護活動を行ってきた弁護士として知られている。関東大震災が発生したときは、布施弁護士は朝鮮人虐殺の告発、大杉栄等虐殺事件の告発、社会主義者一〇名が虐殺された亀戸事件の告発などを行う一方で、借家人同盟のテントを街頭に張り先頭に立って家を亡くした被災者の救援活動を行っている。また、布施弁護士は、戦前日本の植民地であった朝鮮・台湾においても民衆の弁護を引き受けている。特に朝鮮では多くの独立運動家の弁護活動を行っている。このため韓国政府は二〇〇四年、独立に寄与した愛国の士として日本人で初めて布施弁護士に「建国勲章」を贈っている。

このように常に虐げられた者、社会的・経済的弱者の立場に身を置き、民衆とともに闘い続けた布施弁護士であったが、一九二九年八月、検事局により東京控訴院に懲戒を申し立てられ、一九三二年一一月大審院で弁護士除名の判決が確定し、弁護士資格を失っている。検事局は、一九二八年三月一五日の日本共産党に対する治安維持法による全国的弾圧事件(三・一五事件)に関する大阪地方裁判所での布施弁護士の弁護活動を理由に、布施弁護士の懲戒を申立てたのである。

布施弁護士は懲戒法廷で、「代議士の院内発言に刑事免責があるように、そして代議士の院内発言についてはその院が自治的に処理するように、弁護士を裁きうるものは弁護士会のみであるべきだ」と主張している。

戦後一九四九年に成立した新しい弁護士法では、このような戦前の反省の上に立って、弁護士・弁護士会には国家の監督を受けない「弁護士自治」が認められ、弁護士の懲戒処分は弁護士会だけが行えるようになっているのである。弁護士自治は国民・市民の基本的人権を守るために民主主義社会において必要な制度であると言える。

ところで、現在の中国の弁護士・弁護士会は、最終的には日本の法務省に相当する「司法部」という中央官庁の管理監督を受けており、国家から完全に独立した存在という意味での「弁護士自治」が存在しない。この意味で中国の弁護士・弁護士会は「弁護士自治」が認められていなかった戦前の日本の弁護士・弁護士会と同じ状態に置かれていると言える。

中国では二〇一五年七月九日に全国規模で人権派弁護士の弾圧が始まり、これまでに三二〇人以上の人権派弁護士や活動家が標的にされている（この事件は「709事件」と呼ばれている）。

さらに中国政府は最近「弁護士制度改革推進に関する指針」を発表している。この中には弁護士や法律事務所の「違法行為の処罰」などが盛り込まれており、これまで以上に人権派弁護士が活動できなくなるよう追い込もうとしている。

709事件に関して国際人権NGOヒューマンライツ・ナウ（HRN）は二〇一八年九月、「中国の人権派弁護士の資格を廃止、無効化していることに対して深い懸念を表明する」との人権理事会声明を出している。

同声明でHRNは、中国当局に恣意的に拘禁されている弁護士を解放し、恣意的に無効にされている弁護士資格を復帰させ、人権派弁護士に対する嫌がらせや弾圧を終えるよう呼びかけている。

同声明によれば、「二〇一五年七月九日、三二〇人以上の弁護士、パラリーガル、助手、法律事務所の役員、人権活動家と彼らの家族が尋問され、召喚され、国を離れることが禁じられ、自宅監視され、刑事的に拘置または逮捕されている。多くが国家政権転覆罪で告訴されており、重大犯罪の集団の一員だと国営メディアによって烙印を押されている」ということである。

さらに同声明によれば、「二〇一七年一〇月から二〇一八年七月まで、中国当局によって一六人以上の人権派弁護士と三カ所以上の国内の弁護士事務所が行政処分として資格を廃止や無効化されており、弁護士の就業権利を剥奪されている」ということである。

同声明は、「中国当局の弁護士・助手または弁護士事務所の業務の内容への嫌がらせおよび行政処分は、世界人権宣言一九条によって保障されている言論の自由を侵害し、恣意的な拘置は、恣意的な逮捕、拘禁を禁止した世界人権宣言九条と『中華人民共和国公民は、言論、出版、集会、結社、行進、示威の自由を有する』と定めている中華人民共和国憲法三五条に違反している」と指摘している。また同声明は、「この状況は一九九〇年に犯罪防止及び犯罪者の処遇に関する第八回国連会議で採択された『弁護士の役割に関する国際連合基本原則』の中の、弁護士が脅迫、妨害、嫌がらせ、不当な干渉を受けることなしに弁護士の活動を保障した一六条と弁護士に表現の自由と集会の自由を保障した二三条に違反している」と指摘している。

二〇二四年二月二〇日、中国の人権派弁護士として知られた唐吉田《とうきつでん》元弁護士の長女正琪《せいき》さんが肺炎のため東京都内の自宅で死去した。唐吉田元弁護士は、留学先の東京で病に倒れた正琪さんに面会するため渡航を望んでいたが、中国当局が出国を認めず、かなわなかった。

唐吉田元弁護士はかつて中国で人権派弁護士として活動。弁護士協会の会長選出に直接選挙の導入を求める運動に携わった。しかし、中国共産党が「邪教」とする法輪功メンバーを弁護した裁判で「法廷の秩序を乱した」とみなされ、二〇一〇年に弁護士資格を剥奪された。さらに「国家の安全に危害を及ぼす可能性がある」などとして出国を禁じられた。二〇二一年一二月に北京市内で拘束された後、二〇二三年一月に吉林省内の実家に戻ったが、その後も当局による軟禁状態が続いている。

中国政府は個人の自由や権利を守る人権派弁護士らの活動を体制を揺るがしかねない行為とみて警戒し、締め付けを強めてきており、「709事件」以降も人権派弁護士の拘束が相次いでいる。

中国の弁護士・弁護士会に日本のような「弁護士自治」が認められるようにならない限り、中国の国民・市民の基本的人権保障も不十分な状態が続くことになると思われる。

日弁連の国際人権活動と国際人権法の発展

日弁連は、国連の経済社会理事会により承認されたNGO協議資格を有しており、国連人権理事会、国連犯罪防止刑事司法会議（コングレス）、国際犯罪防止刑事司法委員会（コミッション）、国連女性の地位委員会といった国連の諸会議に代表団を派遣し、国際的な動向について情報収集を行なうとともに、会議においてスピーチを行うなどして意見を表明している。また、現地において、日弁連の取り組みを紹介するなどのサイドイベントを開催することにより、日本における人権状況について情報提供を行なうとともに、各国の関係者と情報交換を行なうなどの活動を行ってきている。

国際人権条約の締結国である日本は、自国の人権状況について、条約機関に定期的に報告を行ない、条約機関はそれに基づいて審査を行なう。日弁連は、そうした政府の報告に対する「日本弁護士連合会報告書」（カウンターレポート）を作成し、各条約機関に提出している。また、日弁連は、二〇〇六年の国連人権機構改革により新設された国連人権理事会が担う普遍的定期的審査（UPR）に関して、国連人権高等弁務官事務所を通じて人権理事会に文書による情報提供を行なっている。

これまでに日本が批准した国連の人権条約は、人種差別撤廃条約（一九六五年国連採択、一九六九年発効、一九九五年日本批准）、国際人権規約［社会権規約（A規約）と自由権規約（B規約）］（一九六六年国連採択、一九七六年発効、一九七九年日本批准）、女性差別撤廃条約（一九七九年国連採択、一九八一年発効、一九八五年日本批准）、拷問等禁止条約（一九八四年国連採択、一九八七年発効、一九九九年日本批准）、子どもの権利条約（一九八九年国連採択、一九九〇年発効、一九九四年日本批准）、障害者権利条約（二〇〇六年国連採択、二〇〇八年発効、二〇一四年日本批准）などとなっている。

しかしながら、日本は国連の国際人権規約・各種人権条約に関する「個人通報制度」をまだ一つも受け入れていない国である。

個人通報制度は、人権侵害を受けたと主張する個人が不服申立てや裁判など国内で利用できる救済手続を尽くした後に、直接国を通さずに、国連の各種人権条約の委員会に救済の申立てができる制度である。委員会は、中立てを検討した後に、条約違反があったかどうか、あった場合には当事国がどのような救済措置を採るべきかについて見解を公表する。

個人通報制度を受け入れるには、国連の国際人権規約（「社会権規約」と「自由権規約」）、女性差別撤廃条約、障害者権利条約などでは「選択議定書」を批准する必要があるし、人種差別撤廃条約では、条約の中の個人通報制度の規定を別途受け入れる必要があるが、日本はまだ一つも受け入れていないのである。

また、日本は国連が設置を促している「国内人権機関」もまだ設置していない。

国内人権機関とは、政府から独立して、裁判所とは別に、人権侵害からの救済と人権保障を推進するための国家機関である。

国際社会ではそのような機関の重要性が広く認識され、国連総会は一九九三年に「国内人権機関の地位に関する原則」（「パリ原則」と呼ばれている）を採択して、政府からの独立性や任務の広範さなど、求められる国内人権機関の概要を示して各国に設置を促している。国内人権機関は二〇二三年一一月現在一二〇ヵ国で設置されているが、日本ではまだ設置されていない。隣の韓国では二〇〇一年一一月に国内人権機関である「国家人権委員会」が設置されている。

日弁連は個人通報制度の導入と国内人権機関の設置を求める運動を続けてきていたので、私が日弁連会長となった時、私もこの問題の重要性を知った次第である。

一九四五年一〇月二四日に発効した「国連憲章」では、「人種、性、言語又は宗教による差別なくすべての者」の人権尊重のために国際協力することを国連の目的の一つとしており（一条、一三条、五五条)、加盟国もそのために国連と協力して行動をとることを誓約している(五六条)。

また、一九四八年一二月一〇日に国連が採択した「世界人権宣言」では、「すべての人間の自由、平等」(一条)、「権利と自由の享有においていかなる差別も受けないこと」(二条)、「生命、自由、身体の安全に対する権利」(三条)、「基本的人権を侵害する行為に対して救済を受ける権利」(八条)、「思想、良心および宗教の自由」(一八条)、「意見および表現の自由」(一九条)、「平和的な集会と結社の自由」(二〇条)、「参政権」(二一条)、「労働の権利」(二三条)、「教育を受ける権利」(二六条)など、さまざまな人権が規定されている。

国連加盟国は当然のことであるが国連憲章や世界人権宣言に加えて、加盟国が批准した国連のさまざまな人権条約を遵守する義務がある。この意味で第二次世界大戦後は、国連加盟国にとっては人権問題は「国内問題」ではなくなってきているのである。また、第二次世界大戦以前は、国際法の主体は「国家」だけであったが、第二次世界大戦後は「国家」に加えて「個人」も国際法の主体になってきていると言える。

よく中国政府が国内の人権侵害問題に関して国際社会から批判を受けると「内政干渉」であると反論しているが、中国は国連加盟国でもあるので、当然のことながら国連憲章や世界人権宣言、中国が批准した国連の各種人権条約を遵守する義務があり、中国国内の人権侵害批判に対し「内政干渉である」との反論は全く的外れであり、国際的には通用しないものである。

現在では、人権は普遍的なものであり、世界中で適用可能であるだけでなく、過去の社会を評価する上でも有効な指標、原則となってきているのである。

人権は、独裁国家や専制国家、権威主義国家では十分に守られない。人権が守られるには国民主権の民主主義国家でなければならない。

「民主主義のない人権」も考えられなければ、「人権のない民主主義」も考えられない。

民主主義のもとでこそすべての人の尊厳と平等は尊重され、人権は守られるのである。また、民主主義は、すべて人の尊厳と平等、人権の尊重の上に成り立っているとも言える。

ところで旧ソ連や中国をはじめとする現存社会主義国においては、基本的人権が尊重される民主主義が実現できていない。

二〇二四年二月一九日付米紙ニューヨーク・タイムスは、ロシア北極圏の刑務所で死亡したロシアの反政権運動指導者アレクセイ・ナワリヌイ氏が生前獄中から送った知人への手紙の一部を報じている。ナワリヌイ氏は「韓国や台湾が独裁から民主主義に移行できたのであれば、ロシアもそうなるかもしれない」と記し、「希望だ」と強調していたという。

旧ソ連や中国をはじめとする現在社会主義国家で基本的人権の尊重や民主主義が育たなかった原因としては、これまでの社会主義運動論に重大な欠陥や問題点があったのではないかと思われる。このような視点からこれまでの社会主義運動論の検証、総括が求められていると言える。

第3章　都知事選に三度出馬して

出馬のきっかけ

二〇一二年一〇月二五日午後、東京都の石原慎太郎知事が東京都庁で緊急の記者会見を行い、知事を辞職し近く新党を立ち上げて国政復帰を目指す考えを表明した。石原知事は記者会見後、都議会議長に辞表を提出した。石原知事から辞表提出を受けた都議会議長は、五日以内に選挙管理委員会に知事の辞職を通知し、選挙管理委員会は五〇日以内に知事選挙を行うことになった。

石原知事が辞職表明を行った翌日の一〇月二六日午後、当時銀座にあった私の法律事務所（東京市民法律事務所）に河添誠さんと熊谷伸一郎さんの二人が私を訪ねてきた。

河添誠さんは労働組合首都圏青年ユニオンの元書記長で反貧困ネットワークの活動などを通じて顔なじみであった。熊谷伸一郎さんはこの時初めて会ったのであるが、当時熊谷さんは岩波書店に勤務しており、その後岩波書店が発行している雑誌『世界』の編集長となり、岩波書店退職後は出版社「地平社」を立ち上げ編集長・代表取締役を務めている。

二人の用件は、近く行われる「都知事選に出馬してほしい」ということだった。

実は私が都知事選への出馬要請を受けたのはこの時が二度目であった。ある市民グループから最初の都知事選出馬の要請を受けたのは二〇〇九年のことであった。二〇一一年に石原都政四期目の都知事選が行われるので出馬してほしいということであった。しかしながら、同時期に私は一部の弁護士グループから二〇一〇年に行われる日本弁護士連合会（日弁連）会長選挙に出馬してほしいという要請も受けていた。

長い間クレサラ運動、多重債務者救済運動に取り組んできた私としては、当初は両方の要請に応じる気持ちはなかった。責任をもって「都知事を務める」「日弁連会長を務める」自信がなかったからである。

特に東京都の予算規模はスウェーデンの国家予算に匹敵する規模であり、職員数も一六万人を超える大所帯である。都政の課題も子育て、教育、医療、介護、防災、まちづくりなど多岐にわたる。

日弁連は全国の弁護士会と弁護士・弁護士法人が加入する弁護士の全国団体であり、それまでの日弁連会長はほとんどが、東京にある三つの弁護士会（東京弁護士会、第一東京弁護士会、第二東京弁護士会）か大阪弁護士会の会長経験者が就任していた。私は所属する東京弁護士会の副会長は経験しているが、会長の経験はなかった。また、歴代の日弁連会長のほとんどが、東京の三つの弁護士会や大阪弁護士会の存在する派閥に所属する会長であったが、私は東京弁護士会の派閥には所属していなかった。

しかしながら、私は「都知事を務める」自信は全くなかったが、日弁連は私も弁護士として所属する団体であるし、弁護士業界のことであれば勉強し努力すれば日弁連会長を務めることができるのではないかと考えるようになり、日弁連会長選挙に立候補する決意をした。

二〇一二年一〇月二六日私の法律事務所に河添誠さんと熊谷伸一郎さんが訪ねてきて二度目の都知事選出馬要請を受けた時は、私は「他に適当な人がおらず、私でよいのであれば、都知事選に出馬する」と答えた。

二〇一〇年四月から二年間日弁連会長を務め、司法修習生の給費制維持運動や東日本大震災とこれに伴う原発事故による被災者・被害者の救済・支援活動、司法制度改革の法曹人口拡大政策にブレーキをかける日弁連提言の取りまとめ、さまざまな国際会議への出席と世界の弁護士・弁護士会との交流、などを行なってきた日弁連会長としての経験から、都知事になっても何とか務めることができるのではないか自信が芽生えていたからである。

地方自治体の役割

地方自治法第一条の二第一項では、地方自治体の役割を「住民の福祉の増進」と定めている。平たく言えば、住民の命と暮らしを守り、住民の基本的人権を守るのが地方自治体の役割ということになる。

東京都は人口が一四〇〇万人を超える日本最大の地方自治体であるが、東京都も地方自治体の一つであるので、東京都の役割は、外国人を含む都民一人ひとりの命と暮らしを守り、都民の基本的人権を守ることである。

「地方自治は民主主義の学校である」と言われることが多い。地方自治体では、子育て、教育、高齢者の介護、医療、防災、まちづくりなど、私たちの生活に密接に関わりのある政治が行われている。

また、地方自治体の政治には住民の意見を反映させやすいし、諸外国では選挙の時以外においても住民が地方自治体の政治に参加する制度を設けている自治体も出てきている。

日本の地方自治体は、首長と地方議会議員を住民の直接選挙で選ぶ「二元代表制」がとられている。国政では「議院内閣制」がとられており、内閣総理大臣は国会議員の中から国会の議決で指名されることになっており、国会で多数を占める政党の中から選ばれるのが一般的である。

ところが、地方自治体の首長は、住民の直接選挙で選ばれ大統領的性格を有しているため、強い権限を持っている。

東京都の二〇二四年度予算は、一般会計が八兆四五三〇億円、特別会計が六兆一九〇八億円、公営企業会計が一兆九一四六億円で、合計すると一六兆五五八四億円となり、スウェーデンの国家予算並みの予算規模となっている。

また、東京都で働く職員数は、二〇二四年度の東京都職員定数条例による定数は三万三〇二六人となっており、これに学校職員、警視庁職員、東京消防庁職員などを加えると職員定数は一六万六六六五人となっている。

東京都の予算規模や東京都で働いている職員数などを考慮すると、東京都のトップに立つ都知事は一国会議員とは比較にならないほどの大きな権限を持つことになる。

私が河添誠さんや熊谷伸一郎さんの都知事選出馬要請に応じたのは、日弁連会長を二年間務めた経験による自信に加えて、東京都知事としての大きな権限を利用すれば、私が弁護士として取り組んできた貧困問題を大きく改善できるのではないかと考えたからである。

「市民選対」で都知事選を闘う

私は結局、二〇一二年一二月一六日の都知事選、二〇一四年二月九日の都知事選、二〇二〇年七月五日の都知事選の三度の都知事選に出馬することになった。二〇一六年の七月三一日の都知事選にも出馬する準備をしていたが、さまざまな事情から出馬を断念している。

私が出馬した三度の都知事選では、選挙対策本部（選対）は、政党中心ではなく、市民が中心となった「市民選対」を組織して都知事選を闘った。

一度目の都知事選の時は選対本部長が上原公子さん（元国立市長）、選対事務局長が熊谷伸一郎さん、二度目の都知事選の時は選対本部長が中山武敏弁護士、選対事務局長が熊谷伸一郎さん、三度目の都知事選の時は選対本部長が海渡雄一弁護士、選対事務局長が岡田光司さんであった。

三度にわたる都知事選では、さまざまな政党から支援、応援をしていただいたが、選挙運動は市民選対が中心となって行った。

市民選対の選挙運動として今でも思い出に残っているのは、二〇一四年の二度目の都知事選の時でのことである。選挙投票日直前の日曜日は、どの候補者も街頭宣伝に最も力を入れる日であり、支援・応援を受ける政党の党首クラスが街頭宣伝に参加してマイクを握るのが一般的であるが、私の市民選対は支援・応援を受ける政党の党首を当日の街頭宣伝に呼ばなかった。

選挙投票日直前の日曜日に銀座四丁目の交差点付近で行われた舛添要一候補の街頭宣伝には、当時の自民党の安倍晋三首相と公明党の山口那津男代表が応援に駆け付けてマイクを握っていた。

同じ時間帯に私の市民選対は、当時待機児童問題が大きな問題となっていたので、子育て中のお父さんやお母さんにお子さんを連れて集まってもらい、銀座の「歩行者天国」で数十台のベビーカーのパレードを実施して、マスコミで大きな反響を呼んだ。また、私の市民選対では、選挙事務所に保育所を設けて子育て中のお母さんにも選挙活動に参加してもらった。

市民選対を組織して都知事選を闘ったことは、市民と市民とのつながりを広げ、選挙期間中はもちろん、選挙後の市民運動を広げる上で、大きな意義があったと思う。

私は選挙運動も市民運動の一つととらえるべきだと思っている。

ソウル市の改革に学ぶ

私は都知事選に出馬したことで、隣の韓国の首都ソウルで市民運動家の弁護士朴元淳《パクウォンスン》が二〇一一年一〇月よりソウル市長となり素晴らしい改革を行っていることを知った。

ソウル市の改革と韓国の市民運動を学ぶために、都知事選を手伝ってくれたボランティアが中心となり結成された「希望のまち東京をつくる会」のメンバーと二度韓国ソウル市を訪問し、ソウル市の改革や韓国の市民運動団体を視察してきている。

一度目は二〇一四年一〇月六日から一〇月八日にかけてで、ソウル市庁舎、ソンミサン・マウル、参与連帯、希望製作所、福祉国家ソサエティ、マニフェスト実践本部、戦争と女性の人権博物館などを視察した。

二度目は二〇一七年一〇月二九日から一一月一日にかけてで、この時は「希望のまち東京をつくる会」のメンバーに加えて「うつけんゼミ」一期生のメンバーも参加した。この時は、ソウル市庁舎、ソウル市NPO支援センター、ソウル市革新パーク、衿川《クムチョン》区庁、禿山《ドクサン》四洞《ドン》住民センター、参与連帯、経済正義実践市民連合（経実連）などを視察している。

朴元淳は、韓国でよく知られている市民団体「参与連帯」の創設にかかわった市民運動家で、二〇〇〇年の韓国総選挙では「落選運動」を主導した弁護士である。

ソウル市では、無償給食の是非を問うため、二〇一一年八月二四日住民投票が実施されたが、投票成立に必要な投票率（全有権者の三分の一）を下回って不成立となった。無償給食反対の立場から住民投票を進めてきた呉世勲《オセフン》ソウル市長が住民投票不成立の責任をとる形で八月二六日に市長を辞任したため、一〇月二六日にソウル市長補欠選挙が実施されることになった。

二〇一一年一〇月三日にソウル市長補欠選挙の野党候補一本化のための予備選挙が行われた。選挙の結果、世論調査とテレビ討論で高い支持を得た無所属の朴元淳が五二％以上の支持を得て、民主党と民主労働党の候補者を抑えて統一候補に確定した。この結果、ソウル市長補欠選挙は保守系与党候補と進歩系野党統一候補の朴元淳との一騎打ちとなり、朴元淳が無党派層の支持を得て当選を果たした。

三度の都知事選を経験した私としては、野党系統一候補を決める際には予備選挙を行って統一候補を決めるという韓国の民主的な方法は大いに学ぶ必要があると感じている。日本では野党系候補が複数出馬しそうになった時、公開討論会や予備選挙を行うなどして民主的に統一候補を決めるのではなく、一方的に他候補に圧力をかけて降ろしにかかることがよく行われているからである。

朴元淳は、ソウル市長選では「市民が市長だ」「堂々と享受できる福祉」「労働尊重都市ソウル」などのスローガンを掲げるとともに、「三大核心公約」として、①小・中学校における無償給食の実施②ソウル市立大学の授業料の半額化③非正規職の正規職化を掲げて闘い、ソウル市長に就任してからは三大核心公約を着実に実施している。

小・中学校の給食の無償化は貧しい家庭の児童生徒だけを対象とする無償化（選別的福祉）ではなく、全ての児童生徒を対象とする無償化（普遍的福祉）を実施したので、児童生徒の中に差別や分断が持ち込まれなくなった。なお、「選別的福祉」か「普遍的福祉」かは、二〇一一年のソウル市長補欠選挙の大きな争点になっていた。

ソウル市では現在は国公立・私立を問わず高校まで給食無償化が実現しているし、韓国では全国の約七〇％の地方自治体で小・中学校の給食が無償化されている。

また、朴元淳がソウル市長就任後ソウル市立大学の授業料が半額化されたため、それまでバイトで追われていた学生がサークル活動をする余裕が生まれたということである。

非正規職の正規化の公約に関しては、朴元淳はソウル市長就任後労働組合青年ユニオンの活動家を労働補佐官に任用し、ソウル市で働く職員の実態調査を行った上で非正規職員を順次正規職員に転換していっている。三〇〇〇人近くの清掃労働者に関しては、それまでは派遣会社から派遣された派遣労働者であったが、ソウル市が直接雇用する労働者に転換がなされている。ソウル市では二〇一八年二月までに非正規職八八〇〇人が正規職に転換されている。

ソウル市の改革で私が特に感銘を受けたのが「『チャットン』と呼ばれる出前福祉制度の創設」と「市民参加予算制度の導入」である。

二〇一四年二月ソウル市の松坡区《ソンパ》で六〇歳代の母親と三〇歳代の娘二人が生活苦のために一家心中する事件が発生した。この事件を受けてソウル市は「福祉安全政策が行き届かない死角地域を完全に解消する」という目標を掲げ、二〇一五年七月から『チャットン』と呼ばれる出前福祉制度を開始した。

これまで一つの洞（区の下の行政区画の名称）あたり二名しかいなかった福祉担当者を六～七名に増やし、看護師一名を加えた体制をつくり、地域に出かけて行って生活困窮者を探し出し福祉につなぐ活動を行うようになった。このような取り組みにより、生活保護の捕捉率（生活保護を利用する権利のある人のうち実際に生活保護を利用している人の割合）がそれまで約二割であったのが約六割に上昇したということである。

ソウル市は、二〇一二年五月に市民参加予算制度を導入している。当時のソウル市の予算規模は約二〇兆ウォン（日本円で約二兆円）であったが、このうちの五〇〇億ウォン（日本円で約五〇億円）の使途をソウル市民が提案し、その提案を受けてソウル市民が投票し、提案と投票結果を踏まえてソウル市民のさまざまな階層から選ばれた市民代表一〇〇人が使途を決定するという制度である。

ソウル市長選挙やソウル市議会議員選挙の時に一票を投じるだけでなく、日常的にソウル市民がソウル市政に参加してもらう「参加民主主義」を徹底する制度である。

市民参加予算制度は、一九八九年にブラジルのポルトアレグレ市で始まった制度であるが、その後ブラジル各地のみならず、ウルグアイやアルゼンチンなどの南米諸国や韓国、スペイン・フランス・ドイツなどのヨーロッパ諸国にも広がっている制度である。フランスでは、レンヌ、グルノーブル、ドイツではケルン、ハンブルグ、ボン、ライプツィヒなどの都市で実施されている。

市民参加予算制度は韓国ではソウル市だけでなく、進歩系野党が首長となっている地方自治体の多くで導入されている。

韓国の地方自治体で市民参加予算制度が導入されたのは、韓国の市民運動家がブラジルのポルトアレグレ市の市民参加予算制度を視察に行って、市民参加予算制度を紹介したことがきっかけとなったということである。

韓国ソウル市の視察で感銘を受けたソウル市の施策については、私が二〇二〇年七月の都知事選に出馬した際の私の選挙公約の中に取り入れている。ソウル市の改革と韓国の市民運動に関しては、花伝社から出版された私の著書『韓国市民運動に学ぶ――政権を交代させた強力な市民運動』を参考にしてほしい。

地方政治を変えることの重要性

戦後日本の政治は、自民党を中心とする政権が続いてきている。自民党が政権から離れたのは、敗戦直後の一時期を除けば、一九九三年に細川護熙政権が誕生した時と二〇〇九年に民主党政権が誕生した時の二回だけである。

日本で自民党政権が続いている大きな要因の一つは、自民党が地方政治にしっかりと根を張っていることが上げられる。

二〇二三年一二月三一日現在の四七都道府県議会議員定数は二六〇二人であるが、自民党が一三〇一人で議員定数の半分を占めている。自民党以外の政党の議員数は立憲民主党が二三二人、公明党が二〇六人、共産党が一一三人、日本維新の会が七四人、国民民主党が三四人、社民党が八人、参政党が五人、諸派が一一四人、無所属が五五七人となっている。また、二〇二三年一二月三一日現在の一七四一市区町村議会議員定数は二万九五二二人であるが、公明党が二六六七人、共産党が二二二六人、自民党が二一三七人、立憲民主党が七一二人、日本維新の会が四〇九人、国民民主党が一四五人、参政党が一二八人、社民党が八六人、れいわ新選組が五二人、みんなでつくる党が七人、諸派が五六二人、無所属が二万四人となっている。市区町村議会議員の中で圧倒的多数を占めているのは二万四人の無所属議員であるが、無所属議員の六〜七割くらい保守系無所属議員だと言われている。市区町村議会議員の中で自民党の議員数は三番手であるが、保守系無所属議員を合わせれば、市区町村議会議員数でも圧倒的多数を占めることになる。

衆議院議員選挙、参議院議員選挙などの国政選挙になれば、選挙区内の都道府県議会議員や市区町村議会議員が総動員されて自分の党の候補者を応援することになるので、自民党が選挙に強いのは当たり前ということになる。

自民党と比較して立憲民主党の地方議員は圧倒的に少ないことがわかる。つまり立憲民主党は地方政治における足腰が自民党と比較して圧倒的に弱いのである。今後立憲民主党が地方政治における足腰を強化していかねば、なかなか政権を取るのも困難であるし、仮に風が吹いて二〇〇九年の時のように政権が取れたとしても、風が止んでしまうと政権が倒れてしまうことになると思われる。

関西、特に大阪においては、国政選挙において日本維新の会が自民党を上回り圧倒的強さを誇っているが、その背景には大阪の地方議会における維新の躍進がある。

二〇二四年四月三〇日現在の大阪市議会議員の会派別構成を見ると、大阪維新の会が四六人、公明党が一八人、自民党・市民クラブが一一人、自民党・市民とつながる・くらしが第一が四人、共産党が二人となっている。大阪市議会においては大阪維新の会の議員が単独で過半数を占めているが、大阪市議会では立憲民主党は一人の議員も出せていないのである。

二〇二四年五月二二日現在の大阪府議会議員の会派別構成を見ると、大阪維新の会が五二人、公明党が一四人、自民党が七人、民主ネットが二人、共産党が一人、大阪なにわの和が一人、無所属が一人となっている。大阪府議会においても大阪維新の会が単独過半数を占めている状況である。

大阪市長や大阪府知事も大阪維新の会の市長、知事であることはよく知られているとおりである。

私は都知事選を闘う中で、国政を変革する上においても地方政治を変革していくことが重要であるとの思いから、現在は私の地元江東区で「市民と政治をつなぐ江東市民連合」や「江東区政を考える会」の共同代表として活動をしている。

また、社会運動や政治運動に関心を持つ市民を増やすために毎月一回さまざまな分野の講師を迎えて学び語り合う「うつけんゼミ」を発展させた「うつけんスクール」を継続している。

うつけんゼミ生とうつけんスクール生からは、市議や区議が誕生している。「うつけんスクール」のスローガンは「市民の力で、政治を変える！」「私たちは微力だが無力ではない！」である。

第二部

黒風白雨・風速計

＊『週刊金曜日』二〇〇九年―二〇一四年より転載

第1章　二〇〇九年〜二〇一一年

「年越し派遣村」から見えてきたもの（二〇〇九年二月二〇日　七三九号　風速計）

年末から年始にかけて東京・日比谷公園に出現した「年越し派遣村」は、日本社会に大きな衝撃を与えた。多様な働き方を求める労働者のニーズに応えるという美名のもとに導入されたわが国の労働者派遣制度が、実は、企業の手軽な雇用調整弁として、簡単に派遣労働者の首を切るための制度であったことを明らかにした。

派遣村は、また、これまで日本社会にないと思われてきた「貧困」を可視化した。仕事を失えば、いきなり住まいも失って路上に放り出され、たちまち生命の危機に瀕する人々が大量に生み出されているという日本社会の貧困の実態を浮き彫りにするとともに、日本社会のセーフティネットの脆さも明らかにした。「派遣切り」で路上生活を余儀なくされた労働者に対し、有効に機能するセーフティネットとしては、現在のところ結局生活保護制度しかないことを示した。しかも、その生活保護制度に関しては、ホームレスのように住所がなかったり、働ける年齢層の人に対しては、生活保護の申請を受け付けないで追い返すという「水際作戦」がとられることが多かったのであるが、今回は三〇〇人近くの派遣村村民に対し、きわめて短期間のうちに生活保護の開始決定がなされた。年越し派遣村の取り組みは、生活保護行政のあり方を大きく変える突破口となる可能性がある。

派遣村村民の命を支えたのは、全国から集まったボランティアの活動と現金、食料、衣料などの善意の寄付であった。自殺も考えたが、派遣村での人の温かさに触れて、もう一度「生きてみよう」と心に誓った村民も多くいた。また、生活が再建できたら、自分も困っている人々を助けるボランティア活動に参加したいと語った村民も多くいた。派遣村には、日本社会で失われかけている「思いやり」「助け合い」「人々の連帯」が存在した。

派遣村の活動は、労働運動と市民運動が結びつけば、大きな力を発揮することを明らかにした。閉塞状況に陥った日本社会の変革は、労働運動と市民運動が結合した「反貧困運動」の広がりにかかっていると思う。厚労省によれば、三月末までに少なくとも一二万四八〇〇人の非正規労働者が職を失い、その三分の二が製造業で働く派遣労働者であるということである。年越し派遣村の活動を全国に広げる必要がある。

「ゼロゼロ物件」——住居をめぐる「貧困ビジネス」の横行（二〇〇九年三月二〇日　七四三号　黒風白雨）

敷金ゼロ、礼金ゼロなどを謳い文句とした「ゼロゼロ物件」による被害が拡大している。連載第一回目は、私のかかわった中から、この問題を考えてみたい。

「ゼロゼロ物件」は、入居時の初期費用が低額に抑えられることから、非正規労働者や低所得者層など「貧困層」の人々が賃借人になることが多い。悪質なゼロゼロ物件業者は、このような貧困層の窮状や法的無知につけ込み、賃借人に極めて不利な契約を締結させて利益を上げている。

そのようなゼロゼロ物件業者の一つであるスマイルサービスという業者は、本来はアパートやマンションの賃貸借契約を締結すべきところを、「施設付鍵利用契約」という名目の契約を締結し、家賃の支払いが数日遅れただけで、賃借人に無断で部屋の鍵を交換し部屋を利用できなくした上で、「違約金」「施設再利用料」「生存確認出張料」「新規契約手数料」などの名目で高額な違約金の支払いを要求したり、部屋の中に置かれている賃借人の荷物を無断で処分するなどの行為を繰り返していた。賃借人の中には、家賃の支払いが数日遅れただけで鍵を取り換えられた結果部屋に入れなくなり、ネットカフェでの寝泊まりや野宿を余儀なくされた人もいる。また、十数回にもわたり鍵を交換され、三〇万円近くの違約金を支払わされた賃借人も存在する。

スマイルサービスの契約は、そもそも賃借人を保護している借地借家法の脱法行為であり、高額な違約金を請求することは消費者契約法にも違反している。また、勝手に鍵を取り換えたり、賃借人に無断で部屋に入って賃借人の荷物を持ち出し処分することは、不動産侵奪罪、住居侵入罪、窃盗罪、器物損壊罪などにあたる犯罪行為である。

仮に、長期間にわたって家賃を滞納していたとしても、わが国は法治国家であるので、家主が自力で鍵を取り換えたり、賃借人の荷物を撤去して部屋の明渡しを求めることは違法である。家主が家賃を滞納している賃借人に部屋を明渡してもらいたいのであれば、建物明渡しを求める訴訟を提起し判決を取得した上で、明渡しの強制執行をするというのが法治国家のルールなのだ。

ゼロゼロ物件業者が行なっている鍵の交換、違約金の徴収、荷物の処分などを、大阪や福岡では悪質な保証会社が行なって問題となっている。このような保証会社は「追い出し屋」と呼ばれている。

悪質なゼロゼロ物件業者や追い出し屋がはびこる背景には、わが国における貧困の広がりと住宅政策の貧困がある。

「年越し派遣村」に見られたように、わが国では、失業が直ちに住居の喪失につながる非正規労働者が大量に生み出されている。住居は、人が安心して生活し働く上での基礎となるものである。「ハウジングプア」状態にある人々が、安心して居住できる住居を確保できるよう、政府は低家賃の公営賃貸住宅を大量に供給したり、家賃補助制度を整備するなど、「ハウジングプア」対策の強化を図るべきである。

高利貸しの市場からの退場は歓迎すべきことだ（二〇〇九年五月二二日　七五一号　黒風白雨）

二〇〇六年一二月、深刻化する多重債務問題を解決するため、出資法の上限金利を引き下げ、グレーゾーン金利を撤廃する画期的な新貸金業法が成立した。

ところがこのところ、米国発の金融危機に端を発する経済不況により中小企業の倒産が増加していることや商工ローン大手SFCGの経営破綻をとらえて、貸金業法改正のせいにして、出資法の上限金利の引き下げを見直すべきだとの論調が目立つようになってきている。

たとえば、元経産官僚の石川和男氏は、中小企業倒産増加の要因を、過度な規制強化によって経済活動が萎縮したことにあるとして、規制強化の代表格として、「貸金業法」「建築基準法」「金融商品取引法」の改正三法をあげ、現在の経済不況を「三K不況」と呼んでいる（二〇〇八年二月二八日付『読売新聞』「論点」）。

また、木村剛氏は、「金融不全に陥った背景には、貸金業法の改悪によるグレーゾーン金利の廃止決定がある」と貸金業法改正を批判している（二〇〇九年四月六日付『北國新聞』「北風抄」）。

さらに、自民党「中小・零細企業資金繰りを憂える有志の会」による「中小・零細企業資金繰り救済プログラム」では、ノンバンク等による事業者向け貸出について上限金利の正常化を提言し、新貸金業法における金利規制の強化を見直し、金利規制の緩和を求めている。

自民党「中小・零細企業資金繰りを憂える会」の中心メンバーの一人は平将明衆議院議員であるが、同議員は日本振興銀行の創業メンバーの一人で、現在も同行の社外取締役をしている。日本振興銀行は木村剛氏が取締役会長をしている銀行であり、商工ローンＳＦＣＧから多額の債権買取りを行なってきた銀行である。

今から一〇年ほど前の一九九七年、わが国は、山一證券や北海道拓殖銀行の破綻に象徴される金融危機に見まわれ、銀行が貸し渋り・貸し剥がしに走って社会的批判を浴びた。

このとき規制緩和の流れに乗り「ビジネスチャンス」をものにして大幅に収益を伸ばしたのが、消費者金融であり商工ローンであった。

しかしながら、一九九〇年代後半以降の日本社会が体験したのは、自己破産の激増、経済生活苦の自殺者の激増、ヤミ金の激増といった多重債務問題の深刻化という現象であった。このような一〇年前の失敗を繰り返してはならないのである。

利用者の生活を破壊したり、事業を破綻させるような高金利の消費者金融や商工ローンは、社会的存在意義はなく、直ちに市場から退場すべきである。

したがって、あこぎな商工ローン商法を繰り返してきたＳＦＣＧの経営破綻は、悲しむべきことではなく、むしろ歓迎すべきことなのである。

政治家が考えなければならないのは、高利貸しの復活ではなく、低所得者層や中小零細事業者に対するセーフティネットをつくることである。

ここにきて、金利規制緩和路線に戻そうというのは、今回の金融危機をもたらした米国の新自由主義・市場原理主義的政策の失敗の教訓を汲み取らない時代錯誤の考え方と言える。

消費者行政の歴史的転換（二〇〇九年六月一九日　七五五号　風速計）

五月二九日、消費者庁・消費者委員会設置関連三法が参議院本会議で全会一致で可決成立した。今秋にも消費者庁が発足する予定となっている。

わが国では、戦後六〇年間、一貫して産業優先、経済至上主義の政策がとられてきており、消費者行政の大半は、経済産業省、農林水産省、厚生労働省、国土交通省、金融庁などの産業育成官庁により行なわれてきた。産業育成官庁がその政策を実施していくのに必要な限度で、消費者の利益は、付随的に保護されてきたに過ぎない。このような産業優先、経済成長至上主義的政策は、さかのぼれば明治以来一四〇年間を通してとられてきた政策ともいえる。

わが国で消費者の立場に立って消費者行政を行なう官庁としては、これまで内閣府国民生活局があったが、国民生活局は調整官庁であって具体的権限が全くなかった。肝心の具体的施策は、先に述べたような産業育成官庁が担当しており、その施策は産業寄りであり消費者保護に関しては消極的なものに終始してきていた。

これまでの産業育成官庁による縦割り行政・後追い行政の弊害を除去し、消費者行政を一元化する消費者庁の設置は、消費者行政の歴史的な転換であるといえるが、課題も多い。

特に消費者庁の足腰となる地方消費者行政は、予算・人員が縮小され続けてきている。各地の消費生活センターでは相談員のほとんどが低所得・短期雇用の非常勤職員であり、「官製ワーキングプア」の典型といわれている。消費生活センター相談員の待遇改善をはじめとする地方消費者行政の充実強化がなければ、消費者庁の実効性もなくなってしまう。

また、消費者庁に魂を入れるためには、消費者庁や消費者庁を監視する消費者委員会をどのような人が担うかが重要となる。これまで消費者問題に熱心に取り組み、被害者の気持ちや痛みがわかる人で構成されなければ、真に消費者のための消費者庁にはならないであろう。

そして、最終的に真に消費者のための消費者庁となるか否かは、消費者庁や地方消費者行政を監視する全国各地の消費者運動の盛り上がりにかかっているといえる。その意味で、これからのわが国の消費者運動は、極めて重い責任を背負うことになったともいえる。

消費者庁長官・消費者委員会委員長人事に異議あり（二〇〇九年七月一七日　七五九号　黒風白雨）

『週刊金曜日』六月一九日号「風速計」で、私は、今秋にも発足が予想される消費者庁・消費者委員会の設置をとらえて、消費者行政の歴史的転換であると評価したが、消費者庁・消費者委員会のスタートにあたり、暗雲が立ち込めてきている。消費者庁長官・消費者委員会委員長の人選について、大きな問題が発生したからである。

先頃「政府は、消費者行政を一元化するため、本年九月にも発足する消費者庁の初代長官に、前内閣府事務次官の内田俊一氏(60)を起用する方向で調整に入った。消費者庁と併せて第三者による監視機関『消費者委員会』の委員長には、弁護士の住田裕子氏(58)を充てる方向である」との報道がなされた。

消費者庁・消費者委員会設置の決定は、戦後六〇年間続いてきた産業優先・経済至上主義的政策を転換し、産業寄りの行政から、消費者・生活者重視の行政へ転換を図るものとして、多くの国民・消費者から期待が寄せられた画期的なものであった。

しかし、いかに立派な「器」を用意しても、消費者庁・消費者委員会を担う人物が、消費者被害事件や消費者問題に熱心に取り組み、被害者の気持ちや痛みがわかる人で構成されなければ、「器」に魂が入らず、消費者庁・消費者委員会は、実効性のない組織となってしまう。

今回の人事の発表を見ると、戦後六〇年間続いてきた官僚主導の人事と何ら変わるところはなく、このような人事を考えた内閣府の官僚は、消費者庁・消費者委員会設置の歴史的意義を全く理解していないと言わざるを得ない。

消費者庁初代長官に予定されている内田俊一氏は、前内閣府の官僚であり、消費者委員会委員長に予定されている住田裕子氏は、検事出身の弁護士でテレビ番組の出演で知られているが、両人とも消費者被害の救済活動や消費者問題に体を張って取り組んできた人物ではない。

しかも、消費者庁及び消費者委員会設置法第一一条は、「委員会に、委員長を置き、委員の互選により選任する」と定めている。今回の人事報道は、このような設置法の規定を全く無視するものである。

消費者委員会が独立性をもって消費者庁を監視する機能を十分に果たすことができるかどうかは、消費者委員会の委員と委員長の人選にかかっているといっても過言ではない。このため消費者委員会の委員や委員長には、これまで消費者被害救済活動や消費者問題に積極的に取り組んできた人物が選任されなければならない。消費者運動とは全く無縁であった人物が消費者庁長官や消費者委員会の委員長に選ばれようとしていることに対し、消費者団体や関係者から、落胆と怒りの声が上がってきている。

今回の人事構想は、これまで熱心に消費者のための消費者庁設置運動を続けてきた消費者団体や日弁連はもちろんのこと、実効性ある消費者庁・消費者委員会の設置に向けて熱心な議論を行なってきた国会や国会議員をも愚弄するものである。

このような人事をこのまま許すのかどうか、わが国の消費者運動の力量が問われている。

投票権を奪われた人々がいる（二〇〇九年八月二一日　七六三号　風速計）

七月二一日、衆議院が解散され、八月三〇日に投票が行なわれることになった。二〇〇五年の小泉郵政選挙以来の衆議院議員選挙である。

この四年間で、日本社会はどう変わってきたのか。

非正規労働者は、一八九〇万人を超え、今や三人に一人以上が非正規労働者となった。

また、年収二〇〇万円未満の労働者が一〇〇〇万人を超え、働く貧困層、ワーキングプアが拡大した。

そして、米国発の金融危機に端を発する経済不況の下で、派遣切り・雇い止めの嵐が吹き荒れ、職と住まいも失ってネットカフェで寝泊まりしたり、野宿を余儀なくされる非正規労働者が大量に生み出され続けている。自殺者は、一一年連続で三万人を超えるという異常事態が続いており、このところ「失業」や「就職失敗」などを原因とする若年層の自殺者が急増している。また、生活保護が受給できなくて餓死する事件が全国各地で多発し続けている。

生活相談・労働相談・自殺防止相談の窓口はどこもパンク状態で電話もつながらず、炊き出しに並ぶホームレスの数は、昨年の二倍から三倍に激増している。

このように日本社会の貧困化が確実に進行してきたのが、この四年間であったと言える。

ところで、派遣切り・雇い止めをされて職と住まいを失いネットカフェ難民となった人々やホームレス状態になった人々の多くは、住民票がないため選挙権を奪われている。これらの人々は、この四年間の悪政による最大の犠牲者と言えるが、悪政に異議申立てをしたくても、選挙で投票によって意思表示することができないのである。

政治は、このような投票権を奪われた人々にこそ、光をあてなければならない。

私が代表をしている反貧困ネットワークは、このような人々の声を代弁するため、「反貧困キャンペーン二〇〇九」のスタート企画として、七月三一日、都内で「選挙目前!!集会　私たちが望むこと」を開催し、反貧困ネットワークとしてのマニフェスト（政策と要求）を発表した。

貧困問題に真正面から向き合う政治が、今こそ求められている。

新手の貧困ビジネスが横行——無料低額宿泊所問題（二〇〇九年九月二五日　七六八号　黒風白雨）

路上生活者（ホームレス）に「住まいと食事」を提供すると誘い、生活保護を申請させ、生活保護費をピンハネする新手の貧困ビジネスが横行している。

Ａさん（六一歳男性）は、二〇〇六年一一月頃、東京・御徒町で路上生活をしていたところをＮＰＯ法人厚銀舎のスタッフに誘われ、千葉市に行き、指示されるまま「千葉にいた」と偽って千葉市稲毛区に生活保護を申請し受給が認められ、厚銀舎が稲毛区で運営する無料低額宿泊所に入所した。直後に厚銀舎の指示で印鑑を渡したところ、Ａさんが知らないうちに千葉銀行稲毛支店でＡさん名義の銀行口座が作られていた。

Ａさんは、この銀行口座に振り込まれる毎月の生活保護費約一二万円のうち、施設使用料などとして九万円を引かれ、三万円を渡されていた。Ａさんの通帳やキャッシュカードはＡさんに渡されず厚銀舎が管理していた。

宿泊所における入居者の居室は約二畳半で、トイレ及び浴室は共同とされ、入浴は二日に一回のみとされていた。宿泊所には、交流室・談話室等の入居者の交流をはかる設備は設けておらず、かつ入居者に対し他の入居者の居室を訪問することを禁じていた。

宿泊所には、施設長が一人いるのみで、食事調理や掃除等については入居者に担当させていた。食事は、朝食が卵かけ御飯とみそ汁、昼食が御飯とうどん等の麺類、夕食が御飯とみそ汁及びおかず二品と、極めて質素な食事であった。

Aさんは、厚銀舎からの毎月の三万円の交付と食事を待つばかりの生活に疑問を感じ、二〇〇九年四月九日、宿泊所を抜け出し、派遣村実行委員会が実施した「春の派遣村相談会」に助けを求めてきた。

厚生労働省によると、このような無料低額宿泊所は、二〇〇〇年頃から開設されはじめ、二〇〇八年六月現在、全国に四一五施設あり一万二九四〇人が入居しており、入居者の大部分が生活保護受給者とみられるということである。

福祉事務所が住まいを失った人に生活保護の支給を認める際、このような無料低額宿泊所を紹介することが多いといわれている。

厚銀舎のように路上生活者に無断で銀行口座を作り、通帳やキャッシュカードを管理し、生活保護費をピンハネする行為は、有印私文書偽造・同行使罪、詐欺罪などの犯罪行為となる可能性が高い。最も弱い立場にある路上生活者を食い物にするこのような貧困ビジネスは絶対に許されるものではない。また、このような貧困ビジネスの存在を容認してきた行政にも大きな責任があるといわねばならない。行政は、住まいを失った人が生活保護を受ける際、このような悪質な無料低額宿泊所ではなく、普通のアパートや公営住宅が借りられるように援助すべきである。

政府は、貧困に陥り住まいを失った人に、アパートや低家賃の公営賃貸住宅が利用できるようなハウジングプア対策を進めるとともに、このような人々の自立に向けての支援体制を強化すべきである。

このことは新政権の重要な課題の一つである。

弁護士・司法書士による『貧困ビジネス』の横行（二〇〇九年一一月二〇日　七七六号　黒風白雨）

多重債務者から依頼を受けてサラ金（消費者金融）やクレジットなどから払い過ぎた利息を取り戻す「過払金返還請求」を手掛ける弁護士や司法書士に対し、全国の国税局が今年六月までの一年間に行なった税務調査の結果、六九七人の弁護士・司法書士から総額七九億円の所得隠しや申告漏れが見つかり、重加算税などを含む追徴課税は総額二八億円に上ったということである。

ある男性弁護士は、二〇〇七年までの七年間で一億一五〇〇万円を申告せず、悪質な所得隠しを指摘されている。この男性弁護士は、所得隠しの一部を不動産購入に充てており、重加算税を含め約五五〇〇万円を追徴課税されたという。

ここ数年テレビやラジオ、電車内、雑誌、新聞などで債務整理や過払金返還請求などを謳う弁護士や司法書士の広告が急増する一方で、弁護士や司法書士に対する苦情が急増している。

苦情の中には、多額の過払金を回収したのに依頼者である多重債務者に全く報告していないケース、回収した過払金の大半を報酬金として取ってしまっているケース、多重債務者が途中経過を問い合わせても全く経過報告をしないなど悪質なケースも多数含まれている。

国民生活センターの消費生活相談データベースによると、全国各地の消費生活センターに寄せられた弁護士に関する相談は、二〇〇四年は九九七件であったが、二〇〇八年度は二一六八件と倍増している。

主な相談内容を見ると、二〇〇八年度の場合、「契約・解約」一〇五〇件、「価格・料金」三五三件、「接客対応」二八九件、「販売方法」一九八件、「品質・機能・役務品質」一二三件、「表示・広告」八九件などとなっている。

国民生活センターの統計を見ると、本来は消費者被害を救済する立場にある弁護士による消費者被害が全国各地で多発している状況が窺われる。

弱い立場にある多重債務者を食い物にする弁護士による「貧困ビジネス」が広がった背景には、「弁護士広告の自由化」（二〇〇〇年一〇月）、「弁護士報酬の自由化」（二〇〇三年一一月）などの規制緩和政策やこれらの弁護士と提携する整理屋グループの暗躍がある。

また、司法書士による貧困ビジネス横行の背景には、司法書士法の改正（二〇〇三年四月）により、簡易裁判所の訴訟代理権を取得した司法書士が多重債務事件を取り扱い易くなったことと、これらの司法書士と提携する整理屋グループの暗躍がある。

債務整理事件を取り扱う弁護士と依頼者である多重債務者とのトラブルが多発していることから、日本弁護士連合会は、二〇〇九年七月一七日、「債務整理事件処理に関する指針」を取りまとめ、発表している。

債務整理事件処理の目的は、多重債務者の経済的更生・生活再建にある。

多重債務者の経済的更生は全く考えない「貧困ビジネス」の横行は、弁護士・司法書士全体に対する社会的信頼を失墜させるものである。弁護士会・司法書士会の自浄能力が問われている。

改正貸金業法の見直しを許すな（二〇〇九年一二月一八日　七八〇号　風速計）

深刻化する多重債務問題の解決を求める全国民的な運動が盛り上がり、二〇〇六年一二月、金利規制と貸金業規制を抜本的に強化する画期的な改正貸金業法が成立した。

改正貸金業法の施行スケジュールは四段階に分かれて施行されることになっており、これまでに第三段階までの施行が行なわれてきている。

改正貸金業法の目玉は、グレーゾーン金利を撤廃する出資法の上限金利の引き下げと利用者の年収の三分の一を超える貸付けを禁止する総量規制の導入であるが、これらはいずれも第四段階すなわち完全施行の段階で実施されることになっている。

改正貸金業法の完全施行は遅くとも二〇一〇年六月までに行なわれることになっているが、改正法には完全施行の前に出資法の上限金利の引き下げや総量規制の導入について円滑に実施するために必要があると認めるときは所要の見直しを行なう旨の「見直し規定」が入っている。

貸金業界の一部は、この見直し規定に期待して巻き返しの動きを強めている。

特に、米国発の金融危機に端を発する経済不況により中小企業の倒産が増加していることや、アイフル・武富士など大手サラ金業者の経営悪化、SFCG・ロプロなど大手商工ローン業者の経営破綻などをとらえて、これらを改正貸金業法のせいにするとともに、一斉に「改正貸金業法完全施行の延期」「貸金業規制の緩和」「出資法の上限金利の引き下げの見直し」「総量規制の見直し」などを叫び始めている。

問題は、貸金業界のこれらの動きに呼応する動きが民主党の国会議員の一部や新政権の内部にも見られることだ。民主党の国会議員の中には、新自由主義・市場原理主義的な考え方をしている国会議員も少なくない。

現在、金融庁に「貸金業制度に関するプロジェクトチーム」（座長・大塚耕平金融担当副大臣）が設置され、関係者のヒアリングを行なうとともに、改正貸金業法の完全施行に向けた検討が開始されている。

亀井静香金融担当大臣や福島みずほ消費者担当大臣は「改正貸金業法の見直しはしない」と明言しているが、予断を許さない状態が続いている。金融庁のプロジェクトチームの動きを注視していく必要がある。

生活保護法の抜本的改正が求められている（二〇一〇年一月二九日　七八四号　黒風白雨）

昨冬は、東京・日比谷公園に労働組合や市民団体がつくった「年越し派遣村」が出現し大きな注目をあびたが、依然として厳しい雇用情勢が続く中、今冬は、政府の要請により一三六の自治体で「公設派遣村」が開設された。

東京都でも、国と都が、国立オリンピック記念青少年総合センターで公設派遣村を開設し、八〇〇人以上の入所者があった。昨年に比べれば、大きな前進であり、政権交代の効果の現れであると思う。

しかしながら、わが国には四七都道府県約一八〇〇の市町村が存在するので、公設派遣村の取り組みをした自治体は、全国の自治体の中で一割にも満たなかったということになる。

一方、雇用危機で住まいを失った人やホームレスを保護する緊急一時宿泊施設（シェルター）の不足を解決するために、政府は、二〇〇九年度から、都道府県や市区町村がシェルターとしてアパート・社宅・ビジネスホテルなどを国の全額補助で借り上げる事業をスタートしたが、厚生労働省によると、事業利用の予定は全国二六自治体五一三部屋にとどまり、補正予算に計上した二〇二五部屋分、一二億二〇〇〇万円の予算枠を大きく割り込んでいるということである。

借り上げが進まない背景には、施設を充実すればするほど近隣から利用者が流れ込んでくることになり、利用者が生活保護の申請をすることになれば、当該自治体の財政負担が増えることになるという事情がある。

現在、生活保護実施費用の四分の三は国が負担し、四分の一を自治体が負担することになっている。熱心に公設派遣村を開設したり、緊急一時宿泊所（シェルター）を用意して失業者やホームレスの支援活動を行なう自治体ほど、生活保護の申請も増加することになるので、財政負担が重くなることになる。このため、財政負担が重くなることをおそれる自治体は、派遣村の開設やシェルターの設置に躊躇することになるのである。

生活保護実施費用をすべて国が負担する制度に転換させれば、公設派遣村の開設や緊急一時宿泊所（シェルター）の設置に躊躇する自治体は少なくなるであろう。

このほか、生活保護に関しては、自治体窓口で生活保護の申請を妨害する「水際作戦」などが行なわれていることもあって、生活保護の利用率（捕捉率）は一五〜二〇％にとどまっている。ドイツやイギリスにおいては、同様の制度の捕捉率は八五％以上となっている。

日本弁護士連合会は、憲法二五条が保障する生存権を具体化した生活保護を利用しやすくするために、①権利性を明確にするために法律の名称を「生活保護法」から「生活保障法」に変える②生活保護申請を妨害する「水際作戦」を行なってはならないことを法律に明記する③生活保護制度の実施費用を全額国の負担とする④ケースワーカーを大幅に増員する、などを骨子とする生活保護法の抜本的改正案を提案している。

深刻化する貧困問題を解決するためにも、生活保護法の抜本的改正に着手する時であると考える。

国政に続き都政の転換を!!（二〇一〇年二月二六日　七八八号　風速計）

昨年の冬は、東京・日比谷公園に労働組合や市民団体がつくった「年越し派遣村」が出現し大きな注目をあびたが、依然として厳しい雇用情勢が続く中、今年の冬は、政府の要請により一三六の自治体で「公設派遣村」が開設された。

東京都でも、国と都が、「国立オリンピック記念青少年総合センター」や「なぎさ寮」などで「公設派遣村」を開設し、八〇〇人以上の入所者があった。昨年に比べれば、大きな前進であり、政権交代の効果の現れであると思う。

しかしながら、「年越し派遣村が必要ないワンストップ・サービスをつくる会」（ワンストップの会）などの支援延長要請にもかかわらず、石原慎太郎東京都知事は、一月八日の定例記者会見で、住居などが決まらない利用者がいた場合も期限は延長せず一月一八日で施設提供を打ち切る考えを示した。

期限を延長しない理由について知事は、「利用者だけじゃなしに、ホームレスは一杯いる。限りがない」などと述べ、生活再建支援は国の要請で実施した事業である点を踏まえ、「国が責任を持ったらいい。自分たちの金を使っているんだから」と述べた。

また、利用者については「モラルの問題がある」とした上で、「都はいろんな取り組みをしてきたが、その仕事は嫌だと忌避する人が随分いる。それで生活保護をくれというのは甘えた話だと思う」と話した。

さらに、元日に現場を視察した鳩山由紀夫首相について、「あの程度の行事に総理大臣が行くべきじゃない。ポピュリズムの表れだ」「私は行かない」と述べたということである。

石原都知事のこれらの発言は、公設派遣村に入村した村民やホームレス、生活保護受給者に対する偏見に満ち満ちている。

仕事と住まいを失って野宿を余儀なくされている住民の救済は、国だけでなく、本来まず都自身が責任をもって取り組むべき課題であるはずである。

石原慎太郎氏が都知事に就任して一〇年以上になるが、石原都政も国政にならい、この間、新自由主義・市場原理主義的政策を推し進めてきており、都民一人一人の命やくらしより大型開発を優先させ、福祉や医療などを切り捨てることにより、貧困と格差を拡大させてきている。

国政に続き都政の転換が求められている。

追い出し屋規制法案の問題点（二〇一〇年三月二六日　七九二号　黒風白雨）

低所得者層をターゲットとして、敷金・礼金が不要であることをうたった「ゼロゼロ物件」や、家賃連帯保証事業者が連帯保証人とされた物件で、法外な違約金の請求や、鍵を交換して出入りを不能にしたり、室内の私物を無断で撤去する「追い出し」被害が相次いでいる。

入居時に必要な費用を準備できない窮状と法的無知に付け込み、不当な契約条項を締結させて滞納家賃の取り立てを行なったり、法の定める手続を経ない実力行使で賃貸住宅から「追い出し」を図ることは、居住権を著しく侵害する違法行為であって、到底許されない。

法律家らでつくる支援団体「全国追い出し屋対策会議」に寄せられた被害相談は、二〇〇八年以降約五〇〇件に上る。三〇代〜五〇代の非正規労働者が半数以上で、滞納理由は減収や失業が大半である。

家賃保証業は、派遣労働が原則自由化された一〇年前から急速に普及した。非正規労働者の多くは、社宅や住宅手当など福利厚生の対象から外れている。そのため減収や失業で滞納するケースが多い。特に二〇〇八年秋の金融危機以降、滞納を理由に賃貸住宅から閉め出され、サウナやネットカフェなどを転々とし、最後は路上に行きつく人が続出している。

こうした「貧困ビジネス」の典型とも言える「追い出し屋」の違法行為を規制するために、政府は二月二三日、「賃貸住宅における賃借人の居住の安定確保を図るための家賃債務保証業の業務の適正化及び家賃等の取立て行為の規制等に関する法律案」（追い出し屋規制法案）を閣議決定し、今国会での成立を目指している。

この追い出し屋規制法案では、賃貸住宅の大家や不動産管理会社、家賃保証会社など家賃徴収にかかわる人や業者が、「借主に無断で鍵を交換する」「家財道具を無断で持ち出す」「深夜・早朝の督促を繰り返す」などの「人を威迫、人の私生活もしくは業務の平穏を害する言動」を規制しており、違反すれば、二年以下の懲役か三〇〇万円以下の罰金が科される。

また、家賃保証業者は、国土交通大臣への登録を義務づけ、無登録営業であれば、法人は一億円以下の罰金、個人は五年以下の懲役か一〇〇〇万円以下の罰金が科される。

他方で、同法案では、家賃滞納履歴のデータベース作業事業者を登録制とすることによって、家賃保証業者の業界団体が滞納者をデータベース化して滞納情報を共有することを容認している。家賃滞納履歴のデータベース化は、家賃を滞納しがちな層を民間賃貸住宅市場から閉め出すことを目的とするものであり、日本弁護士連合会などが全面禁止を求めてきたものである。

また、「追い出し屋」などの貧困ビジネスがはびこるのは、低所得者層向けの住宅政策が貧弱であることが大きな原因となっている。したがって、追い出し屋規制法案の追い出し行為の規制は、賃借人の居住の安定確保に向けた第一歩として評価できるが、低所得者層に対する低額の公営住宅の供給や家賃補助制度の拡充などの抜本的なハウジングプア対策がなければ、根本的な問題解決とならないと言える。

改正貸金業法の完全施行が決まる（二〇一〇年五月二八日　八〇〇号　黒風白雨）

改正貸金業法が本年六月一八日から完全施行されることが、四月二〇日、閣議決定された。

貸金業界は、米国発の金融危機に端を発する経済不況により中小企業の倒産が増加していることや商工ローン大手ＳＦＣＧ（旧商工ファンド）、ロプロ（旧日栄）の倒産、サラ金大手アイフルの私的債務整理の申請等をとらえて、これらを貸金業法改正のせいにするとともに、完全施行されれば「ヤミ金が増える」「借りたくても借りられない人が出てくる」などとキャンペーンをはって、出資法の上限金利引き下げの見直しや改正貸金業法の完全施行の延期を求める動きを強めていた。また、民主党の国会議員の一部にもこのような貸金業界の動きに呼応する動きが表面化していた。

クレジット・サラ金の高金利引き下げ・貸金業法改正運動に取り組んできた日本弁護士連合会（日弁連）や全国クレジット・サラ金問題対策協議会、全国クレジット・サラ金被害者連絡協議会、高金利引き下げ全国連絡会、クレサラの金利問題を考える連絡会議などは、このような貸金業界の動きに直ちに反撃し、完全施行を求める運動を強化したため、貸金業界の巻き返しの動きが抑え込まれ、改正貸金業法が完全施行されることになったものである。

改正貸金業法が完全施行されれば、年収の三分の一を超える貸付けを禁止するという総量規制が導入されることになり、すでにサラ金から年収の三分の一を超えて借り入れをしている多重債務者は新たな借り入れが困難となる。しかし、このような多重債務者が返済のための借り入れを続ければ多重債務状態はますます悪化するばかりである。借り入れが困難となった多重債務者は、弁護士会などの適切な相談窓口で相談して債務整理を行なえば、多重債務状態が改善され、生活再建が容易となる。したがって、改正貸金業法の完全施行前後を通じて、キャンペーンを行なって、弁護士会などにおける多重債務者の相談体制を強化することが求められている。また、当然のことであるが、ヤミ金融は犯罪であるので、警察はその撲滅に向けた取締りを強化すべきである。

また、多重債務対策の中で今後大きな課題となってくるのが、セーフティネットの充実強化という課題である。多重債務者が一度債務整理をすると信用情報機関に事故情報が登録されることになるので、その後一定期間はサラ金・クレジット・銀行などから融資を受けられなくなる。このため、多重債務者の生活再建のためには、生活福祉資金貸付制度のような低利あるいは無利子の公的融資制度の充実、生協・NPOなどの非営利機関や労金・信金・信組などの民間金融機関におけるセーフティネット貸付けの充実、生活保護制度の利用改善などが求められている。

さらに、多重債務問題の背景には貧困問題がある。したがって、多重債務問題の根本的解決のためにも、今後貧困問題に対する取り組みを強化していく必要がある。

日弁連は、四月の理事会で「貧困問題対策本部」を立ち上げ、全力を上げて貧困問題に取り組む方針を決定している。

金持ちしか法律家になれない？（二〇一〇年六月二五日　八〇四号　風速計）

司法試験に合格して弁護士・裁判官・検察官になるには、司法研修所で一年間の司法修習を受けなければならない。司法修習生には、修習に専念する義務が課され、アルバイトは禁止されている。このため、修習生に対しては、国から国家公務員の大学卒初任給相当額の給与が支給されてきた。

しかし、今年の一一月からは、この給与が打ち切られ、生活費等が必要な修習生には一定金額を貸し付ける「貸与制」に切り替わることになっている。

日本弁護士連合会（日弁連）が二〇〇九年一一月、新六三期司法修習生一五二八名の法科大学院在学時の奨学金利用の実態を調査したところ、五二・八一％が奨学金を利用しており、平均額は三一八万八〇〇〇円、最高額は一二〇〇万円であった。

今年一一月から司法修習生の給与が貸与制になれば、法科大学院時代の借金に加えて、約三〇〇万円の借金が付け加わることになる。そうなると、新しく弁護士・裁判官・検察官になった人の二人に一人が平均六〇〇万円近くの借金を抱え、多い人は一五〇〇万円近くの借金を抱えることになる。法律家になった途端に多重債務者となってしまうわけである。

このままでは、経済的にゆとりのある家庭の子どもしか法律家にならなくなってしまうおそれがある。その結果、市民感覚からかけ離れた法律家が数多く輩出されることになりかねない。

実は、私は、司法試験に合格した後、大学を中退して司法研修所に入っている。司法修習生になれば、公務員の初任給相当額の給与がもらえるので、経済的に苦しい親に迷惑をかけなくて済むと思ったからである。今のような法曹養成制度では、私自身果たして弁護士になれたかどうか分からない。

山口二郎北海道大学教授は、『東京新聞』のコラムでこの問題について、「借金を背負ってキャリアを始めた弁護士が、儲かる仕事に専念し、弱者の権利擁護には背を向けるということが起こるかもしれない。正義感を持った法律家の卵が、後顧の憂いなく勉強に励めるように、社会全体が支援すべきである。その成果は、社会正義の実現という形で、戻ってくるはずである」と述べている。

現在、日弁連は、緊急対策本部を設置し、貸与制を阻止し、給費制を維持する運動を展開している。

法律家の卵を債務奴隷にするな！（二〇一〇年八月二七日　八一二号　風速計）

これまで六〇年間以上にわたり、裁判官・検察官・弁護士の卵とも言える司法修習生に対しては、国家公務員の大学卒初任給相当額の給与が支給されてきた。

しかし、今年の一一月からは、この給与が打ち切られ、生活費等が必要な修習生には一定金額を貸し付ける「貸与制」に切り替わることになっている。

これに対し、日本弁護士連合会は、四月に司法修習生給費制維持緊急対策本部を立ち上げ、貸与制の導入に反対し、給費制を維持する運動を展開している。

また、六月には、市民団体による「司法修習生に対する給与の支給継続を求める市民連絡会」や若手弁護士、法科大学院生・修了生、司法修習生らによる「ビギナーズ・ネット」なども結成され、貸与制に反対し、給費制を維持する運動が広がりを見せている。

このような中、最高裁判所のウェブサイトには、「司法修習生の修習資金の貸与等について」とのコーナーが設けられている。

最高裁判所が定めた「司法修習生の修習資金貸与等に関する規則」によれば、修習資金の貸与を受けようとする者は、連帯保証人二人か最高裁判所の指定する金融機関を保証人として立てなければならないとしている。

そして、最高裁判所が指定する金融機関は、信販会社の㈱オリエントコーポレーションとなっている。

オリエントコーポレーションは、これまで利息制限法を超過する高金利での貸付けを行なったり、ココ山岡事件やダンシングモニター商法事件、呉服次々商法事件などのクレジット被害事件で問題となった信販会社である。

これでは司法修習生が貸与制により多重債務に追いやられるだけでなく、保証人被害を拡散させ、また弁護士・裁判官・検察官となった後もオリエントコーポレーションに従属する立場に追いやられることとなる。このように債務奴隷に追いやられる法律家の誕生は、司法の信頼を損ない、国民にとっても不幸なことである。

最高裁判所は、早急に規則を改定して、保証人を徴求する制度を廃止するとともに、率先して貸与制に反対し、司法修習生の給費制を維持する取り組みを行なうべきであろう。

『弁護士布施辰治』（二〇一〇年九月二四日　八一六号　黒風白雨）

布施辰治弁護士の生誕一三〇年、韓国併合一〇〇年を記念して、ドキュメンタリー映画『弁護士布施辰治』が制作され、各地で上映会が行なわれている。

布施辰治弁護士は、戦前から戦後にかけて、労働者・小作農民・借家人・被差別部落民・刑事被告人・社会主義者など一貫して社会的・経済的弱者の弁護活動を行なってきた弁護士である。

関東大震災が発生したときは、朝鮮人虐殺の告発、大杉栄等虐殺事件の告発、社会主義者一〇名が虐殺された亀戸事件の告発などを行なう一方で、借家人同盟のテントを街頭に張り先頭にたって家を無くした被災者の救援活動を行なっている。

布施弁護士は、戦前日本の植民地であった朝鮮・台湾においても民衆の弁護を引き受けている。特に朝鮮では、多くの独立運動家の弁護活動を行なっている。このため、二〇〇四年、韓国政府は、独立に寄与した愛国の士として、日本人で初めて「建国勲章」を布施弁護士に贈っている。

一九二九年八月、布施弁護士は、検事局により東京控訴院に懲戒を申立てられ、一九三二年一一月大審院で弁護士除名の判決が確定し、弁護士資格を失っている。検事局は、一九二八年三月一五日の日本共産党に対する治安維持法による全国的弾圧事件（「三・一五事件」）に関する大阪地方裁判所での弁護活動を理由に、布施弁護士の懲戒を申立てたのである。布施弁護士は懲戒法廷で、「代議士の院内発言に刑事免責があるように、そして代議士の院内発言についてはその院が自治的に処理するように、弁護士を裁きうるものは弁護士会のみであるべきだ」と主張している。

戦前は、弁護士・弁護士会は国家（司法大臣）の監督下におかれ、検事長は、司法大臣の命により、またはその認可を受けて、国家の意に副《そ》わない弁護士の懲戒の申立てをすることができたのである。また、司法大臣は、弁護士会の総会監察、決議の認可取消、議事停止などを行なう権限を有していた。

戦後一九四九年に成立した新しい弁護士法では、このような戦前の反省の上に立って、弁護士・弁護士会には国家の監督を受けない弁護士自治が認められ、弁護士の懲戒処分は弁護士会だけが行なえることになった。

また、新しい弁護士法の第一条では、「弁護士は、基本的人権を擁護し、社会正義を実現することを使命とする」と定めているが、常に虐げられた者、弱者の立場に身を置き、民衆とともに闘い続けた布施弁護士は、弁護士の使命を身をもって果たした弁護士と言える。

布施弁護士は、懲戒処分を受けて弁護士資格を失っただけでなく、一九三〇年八月には新聞紙法違反・郵便法違反で起訴され、また一九三四年三月には治安維持法違反で起訴され、それぞれ実刑判決を受けて二度にわたり獄中生活を送っている。

「生くべくんば民衆と共に、死すべくんば民衆のために」を生涯のモットーとした布施弁護士の生き方は、私たち現在の弁護士が、目標とすべき理想の弁護士像である。

山場を迎えた司法修習生給費制問題（二〇一〇年一〇月二二日　八二〇号　風速計）

裁判官・検察官・弁護士の卵である司法修習生に対しこれまで支払われてきた給与を打ち切るか否か、司法修習生の給費制をめぐる問題が山場を迎えている。

日本弁護士連合会（日弁連）や「司法修習生に対する給与の支給継続を求める市民連絡会」や若手弁護士、司法修習生、法科大学院生・修了生らによる「ビギナーズ・ネット」などは、一一月に予定されている給与の打ち切りに反対し、給費制の存続を求める運動を行なってきている。

日弁連、市民連絡会、「ビギナーズ・ネット」は、四月以降全国各地で六〇回以上にわたる市民集会、パレード、街頭宣伝活動を行なってきている。

九月一六日には日比谷野外音楽堂で二〇〇〇人規模の決起集会を開催し、集会後の国会に向けたパレードの参加者は二五〇〇人にふくれ上がった。給費制の存続を求める請願署名も、これまでに目標を大幅に上回る六〇万人を超える署名が集まっている。

このような給費制の存続を求める運動の広がりにより、一部のマスコミを除き給費制の存続に理解を示すマスコミも増え、給費制存続に賛同する政党や国会議員も増えてきている。

そして、焦点は、現在開かれている臨時国会において一〇月中に超党派の議員立法により、裁判所法が改正され給費制の存続が認められるかどうかということになってきている。

「多様な人材を法曹界へ」という司法制度改革の理念のもとスタートした新しい法曹養成制度であったはずであるが、司法試験合格率の低迷、重い経済的負担、就職難などが要因となって、法科大学院志願者数が激減してきている。このような状況下で司法修習生の給与を打ち切ってしまうことは、法曹志望者の減少傾向に拍車をかけ、司法制度改革の理念とは全く逆行する事態を進めることになる。

司法修習生に対する給与の打ち切りは、公正と平等がなによりも重視されなければならない司法の世界に「貧富の格差」を持ち込むことになる。このことは、今後の司法のあり方に大きな影響を与えるとともに、国民・市民の権利にも大きな影響を与えることになるであろう。

政党・国会議員の賢明な判断が求められている。

大阪地検特捜部証拠改ざん事件（二〇一〇年一一月一九日　八二四号　黒風白雨）

九月一〇日、大阪地方裁判所は、郵便不正事件に関し、元厚生労働省局長に対し無罪判決を言い渡したが、その後、この事件に関連して大阪地検特捜部の主任検事、部長、副部長が証拠として押収したフロッピーディスクを改ざんした容疑で、最高検察庁によって逮捕・起訴される事態となった。

検察官が描いたストーリーに沿って、関係者の供述を歪めただけでなく、元局長の無罪を示す客観証拠まで改ざんしたということは恐るべきことであり、検察制度・司法制度の根幹を揺るがす事件と言わねばならない。

もし、これが事実であるとすれば、大阪地検特捜部が組織ぐるみで客観証拠を歪め、無実の一市民を逮捕して冤罪に陥れる端緒を作り上げたことになり、単に検察官個人の問題ではなく、検察組織全体の在り方に起因する深刻な問題であるととらえる必要がある。

本件が、このように検察組織全体の在り方を問う事態に発展している以上、その真相解明は、最高検察庁の内部組織のみに委ねられるべきでないことは明らかである。

この事件を受けて、柳田稔法務大臣は、一〇月二二日、法務大臣の諮問機関として「検察の在り方検討会議」を設置すると発表し、一一月四日、検討会議の委員一五人を発表した。

刑事司法に対する国民の信頼を著しく失墜させた現在、この検討会議で検討されるテーマが、単に特捜部の存廃を含む検察組織の在り方に止まってはならないことは言うまでもない。

このところ、志布志事件、氷見事件、足利事件、布川事件など冤罪事件が相次いで明らかになってきている。元厚生労働省局長の郵便不正事件も明らかな冤罪事件である。

検討会議では、このような冤罪を防止するための取調べの可視化、検察官手持ち証拠の全面開示、長期間身体拘束して自白を迫るいわゆる「人質司法」を改めるための勾留・保釈の運用改善などの早期実施が検討されるべきであろう。

元厚生労働省局長の郵便不正事件も、取調べの可視化が行なわれていれば、そもそも違法不当な捜査は行なわれず、元局長は身体拘束も起訴もされなかったと考えられる。元局長のような被害者を今後生み出さないようにし、市民を冤罪や不当な身体拘束から守るためには、その供述の状況を客観的に記録・検証するシステムとして、取調べの可視化（取調べの全過程の録画）が不可欠である。

また、元局長は、一貫して事件への関与を否定した結果、長期間の身体拘束を受けたものであるが、被疑者・被告人が無罪主張していることをもって、安易に「罪証を隠滅すると疑うに足りる相当な理由」を認める勾留・保釈の運用は、無実の市民の自由を不当に奪い、自由と引き替えに無実の罪を認めることを強要するものにほかならず、憲法および刑事訴訟法の趣旨に反するものであり、このような勾留・保釈の運用もただちに改められるべきである。

当然のことであるが、一一月一〇日から開かれている検討会議は、すべて公開で行なわれるべきだと考える。

給費制一年延長が決まる（二〇一〇年一二月二四日　八二九号　風速計）

二〇一〇年一一月一日より司法修習生に対する給費制が廃止され、貸与制が導入されることになっていたが、給費制が一年間延長されることになった。

司法試験に合格して弁護士・裁判官・検察官になるには、司法研修所で一年間の司法修習を受けなければならないが、司法修習生には、修習に専念する義務が課されアルバイトが禁止されている。このため、修習生に対しては、国から国家公務員の大学卒初任給相当額の給与が支給されてきた。

ところが、二〇一〇年の一一月一日からはこの給与が全面的に打ち切られ、生活費等が必要な修習生に対しては一定金額を貸し付ける「貸与制」が導入されることになっていた。

これに対して、日本弁護士連合会（日弁連）や市民団体が結成した「司法修習生の給与の支給継続を求める市民連絡会」、若手弁護士・司法修習生・大学院生らが結成した「ビギナーズ・ネット」は、法科大学院における重い経済的負担に加えてこのまま貸与制が導入されれば、経済的にゆとりのある家庭の子どもしか法律家になれなくなってしまう。最も公平・平等が重視されなければならない司法の世界に、貧富の格差を持ち込むことになる。市民感覚からかけ離れた法律家が数多く生まれることになり、とりわけ社会的・経済的弱者である市民の権利の守り手が少なくなってしまう危険性がある、などの理由から、貸与制の導入に反対する運動を展開してきた。

市民連絡会の賛同団体は八〇〇団体を超え、ビギナーズ・ネットの参加メンバーも一〇〇〇名を超えた。給費制の維持を求める請願署名も目標を大きく上回る六七万筆が集まった。

一一月一日には貸与制を導入する裁判所法の改正法が施行されたが、日弁連や市民連絡会、ビギナーズ・ネットは、あきらめないで粘り強く国会議員要請や院内集会の開催、議員会館前の街頭宣伝活動などを続けた結果、ついに一一月二六日、臨時国会の最終局面において、給費制を一年延長する裁判所法の一部改正法が成立することになった。

改正法の成立は、給費制維持に向けた大きな一歩となるであろう。

待ったなしの「取調べの可視化」（二〇一一年二月四日　八三三号　黒風白雨）

大阪府警に現住建造物等放火などの容疑で逮捕・送検された男性（二九歳）に知的障がいがあり、物事をうまく説明できないのに、男性が取調べで詳細な犯行状況や謝罪の言葉を述べたとする「自白調書」を大阪地検堺支部の男性検事が作成していたことが発覚した。

検察側は昨年一月に男性を起訴したが、補充捜査で自白調書の信用性に疑いがあるとして、一一月に起訴の取り消しを求める異例の措置がとられ、約一一ヵ月間勾留していたこの男性を釈放している。

男性の弁護士は、男性の障がいを検察側に伝えていたが、検事は自白調書をもとに男性を起訴していた。

だが、捜査関係者によると、公判前に争点や証拠を絞り込んだ大阪地裁堺支部での手続で、男性側が起訴内容を否認、裁判員裁判の対象であったため、取調べの様子が一部録画されていたＤＶＤを、地検本庁が補充捜査したところ、何度も説明に詰まる男性に対し、検事が調書の内容に沿うように事実上誘導しながら確認する場面が残されていた。

なお、この事件に関しては、男性のアリバイに関する供述を捜査報告書から削除するよう貝塚警察署に指示したとして、別の検事が減給処分を受けている。

この事件とは別に、大阪地裁所長が襲われた強盗致傷事件で無罪判決が確定するなどした元少年ら五人が損害賠償請求を求めた裁判で、大阪地裁は一月二〇日、大阪府警の警察官の取り調べで暴行や不当な誘導があったとして、大阪府に対し約一五〇〇万円の賠償を命じる判決を言い渡している。

判決は、当時一三歳の元少年にアリバイが成立する可能性が高いと指摘し、元少年ら三人の自白がなされた背景には、①警察官が頭髪をつかんだ②机を手でたたいた③大声でどなった、などの暴行と供述の誘導があったと認定している。

再審無罪となった氷見事件、足利事件、また、再審開始が決定した布川事件はいずれも、密室での取調べで自白を強要され、虚偽自白をし、長年にわたる服役を余儀なくされている。いわゆる死刑再審四事件（免田事件、財田川事件、松川事件、島田事件）においても、違法・不当な捜査の結果、虚偽自白をしてしまったことが明らかになっている。また、志布志事件では、捜査段階での暴力的・脅迫的な取調べが長期間続いた結果、全く無実の市民が虚偽の自白を強要されたことか明らかになっている。

このような冤罪の発生を防止するためには、取調べを「密室」に閉じこめておくのではなく、第三者の目に触れる状態にする「取調べの可視化」（取調べの全過程の録画）が不可欠である。

取調べの全過程の録画・録音は、すでにイギリス、フランス、イタリア、アメリカの多くの州、オーストラリア、韓国、台湾、香港などで実施されている。

現状ではこうしている間にも、捜査機関の違法・不当な取調べによって、新たな冤罪が生み出されている可能性がある。

取調べの可視化は、「待ったなし」となっている。

すべての少年に国選付添人を！（二〇一一年三月一一日　八三八号　風速計）

罪を犯した少年は成人と異なり、通常は刑事裁判を受けることはなく、家庭裁判所に送られて、少年審判を受ける。

少年審判は、刑事裁判と異なり非公開で行なわれ、少年の非行事実の有無だけでなく、少年を取り巻く環境も考えて審理がなされる。その結果、少年院に収容されたり、社会内で立ち直らせるため保護観察とするなどの処分が決定される。また、殺人などの重大な事件では、成人と同じ刑事裁判を受けるために、検察官に送致する決定（逆送決定）がなされることがある。

少年審判では刑事裁判と違って、「弁護人」という制度はなく、少年の権利を守り少年を援助するための「付添人」を選任する制度がある。

刑事裁判では、お金のない被告人は、事件の軽重に関係なく、国の費用で国選弁護人を請求することができる。付添人についても、国選付添人制度がある。しかし、二〇〇七年一一月に導入された現行制度では、対象事件が殺人、傷害致死、強盗などの重大事件に限定されており、しかも裁判所が必要と判断したときだけ選任される制度となっている。その対象事件は、二〇〇九年度に少年鑑別所に収容された少年の約六%にすぎない。

二〇〇九年五月二一日から、捜査段階から国の費用で弁護士の援助を受けることのできる被疑者国選弁護の対象事件が大幅に拡大された。この結果、勾留されている被疑者(少年を含む)の約七〇%にあたる事件について、被疑者の請求があれば国選弁護人が選任されることになった。したがって、警察や検察庁において取り調べを受けている被疑者段階の多くの少年に対しても、国選弁護人が選任されることになった。

ところが、事件が家庭裁判所に送致されて少年審判を受ける段階では、国選付添人の対象事件の範囲が狭いため、被疑者段階で選任された国選弁護人がそのまま国選付添人となることができないという事態が生じている。被疑者段階の国選弁護人が起訴後もそのまま国選弁護人となる成人の場合と比べて明らかに不公平である。

日本弁護士連合会は、少年鑑別所において身体拘束を受けているすべての少年事件を対象として国の費用で付添人を選任する「全面的国選付添人制度」を実現する運動を展開している。少年を置き去りにしないために。

平成の徳政令が必要だ(二〇一一年五月二〇日 八四七号 風速計)

二〇一一年三月一一日に、発生した東日本大震災は、東北・関東地方の太平洋沿岸部に壊滅的な被害をもたらし、死者・行方不明者は二万四〇〇〇人を超えるとともに、いまだに一〇万人を超える被災者が過酷な避難所生活を強いられている。

また、福島第一原子力発電所における放射性物質の漏洩《ろうえい》により、農作物に対する出荷制限、漁業への打撃、風評被害の拡大等、地震・津波・原発事故による複合被害が深刻化している。

この間、被災地の弁護士会や日本弁護士連合会、日本司法支援センターは、電話による無料法律相談や避難所等を訪れての無料法律相談を行なってきている。これらの相談結果を見ると、住宅や自動車、事業所の機械設備、船舶、漁具などのローンの相談が多数寄せられている。

既存のローンに加えて新たな住宅の建築や事業再開などのために金融機関からの借入れをすることによって生ずる「二重ローン」問題は、被災者の生活・事業再建の大きな足かせとなっている。

阪神・淡路大震災の時も、二重ローンを抱えた被災者が、最終的には返済に行きづまり、自己破産したり新築した自宅を手放さざるを得なくなったケースが多数見受けられたということである。

未曽有の被害をもたらした東日本大震災により生活の本拠や生計の手段を失った被災者の生活・事業の再建は、震災からの復旧・復興の最大の課題となる。

被災者が希望をもって復旧・復興に取りかかれるよう、足かせとなっている二重ローン問題の解決策を早急に示す必要がある。

二重ローン問題の解決策として、金融機関に対する被災者の債務を免除する特例措置（いわば「平成の徳政令」）が検討されるべきだと考える。この特例措置を講ずることにより、被災者は既存のローンを抱えたマイナスからの再出発でなく、ゼロからの再出発が可能となる。

また、被災者に対する債務免除措置が金融機関、特に地域金融機関に与える打撃についても配慮しなければコミュニティの健全な再生がはかれない。従って、財務体力に問題のある地域金融機関に対しては、債務免除額の無税償却、公的資金の注入、国の債権買取機構による債権買取りなどが検討される必要がある。

布川事件再審無罪判決（二〇一一年六月一七日　八五一号　黒風白雨）

二〇一一年五月二四日、水戸地方裁判所土浦支部は、一九六七年に茨城県利根町布川《ふかわ》で起きた強盗殺人事件、いわゆる「布川事件」の再審で、無期懲役刑が確定し仮釈放中の桜井昌司さんと杉山卓男さんに対し、無罪判決を言い渡した。死刑か無期懲役が確定した事件の再審無罪判決は、戦後に発生した事件では、昨年三月の「足利事件」に続き七件目となる。桜井さんと杉山さんは、仮釈放まで二九年間を刑務所で過ごし、逮捕から四三年余りでようやく冤罪を晴らすことができたわけである。

しかしながら、無罪判決が出されたといっても、二九年の獄中生活で奪われた二人の青春や人生は戻らないのである。この間の二人の家族らの苦しみも想像に余りある。あらためて冤罪の恐ろしさを痛感するとともに、無実の人を罪に陥れた警察・検察、裁判所の責任は重大であり、猛省すべきである。

二人は、別件逮捕後の取調べで犯行を自白させられたものの、第一審公判開始以来今日まで一貫して無実を叫び続け、一九七八年に無期懲役刑が確定した後も、日本弁護士連合会の支援を受けて再審請求を続けてきた。

本件強盗殺人事件の現場には、激しい格闘があったことや室内が物色されたことが明らかな多くの痕跡があったが、二人の指紋や毛髪は全く存在せず、二人が犯人であることを示す物的証拠は皆無であった。

それにもかかわらず、別件逮捕・勾留を利用した密室における長期間・長時間の取調べによりもたらされた虚偽自白やあいまいな目撃証言などにより二人の有罪が認定されたものである。また、裁判所は警察の取調べの最終段階における自白の一部を録音したテープを自白の任意性・信用性を裏付ける証拠としているが、このことは取調べの一部の録音・録画がいかに危険なものかを示している。

一方で二人の無実を示唆する証拠はずっと隠されたままであり、第二次再審請求後、被害者宅前にいた男は「杉山さんとは違う人物だった」という近所の女性の目撃証言、被害現場に二人の毛髪がなかったとする鑑定書など検察側がそれまで隠していた証拠が開示された。また、再審では、二本目の取り調べ録音テープがあることが明らかとなり提出されたが、この録音テープには一〇ヵ所以上の編集痕跡があった。

厚生労働省元局長の郵便不正事件では、大阪地検特捜部主任検事による証拠改竄《かいざん》が問題となったが、被告人に有利な証拠を隠す行為は、証拠改竄に匹敵する悪質行為である。検察官の義務は、裁判に勝つことでなく、警察の捜査をチェックし、公益の代表者として正義を実現することであるはずである。また、布川事件では、自白を支える有力証拠に乏しく、目撃証言の信用性が低いことは最初からわかっていたことである。この意味では布川事件は、自白偏重主義に陥った裁判所がつくった冤罪ともいえる。

布川事件は、冤罪をなくすために、取調べの可視化（取調べの全過程の録画）、検察官手持ち証拠の全面開示、自白をとるために長期間身体拘束を行なう人質司法の打破が極めて重要であることをあらためて明らかにした事件であるといえる。

冤罪を防ぐ刑事司法の抜本的改革を（二〇一一年八月二六日　八六〇号　黒風白雨）

今年の六月二九日から、法務大臣の諮問機関である法制審議会において、「新時代の刑事司法制度特別部会」が開始されている。

この特別部会では、取調べ及び供述調書に過度に依存した捜査・公判のあり方の見直しや被疑者の取調べ状況を録音・録画の方法により記録する制度の導入など刑事司法の抜本的な改革に向けた議論が行なわれることになっている。

特別部会の委員には法曹関係者や警察関係者、学者のほか、痴漢冤罪事件の裁判を描いた映画監督の周防正行《すおまさゆき》さんや大阪地検特捜部に逮捕・起訴され無罪判決が確定した厚生労働省元局長の村木厚子さんら一般有識者など二六人が選ばれている。特別部会の部会長には委員の中から、本田勝彦日本たばこ産業相談役が選出され、会議は報道機関に公開されている。

大阪地検特捜部主任検事による証拠改竄《かいざん》事件を受けて、法務大臣の私的諮問機関として「検察の在り方検討会議」が設置され、昨年一一月一〇日より刑事司法の改革に関する議論が行なわれ、今年の三月三一日「検察の再生に向けて」と題する提言が取りまとめられた。

検討会議における最大の焦点は、冤罪を防止するための取調べの可視化（取調べの全過程の録音・録画）の実現であったが、この提言は期待された抜本的な改革からは程遠い内容となっており、取調べの可視化は「新たな検討の場」に先送りされてしまった。

昨年三月二六日には宇都宮地方裁判所において、足利事件の菅家利和さんに対し再審無罪判決が言い渡され、今年五月二四日には、水戸地方裁判所土浦支部において布川事件の桜井昌司さん、杉山卓男さんに対し、再審無罪判決が言い渡されている。死刑か無期懲役が確定した事件の再審無罪判決は、戦後に発生した事件では、足利事件、布川事件を入れて七件あり、このうち死刑が確定して再審無罪判決がなされた事件は四件に上っている。

冤罪事件は、国家権力による最大の人権侵害であり、絶対にあってはならない事件である。

昨年九月一〇日、大阪地方裁判所は、郵便不正事件に関し元厚生労働省局長の村木厚子さんに対し無罪判決を言い渡したが、この村木さんの事件も一つの冤罪事件といえる。

「新たな検討の場」となった法制審議会の特別部会においては、今度こそ冤罪を防止するために、刑事司法の抜本的改革を実現すべきである。まず何よりも、「検討会議」で先送りされた取調べの可視化の法制化が先行して早急に実現されなければならない。

さらに冤罪を防止するためには、取調べの可視化のほかに、検察官手持ち証拠の全面開示、自白を取るために長時間の身体拘束を続ける「人質司法」の打破、代用監獄の廃止、弁護人の取調べへの立ち会い、取調べ時間の規制等の改革が求められている。

今度こそ、冤罪を防止するための刑事司法の抜本的改革が行なわれるよう、特別部会の議論をしっかりと監視していく必要がある。

大逆事件死刑執行一〇〇年（二〇一一年一〇月二八日　八六九号　黒風白雨）

大逆事件で幸徳秋水らの死刑が執行されて今年で一〇〇年となる。

一九一〇年（明治四三年）、明治天皇の殺害を計画したとして幸徳秋水ら二六名が刑法七三条の皇室危害罪＝大逆罪〔一九四七年（昭和二二年）廃止〕で大審院に起訴された。大審院は審理を非公開とし、証人申請をすべて却下した上、わずか一月ほどの審理で一九一一年（明治四四年）一月一八日、二名については単に爆発物取締罰則違反罪にとどまるとして有期懲役刑を言い渡したが、幸徳秋水ら二四名については大逆罪に当たるとして死刑判決を言い渡した。

死刑判決を受けた二四名のうち一二名は翌一九日特赦により無期懲役刑となったが、幸徳秋水を含む残り一二名については、死刑判決からわずか六日後の一月二四日に一一名、翌二五日に一名の死刑の執行が行なわれた。したがって、今年は大逆事件の死刑執行から一〇〇年に当たる。

幸徳秋水らが逮捕、起訴された一九一〇年（明治四三年）は、同年八月に日本が韓国を併合するなど絶対主義的天皇制の下、帝国主義的政策が推し進められる一方で、国内においては、社会主義者、無政府主義者など政府に批判的な思想を持つ人物への大弾圧が行なわれた。そのような政治情勢下で発生した大逆事件は、戦後、多数の関係資料が発見され、社会主義者、無政府主義者、その同調者、さらには自由・平等・博愛といった人権思想を根絶するために当時の政府が主導した捏造《ねつぞう》事件であるといわれている。

戦後、大逆事件の真実を明らかにし、被告人となった人たちの名誉を回復する運動が粘り強く続けられてきた。

死刑執行から五〇年の一九六一年（昭和三六年）一月一八日、無期懲役刑に減刑された被告人と刑死した被告人の遺族が再審請求を行ない（棄却）、一九九〇年代には死刑判決を受けた三人の僧侶の復権と名誉回復がそれぞれの宗門で行なわれ、二〇〇〇年（平成一二年）一二月には幸徳秋水の出生地である高知県中村市（現四万十市）が幸徳秋水を顕彰する決議を採択し、二〇〇一年（平成一三年）九月には犠牲者六人を出した和歌山県新宮市が名誉回復と顕彰を宣言する決議を採択した。

日本弁護士連合会（日弁連）は、一九六四年（昭和三九年）七月、旧東京監獄・市ヶ谷刑務所刑場跡地に慰霊碑を建立し、大逆事件で一二名の死刑執行がなされたことへの慰霊を込めて、毎年九月、地元町内会との共催で慰霊祭を開催してきている。

今年は、大逆事件死刑執行一〇〇年にあたることから、九月七日に日弁連会長談話を発表するとともに、九月一九日に開催された慰霊祭には、私も日弁連会長として出席した。

慰霊碑は、新宿区富久町児童遊園内の片隅にひっそりと建てられており、慰霊碑には、建立当時の円山田作日弁連会長が揮毫《きごう》した「刑死者慰霊塔」の文字が刻まれていた。慰霊碑は、大逆事件の刑死者だけでなく、二〇〇人を超えるといわれる旧東京監獄・市ヶ谷刑務所における刑死者全員を慰霊する意味も込められているのである。

労働者保護の原点に立ち戻れ（二〇一一年一二月二日　八七四号　風速計）

報道によれば、ずっと継続審議となっていた労働者派遣法改正案に関し、今般、民主党、自民党、公明党三党が大幅に修正するということで合意したということである。

修正案の内容は、①登録型派遣と製造業派遣の原則禁止条項を削除する②二ヵ月以内の日雇い派遣原則禁止について、禁止対象を世帯主などに限定したうえで、一ヵ月以内に緩和する③違法派遣があった場合、派遣先企業が労働者に直接雇用を申し込んだものとみなす「みなし雇用制度」の導入については、公布から三年の猶予期間を設ける、というものである。派遣会社に対し派遣料金と派遣労働者の賃金の差額の比率（マージン率）を明らかにさせる情報公開の義務付けは残されたが、労働者保護の視点からすれば大幅な後退である。

登録型派遣は、仕事がある時だけ派遣労働契約を締結するというものであり、派遣先と派遣元との契約に派遣労働者の雇用が左右される不安定雇用を生み出すものであるから、本来禁止されるべきである。

また、製造業への派遣は、二〇〇八年秋のリーマンショックに端を発した派遣切り・雇い止めにより、職と住居を失った労働者が年越し派遣村に身を寄せる事態になったことからも明らかなように、景気後退期に大量の失業者を生み出すものであるから、直ちに禁止されるべきである。

さらに、究極の不安定雇用として社会問題となった日雇い派遣の禁止対象を現行改正案以上に限定することは、雇用の安定化策としては極めて不十分である。

そして、「みなし雇用制度」は、違法派遣を規制する上で極めて重要であり、この施行を三年間延期することは、施行までの間の違法派遣を容認することにつながりかねず、直ちに施行されるべきである。

東日本大震災によって被災地では雇用の場が大量に失われたが、そこでもまっさきに犠牲にされたのは派遣労働者をはじめとする非正規労働者であった。また、被災地以外においても、企業の生産調整や生産拠点の移転等によって、派遣労働者をはじめとする非正規労働者が職を奪われる事態が相次いでいる。東日本大震災からの復興を含め、今わが国において求められていることは、誰もが安心して人間らしく働くことができる社会を築くための労働者保護法の確立と雇用保護制度をはじめとする社会保障制度の充実である。

第2章　二〇一二年〜二〇一五年

死刑廃止について全社会的議論を呼びかける（二〇一二年一月一三日　八七八号　黒風白雨）

二〇〇九年五月から裁判員裁判が始まり、死刑を含む刑罰について市民の関心が高まってきている。ところで、わが国も批准している国際人権（自由権）規約では、刑罰の目的、すなわち行刑の制度は、罪を犯した人にその罪責に応じた制裁を科す応報だけでなく、受刑者の矯正及び社会復帰を基本的な目的とする処遇を含むものでなければならないとしており（第一〇条三項）、罪を犯した人たちが抱える問題点を克服し、やがては社会の一員として復帰させる社会への再統合がめざされている。『犯罪白書』等の統計資料によれば、殺人や強盗殺人等の凶悪犯罪は、むしろ減少傾向にあるにもかかわらず、マスコミでは凶悪犯罪の報道が繰り返されるとともに「市民の体感治安の悪化」が強調されているように、わが国には厳罰化を求める傾向が根強く存在している。

しかしながら、二〇一〇年現在の死刑廃止国（一〇年以上死刑を執行していない事実上の廃止国を含む）は一三九ヵ国、死刑存置国は五八ヵ国であって、世界の三分の二が死刑を廃止ないしは停止している。死刑存置国の中でも実際に死刑を執行している国は更に少なく、二〇一〇年においては二三ヵ国にすぎない。死刑廃止は国際的な潮流となっていると言える。

二〇一一年一〇月六日に香川県高松市で開催された第五四回日本弁護士連合会（日弁連）人権擁護大会シンポジウム第一分科会では、「私たちは『犯罪』とどう向き合うべきか？——裁判員裁判を経験して死刑のない社会を構想する」をテーマとするシンポジウムが開催された。このシンポジウムでは、ノルウェーの犯罪学者ニルス・クリスティ教授（オスロ大学）が基調講演を行なった。

クリスティ教授によれば、ノルウェーでは、罪を犯した人も人間として尊重するとの理念の下、社会からの隔離ではなく社会的処遇を優先する行刑を採用し、死刑も廃止しているとのことである。クリスティ教授は、第二次大戦中のドイツ占領下のノルウェーに存在した強制収容所で働いていたノルウェー人からの聴き取り調査の結果、被収容者殺害に関与した人と関与しなかった人の違いは、被収容者を「自分と同じ人間である」と認識していたか否かにあったと指摘した。そして、刑罰を考えるとき、「罪を犯した人も人間である」と認識することの重要性を訴え、この社会に「犯罪者として生まれてくる人はいない」と語った。また、昨年七月に発生したオスロのテロ事件に対しては、「応報よりも赦《ゆる》しが必要」と語っている。

死刑については、免田事件、財田川事件、松山事件、島田事件という四件の死刑判決が再審により無罪となったことからも明らかなように、常に誤判の危険を孕《はら》んでおり、誤判であった場合に死刑が執行されてしまうと取り返しがつかないという根本的な欠陥がある。さらに、死刑は罪を犯した人の更生の道、社会復帰の道を完全に閉ざす刑罰でもある。

日弁連は、二〇一一年一二月一五日に「死刑廃止検討委員会」を設置し、死刑廃止についての全社会的議論を呼びかける活動を開始している。

密室主義を強める民主党政権（二〇一二年三月二三日　八八八号　黒風白雨）

政府の「情報保全に関する検討委員会」は、「秘密保全のための法制の在り方に関する有識者会議」が昨年八月に取りまとめた「秘密保全のための法制の在り方について（報告書）」を受けて、昨年一〇月七日、秘密保全法の制定を決定した。そして現在、政府は秘密保全法制定に向けた準備を進めている。

ところが、最近になり、この「有識者会議」について、議事録が作成されていなかったことが明らかとなった。作成されたのは簡単な要旨だけで、録音もされておらず、「有識者会議」で事務局を務めた内閣情報調査室は、会議での発言者のやりとりを記録した同室職員作成のメモも破棄していた。

憲法が定める国民主権原理は、国民が国政についての重要情報を知らされることを前提として初めて成り立つものである。しかも、秘密保全法は、国民の知る権利や報道の自由、取材の自由などを侵害する危険性がきわめて高い法律である。

したがって、秘密保全法について検討する「有識者会議」の議事録の作成及び公開は、国民主権原理からの当然の要請である。

また、中央省庁等改革基本法第三〇条第五項は、審議会等について、「会議または議事録は、公開することを原則とし、運営の透明性を確保すること」としている。同法を受けて中央省庁等改革推進本部が一九九九年四月二七日に決定した「中央省庁等改革の推進に関する方針」では、「会議または議事録を速やかに公開することを原則とし、議事内容の透明性を確保する」としている。「有識者会議」の議事録不作成が同法の定める方針に反することは明らかである。

さらに、二〇一一年四月以降においては、法令の制定過程などが事後に検証できるよう文書作成を行政機関に求めた「公文書等の管理に関する法律」（公文書管理法）（二〇一一年四月施行）により、議事録の作成が不可欠になったものである。

すなわち、公文書管理法第四条は、法令の制定または改廃及びその経緯については、当該行政機関における経緯も含めた意思決定に至る過程並びに当該行政機関の事務及び事業の実績を合理的に跡付け、または検証することができるよう、処理に係る事案が軽微なものである場合を除いて文書を作成しなければならないと定めている。

「有識者会議」における議事は、秘密保全法制定の是非等にかかる意思決定に至る過程の根幹をなすものであるから、公文書管理法によって作成を義務づけられている場合に該当することは明白である。

この「有識者会議」の議事録だけでなく、今年になって、東京電力福島第一原発事故後に作られた政府の原子力災害対策本部においても、議事録が作成されていなかったことが明らかになっている。

これでは、国民生活に重大な影響を与えている今回の原発事故に対する政府の対応の検証ができなくなってしまう。

密室主義を強める民主党政権のこのような対応は、憲法が定める国民主権原理を全く軽視するとともに、民主主義を危うくさせるものと言える。

原発事故被害者援護の早期立法を（二〇一二年四月二〇日　八九二号　風速計）

東京電力福島第一原子力発電所事故から一年が経過したが、今なお、原発事故被害者に対する損害賠償が十分行なわれないままに、避難した被害者も居住地にとどまった被害者も、将来の見通しがたたず、精神的にも経済的にも困窮を極めつつある。被害者の中には、生活基盤を根こそぎ奪われたり、家族が離れ離れになったり、健康を害したりした被害者も少なくない。

これまで原発事故被害者の生活再建は、加害企業である東京電力に対する損害賠償請求を通じて実現されるべき課題であると考えられてきた。

しかしながら、これまでに東京電力に対し直接損害賠償請求をしたり、原子力損害賠償紛争解決センターに申立てをしたり、裁判所に損害賠償請求訴訟を提起した被害者は、まだまだ百数十万人といわれる被害者のうちのごく一部に過ぎない。

被害者の中には、自ら損害賠償請求をすることすらできない高齢者や障がい者など社会的弱者も少なくない。

わが国の憲法は、個人の尊厳を基本理念として、幸福追求権(一三条)や生存権(二五条)、財産権(二九条)をはじめとする人権を保障し、国はこれを実現する責務を負っているのであるから、国には原発事故によって著しく人権が損なわれた原発事故被害者の尊厳を回復し、その生活再建を図るために憲法が定めた各人権保障規定の趣旨に則って最大限の努力を尽くすべき責任がある。また、東京電力の福島原発事故は、国の原子力政策の下で発生したものであり、今回の原発事故については国も大きな責任を負っているのであるから、なおさらのことである。

このような観点から、日弁連は、国に、すべての原発事故被害者の生活再建、健康確保、人権擁護を行なわせるため、①生活給付金又は一時金等の生活再建支援制度の創設、②警戒区域に設定された地域に住居を有する被害者に対する損失補償制度の創設、③被害者の健康管理調査と無償医療の実施、④居住地から避難するか、残留するかなどの意思決定にあたっての被害者の自己決定権の尊重、⑤福島県民に対するいわれなき差別の防止、⑥子ども、妊婦等の災害時要援護者に対する特別な保護、⑦各施策に支出した国費の東京電力への求償、などを内容とする「原発事故被害者援護特別立法」の早期制定を提案している。

司法制度改革軌道修正の動き（二〇一二年五月二五日　八九六号　黒風白雨）

司法制度改革が開始されてから一〇年が経過するが、法曹養成制度の改革に関し、新人弁護士の就職難、法科大学院志願者の激減、司法試験受験生の経済的・時間的負担の増加など、さまざまな問題やひずみが生じてきている。

一九四七年より、司法試験に合格して法曹三者（裁判官・検察官・弁護士）となる者を司法修習生という同一の身分で採用して司法修習を行なう、統一修習制度が始まった。司法修習生に対しては、修習専念義務が課されアルバイトなどが禁止される一方で、これまで給与が支給されてきた。

ところが、この間の司法制度改革で、二〇〇四年一二月裁判所法が改正され、二〇一〇年一一月より給費制が廃止され、貸与制が導入されることになっていた。これに対して日本弁護士連合会（日弁連）、市民団体が結成した「司法修習生に対する給与の支給継続を求める市民連絡会」、若手弁護士、司法修習生、法科大学院生・修了生、大学生らが結成した「ビギナーズ・ネット」などが、給費制存続を求める運動を展開し、二〇一〇年一一月、臨時国会で給費制を一年延期する裁判所法の改正が行なわれた。

二〇一一年秋の臨時国会には、貸与制移行を基本とする政府の裁判所法改正案が提出される一方で、給費制の暫定的存続を求める公明党の修正案が提出され、衆議院法務委員会で一度は審議入りしたが、採決には至らず継続審議となった。

この裁判所法改正案に関して、二〇一二年四月二〇日に、民主・自民・公明の三党間で合意が成立し、現在開かれている通常国会において、三党合意に基づく裁判所法改正案が成立する見通しとなっている。

三党合意の内容は、今後閣議決定で設置される合議制の組織で一年以内に法曹養成制度全体の見直しを行なうことや司法修習生に対する経済的支援の検討を行なうことなどが盛り込まれており、給費制復活の足がかりとなるものとなっている。

また、同じ四月二〇日には、総務省が「法曹人口の拡大及び法曹養成制度の改革に関する政策評価書」を公表し、法務省と文科省に対し、法曹人口政策の見直しと法科大学院の定員削減・統廃合を勧告している。

法曹人口に関しては、政府は二〇〇二年に司法試験合格者数を二〇一〇年頃までに年間三〇〇〇人とする目標を閣議決定しているのであるが、総務省は、司法試験合格者を年間三〇〇〇人とする目標は速やかに見直すことを勧告するとともに、現在の約二〇〇〇人の合格者でも弁護士は供給過多で就職難が発生し質の低下が生じていると指摘している。

また、法科大学院に関しては、司法制度改革で新設された法科大学院七四校のうち、四一校が昨年度定員充足率が八〇％未満で、五校は二〇％未満となっているため、実際の入学者数に見合った定員になるよう削減を求めるとともに、規模の小さい法科大学院については他の法科大学院との統廃合を検討することを勧告している。

深刻な問題やひずみが生じている法曹養成制度改革の軌道修正は、待ったなしである。

生活保護制度の改悪を許すな（二〇一二年六月二九日　九〇一号　風速計）

生活保護受給者が二一〇万人を突破し過去最多となる中で、人気タレントの親族が生活保護を受給していたという報道を契機として生活保護に関するバッシング報道が過熱し、生活保護制度の改悪が進められようとしている。

自民党の政策「『手当より仕事』を基本とした生活保護の見直し」によれば、民主党政権下で生活保護世帯が増加し生活保護費が二五％以上も膨らんだことを批判し、社会保障政策は「公助」より「自助・自立」を基本にすべきであると主張して、生活保護制度の見直しが提言されている。

同党は、生活保護制度見直しの具体策として、①生活保護給付水準の一〇％引き下げ②医療費扶助の大幅抑制③現金給付から食料回数券等の現物給付へ④ケースワーカーの民間委託⑤地方自治体の調査権限の強化⑥生活保護期間の有期制導入などを提言している。

六月一五日に成立した社会保障と税の一体改革関連法案に関する民主・自民・公明の三党合意においても、右に掲げた自民党の生活保護制度見直し政策とほぼ同趣旨の内容が盛り込まれている。

そもそも、この間の生活保護受給者増加の背景には、わが国における貧困の拡大がある。昨年七月に厚生労働省が公表した二〇〇九年の相対的貧困率は、一九八五年以降最悪の一六％となっている。

貧困拡大の要因として、わが国における社会保障制度の脆弱《ぜいじゃく》さ、非正規労働者の増加による働く貧困層（ワーキングプア）の増加などが考えられる。したがって、生活保護受給者の増加は、自民党政権から続く政府の失政の結果と言える。

生活保護受給者が増加したといっても、わが国の生活保護の利用率は全人口の一・六％にすぎず、ドイツの九・七％（受給者数七九三万人）、イギリスの九・三％（受給者数五七四万人）などと比較しても異常に低いのが実情である。

政府が取り組まなければならないのは、生活保護制度の改悪ではなく、貧困の拡大をストップさせる政策、すなわち、社会保障制度の充実やワーキングプアを解消する取り組みである。

貧困が拡大している現状で生活保護制度の改悪がなされれば、餓死・孤立死・自殺のさらなる増加を招くことになるのは必至である。

税金は金持ちから取れ（二〇一二年九月七日　九一〇号　風速計）

『税金は金持ちから取れ』という本が「金曜日」から出版されている。

著者の武田知弘さんは、ノンキャリア職員として大蔵省（現財務省）に勤務した経験の持ち主であり、具体的資料を交えて税金についてわかりやすく解説している。

折しも、八月一〇日、消費税率を二〇一四年四月に八％、二〇一五年一〇月に一〇％に引き上げる「社会保障と税一体改革関連法」が成立してしまった。

貧困と格差が拡大し、社会保障費が膨らむ中で、安定した社会保障の財源を確保するということが、消費税増税の理由となっている。

しかしながら、貧困や格差の解消をめざすのであれば、富裕層に対する課税を強化し、社会保障を通じて富の再分配を行なうことが求められているはずである。

わが国では一九八九年に三%の消費税が導入され、九七年には消費税率が三%から五%に引き上げられている。そして、これらの直後にはいずれも法人税と所得税が引き下げられている。

武田さんの試算によると、二〇一〇年の国税収入は三七・四兆円であるが、一九八八年レベルの法人税率・所得税率に戻せば、概算でも六〇兆円以上の税収が見込まれ、これに現在の消費税収入を合わせれば、約七〇兆円の税収となるということである。

下げた法人税・所得税の税率を一九八八年レベルに戻せば、消費税を引き上げる必要などまったくないのである。

また、日本には個人金融資産が約一四〇〇兆円あり、不動産などと合わせれば、約八〇〇〇兆円の資産があると推測されている。これに一%の富裕税を課せば、概算でも約八〇兆円の税収となる。資産の少ない人(一億円以下程度)の課税を免除するとしても、少なくとも二〇兆円以上になるという。

武田さんによれば、金持ちというのは、税金に関して非常によく勉強しており、政治家に多額の献金を行なう一方で減税の働きかけをしてきているので、高額所得者や資産家は減税され続け、平均層以下の給与所得者ばかりが増税され続けてきているということである。

私が貧困問題の講演を行なうときは、最近では必ず武田さんの本を紹介するとともに、私たちも税金について勉強して、財界・政治家・官僚・マスコミなどにだまされないようにしよう、と呼びかけている。

生活保護基準の引き下げは大問題（二〇一二年一〇月五日　九一四号　黒風白雨）

政府は、八月一七日、二〇一三年度予算案をつくる際の基本方針となる概算要求基準を閣議決定し、その中で社会保障費を「聖域視することなく最大限の効率化を図る」とした上で、「生活保護の見直し」を明記し、生活保護費を削減する方針を打ち出している。

生活保護基準は、現在、厚生労働省の「社会保障審議会生活保護基準部会」において検討が続けられているが、この閣議決定を受けて、今後生活保護基準の引き下げが行なわれる可能性が強くなってきている。

しかしながら、生活保護基準は、憲法二五条が保障する「健康で文化的な最低限度の生活」の基準であり、わが国における生存権保障の水準を決める極めて重要な基準である。

生活保護基準が下がれば、最低賃金の引き上げ目標額が下がり、労働者の労働条件に大きな影響が及ぶ。また、生活保護基準は、地方税の非課税基準、介護保険の保険料・利用料や障害者自立支援法による利用料の減額基準、生活福祉資金の貸付基準、就学援助の給付対象基準など、福祉・教育・税制などの多様な施策の適用基準にも連動している。さらに、地方自治体の中には、地方税の減免、国民健康保険料の減免、公立高校授業料の減免、公営住宅家賃の減免などの適用基準としている自治体も多い。したがって、生活保護基準の引き下げは、現に生活保護を利用している人々の生活レベルを低下させるだけでなく、市民生活全体に大きな影響を与えることになる。

　生活保護費が急増したといっても、日本の生活保護費（社会扶助費）のＧＤＰ（国内総生産）に占める割合は、〇・五％にすぎない。これに対し、フランスは三・九％、ドイツは三・四％、イギリスは二・八％となっている。ＯＥＣＤ加盟国平均は三・五％で、日本の生活保護費は、その七分の一にすぎないことになる。

　生活保護費は、低所得者の生活費になるので、預貯金に回されることなく、地域の商店街などで消費される割合の高い経費である。したがって、生活保護費を削減することは、地域の消費を冷え込ませ、デフレを一層進行させることにもなる。

　わが国では、一九九〇年代以降非正規労働者が増大し、現在では全労働者の三人に一人以上が非正規労働者となっており、年収二〇〇万円未満の低賃金労働者は一〇〇〇万人を超えている。また、わが国の最低賃金の水準は、先進国の中でも最低であり、六都道府県の最低賃金はいまだに生活保護水準以下となっている。さらに、三〇〇万人近く存在する失業者の二割程度しか失業保険を受給しておらず、年金だけでは生活できない高齢者も急増してきている。このような貧困が拡大している状況下においては、生活保護受給者が増加するのは当然の結果なのである。

　政府が生活保護費を減らそうと思うのであれば、最低賃金の大幅引き上げや非正規労働者の待遇改善、失業保険・年金制度の改善・充実、などにこそ力を入れるべきであり、低所得者の生活を更に困難にさせることになる生活保護基準の引き下げを図ることは論外と言える。

都内の就学援助児童が急増（二〇一二年一一月九日　九一九号　風速計）

『東京新聞』が東京都と全四九区市への取材結果をまとめたところによれば、経済的に困窮する家庭に学用品費や給食費、入学準備金、就学旅行費などを支給する就学援助制度を利用する都内の児童・生徒は、二〇一一年度に一八万五七二六人に上ったことが分かった。一九九七年度には約一二万人であったので、受給者数は一四年で一・五倍に増加したことになる。

就学援助は、生活保護を受ける要保護世帯と生活保護世帯に近い経済状態の準要保護世帯が支給対象となっている。公立中学校の生徒の就学援助受給率は三七区市で二割を超え、一八区市では三割を超えている。受給率が最も高いのは足立区の四六・六％で、板橋区など四区も四割を超えている。

公立小学校の児童は二一市区で受給率二割を超え、三割以上は五区市となっている。

中学校の方が受給率が高くなるのは、経済的に余裕のある家庭の子どもは私立中学校に入学することが多いため、中学校の受験率が高くなっていると考えられる。

準要保護世帯の認定基準は自治体によって異なるが、大半の自治体は生活保護支給基準に対する収入や所得の倍率で決めている。二三区では世帯の所得が一・二倍未満としている区が多いが、足立区は一・一倍未満で他区より厳しくしている。福生市と羽村市は所得が生活保護基準と同額の場合に準要保護世帯としている。

政府は八月一七日、二〇一三年度予算案をつくる際の基本方針となる概算要求基準をつくる際の基本方針となる概算要求基準を閣議決定し、その中で社会保障費を「聖域視することなく最大限の効率化を図る」とした上で、「生活保護の見直し」を明記し、生活保護基準の引き下げを行なうとしているが、生活保護基準が引き下げられれば、現在就学援助の支給を受けている児童・生徒の中から就学援助を受けられない児童・生徒が出てくることになる。

文部科学省のまとめによると、都内の就学援助受給率は、二三・四％で全国で五番目に高くなっている。受給率が一番高いのは大阪府の二七・三％で、全国平均は一五・六％だったということである。

石原慎太郎都知事は、一〇月二五日突然辞任の記者会見を行ない、三一日付で辞職したが、就学援助児童・生徒の増加に象徴されるように、都における「貧困と格差の拡大」という大きな「つけ」を残したまま、退陣したことになる。

都知事選を闘って（二〇一三年一月二五日　九二八号　風速計）

石原慎太郎前東京都知事が昨年一〇月二五日、突然都政を投げ出し知事を辞任してしまった。その直後、市民グループから要請され、私は東京都知事選挙に立候補することになった。

①脱原発②反貧困③教育行政の根本的転換④憲法擁護、を政策の「四つの柱」として、この基本政策に賛同する市民団体・労働組合・政党などから支持をいただき、選挙戦を闘った。

選挙事務所の運営をはじめ選挙戦の大半は、多数のボランティアと都内に五〇以上できた勝手連によって担われた。また、選挙資金も全てカンパで賄うことができた。

選挙期間中は朝八時から夜八時まで都内各地で街頭宣伝活動を行なったが、各地の勝手連の方々にいつも多数参加していただいた。街頭宣伝活動の参加者の数では他候補を圧倒していたと思う。このような街頭宣伝活動の集大成となったのが、選挙戦最終日の新宿駅西口で行なわれた街頭演説会であった。新宿駅西口は聴衆で溢れ大変な熱気を感じた。私も参加者の熱気につられて、ついつい熱い演説をしてしまった。

残念ながら、選挙結果は石原都政の継承を主張する猪瀬直樹前副知事に大差で敗北した。準備期間が圧倒的に短かったこと、私の知名度が足りなかったこと、史上初めて国政選挙と重なり都政の問題が埋没してしまったこと、従来十数回行なわれていたテレビの公開討論会が二回だけに終わったこと、などが影響したと思っている。

このようなきわめて不利な条件下ではあったが、九六万八九六〇票を獲得できたことは評価してよいと思っている。この成果を基礎にして、運動を一回り二回り大きくしていくことがこれからの課題となる。

私としては、都知事選は大変よい経験になったし、大変充実した闘いができたと思っている。これからも、都知事選でできた市民団体・労働組合・政党や多くの市民の皆さんとのつながりを大切にしながら、四つの基本政策を実現させる運動を続けていきたいと考えている。

最後に、応援していただいた『週刊金曜日』編集委員の雨宮処凛さん、石坂啓さん、落合恵子さん、佐高信さん、田中優子さんや多くの『金曜日』の読者の皆さんに対し、ここで改めて御礼と感謝を申し上げたい。

問題の多い公職選挙法（二〇一三年二月二二日　九三二号　黒風白雨）

選挙制度は、民主主義社会における重要な制度であるが、都知事選挙に出馬してみて、わが国の公職選挙法には大きな問題があることがわかった。

公職選挙法によれば、都知事選告示後においては、候補者の名前と顔写真の入ったチラシは、三〇万枚までしか配布できないことになっている。

一〇〇〇万人を超える有権者に対して、候補者の名前・顔写真入りのチラシを有権者の三％にも満たない数しか配布できないということは、明らかに制度上の欠陥であるというほかない。

また、今回の都知事選挙で、選挙戦も最終盤に向かおうかという昨年の一二月八日、三鷹市でチラシを配布していた私の支援者である七〇歳の男性が、マンションに「侵入」したとして警察に逮捕され、書類送検されるという弾圧事件が発生した。

わが国の選挙では、諸外国では認められている戸別訪問が全面的に禁止されているため、市民が誰でもできるもっとも便利な選挙活動がまったくできなくなっている。

さらに、東京都知事選挙に立候補するためには、三〇〇万円の供託金を供託する必要がある。

都知事選が終わった後、私はある都民から、「今年七月にある参議院選挙に立候補しようと思うが、三〇〇万円の供託金が必要とされている。これは憲法違反ではないか。場合によっては訴訟提起をしたい」という相談を受けた。

この都民の相談を受けて、諸外国の選挙制度を調べてみたところ、アメリカ、フランス、ドイツ、イタリアなどは選挙の供託金制度がなく、フランスに至っては、約二万円の供託金すら批判の対象となり、一九九五年に廃止されたということである。イギリスやカナダ、オーストラリアなどにも供託金制度があるが、いずれも一〇万円以下である。

わが国では、国政選挙の供託金は、衆議院・参議院とも選挙区は三〇〇万円、比例代表区は名簿登載者数×六〇〇万円となっている。市民団体が政党をつくり国政選挙の比例代表区に一〇人の候補者を名簿登載しようと思えば、六〇〇〇万円の供託金が必要となる。経済的に余裕のない市民団体は、政党をつくり国政選挙に立候補することもできないわけである。

わが国の選挙における供託金の金額は、戦後公職選挙法が改正されるたびに金額が高騰し現在に至っている。経済的理由で被選挙権の行使を制約することは、憲法第四四条や憲法第一四条に違反すると考えられる。

わが国では、これまで「一票の格差問題」については、大きな社会問題となり、再三裁判でも争われてきている。しかしながら、被選挙権の行使を制約する高額な供託金問題については、余り問題にされてきていない。

わが国の民主主義を前進させるためには、まず候補者の名前入りチラシの配布枚数の制限、戸別訪問の禁止、高額な供託金などを撤廃・是正させる公職選挙法改正運動が不可欠である。

弱者を切り捨てる安倍政権（二〇一三年三月二九日　九三七号　風速計）

安倍政権は、防衛費を一一年ぶりに四〇〇億円増額する一方で、生活保護基準の見直しにより生活保護費を三年間で総額六七〇億円削減することを決めた。削減幅は平均六・五％（最大一〇％）で、生活保護費削減によって、受給額が減る世帯は九六％に上る。また、今回の生活保護費削減幅は子育て世帯ほど大きくなっており、子どもたちがますます厳しい状況に追い込まれ、「貧困の連鎖」が強まる可能性が高い。

現行生活保護法が制定された一九五〇年以来、生活保護基準が引き下げられたのは、二〇〇三年度(〇・九%減)と二〇〇四年度(〇・二%減)の二回だけであり、今回は前例のない大幅引き下げである。

問題なのは、今回の生活保護費大幅削減が、二一〇万人を超える生活保護受給者や支援者など当事者の声を全く聴かないまま決められようとしていることだ。政府や国会はまず、当事者の声を聞くべきだ。

また、今回の生活保護費削減は、社会保障審議会生活保護基準部会の検証結果を踏まえた削減(九〇億円)だけでなく、削減の大半(五八〇億円)は物価動向(デフレ)を理由とした削減となっていることも問題である。

この間、物価が大きく下がってきているのは、家具や教養娯楽費(特に家電製品)などの「ぜいたく品」である。食費や水道光熱費は逆に高騰してきているのである。生活保護受給者の多くはぜいたく品を購入することはほとんどなく、家計の中で食費や光熱費の割合が高くなっているのが実情である。しかも、現在、円安で灯油、ガソリン、電気料金などは値上がりしており、安倍政権はインフレターゲットとして物価二%上昇を目標としているため、今後生活物資の価格が高騰する可能性が高い。また、近く消費税増税も予定されている。

さらに、生活保護基準は、最低賃金、就学援助、地方税非課税、介護保険の保険料減額などの基準に連動しているため、生活保護基準の引き下げは、生活保護受給者だけでなく、低所得者層全体の生活水準引き下げにつながることになる。

安倍政権の政策によって、生活保護受給者や低所得者層の生活は二重、三重の打撃を受けることになるのは必至である。

安倍政権のこのような政策は、正に国家による弱い者いじめであり、弱者の切り捨てである。

最高裁までが対米従属なのか（二〇一三年五月一〇日　九四二号　黒風白雨）

新聞各紙は、四月八日の朝刊で、「砂川事件」に関し、当時の田中耕太郎最高裁長官が、一九五九年夏、ウィリアム・レンハート駐日米大使館首席公使に、上告審の公判日程や裁判の見通しを漏らしていたという驚くべき事実を示す文書が、米国で発見されたと報じた。

この文書は、一九五九年八月三日にダグラス・マッカーサー二世駐日米大使が米国務長官に宛てた公電であり、マッカーサー大使の右腕とされたレンハート首席公使が同年七月三一日に文書を起案したとみられる記述もあるという。文書は、布川玲子元山梨学院大学教授が、米国立公文書館に開示請求して、今年の一月に入手したものであるということである。

砂川事件とは、一九五七年七月八日、東京都砂川町（現立川市）の米軍立川基地拡張のための測量に反対するデモ隊の一部が基地に立ち入り、七人が刑事特別法違反の罪で起訴された事件である。

東京地方裁判所の伊達秋雄裁判長は、一九五九年三月三〇日、「米軍の駐留は戦力の保持に当たり、憲法九条に違反する」として、全員に無罪判決を言い渡した（伊達判決）。

これに対し、検察側は高等裁判所を経ずに最高裁判所の判断を求める「跳躍上告」をし、最高裁判所は同年一二月六日、「安保条約は高度の政治性を有し、一見極めて明白に違憲無効と認められない限り、司法審査の対象外」として一審判決を破棄した。そして、東京地方裁判所で行なわれた一九六三年の差し戻し審で、被告全員の有罪が確定した。

田中耕太郎最高裁長官が、上告審の公判日程や裁判の見通しを駐日米大使館関係者に対し漏らしていた事実については、最近創元社より出版された『本当は憲法より大切な「日米地位協定入門」』（前泊博盛《まえどまりひろもり》編著）の中でも指摘されている。同書によれば、最高検察庁についても、砂川事件の上告審における最終弁論において、米国務長官が指示したとおりの意見をそのまま陳述したという事実があったと指摘している。

一九五二年四月二八日に、サンフランシスコ講和条約が発効したことにより、米国を中心とする連合国による占領が終了し、わが国が主権と独立を回復したとされている。砂川事件に関する上告審は、サンフランシスコ講和条約発効後の上告審であったにもかかわらず、講和条約発効後も占領が続いているかのように、司法のトップである最高裁長官が米国大使館関係者に公判日程や裁判の見通しを漏らしているのである。

田中最高裁長官の行為は、明らかに「司法権の独立」を自ら放棄する行為であるとともに、合議体でする裁判の評議の秘密は守らねばならないと定めた裁判所法七五条にも違反する行為である。

わが国の司法トップによる司法権の独立を揺るがす驚くべき行為について、最高裁は、事実関係を調査して釈明すべきである。また、何よりも、現在もこのような対米従属的な関係が続いているのかどうかについて、最高裁は、はっきりと釈明すべきであろう。

人種差別・排外デモを許すな！（二〇一三年六月七日　九四六号　風速計）

「在特会」（在日特権を許さない市民の会）などによる在日韓国・朝鮮人などに対する人種差別・排外主義的デモが、東京・新大久保、大阪・鶴橋で継続的に行なわれている。

参加者は、「良い韓国人も悪い韓国人もどちらも殺せ」「韓国＝悪、韓国＝敵　よって殺せ」「朝鮮人首吊レ毒飲メ飛ビ降リロ」「朝鮮人は皆殺し」などのプラカードを携行し、「殺せ」「たたき出せ」「ゴキブリ」といったシュプレヒコールを繰り返している。

デモ行進参加者は、しばしば道路からはみ出して歩道に入り商店や歩行者と衝突している。このまま放置すれば、現実に在日韓国・朝鮮人に対する生命身体への攻撃が行なわれる危険性がある。

恥ずべき言動であるが、日本社会では集会・結社・表現の自由が認められており、「韓国人を殺せ」といったヘイトスピーチ（憎悪表現）を叫ぶこと自体は刑法に抵触しない。ただし、在日韓国人などが住んでいる地域でデモを行ない、特定の個人・団体を名指しして「殺す」「死ね」「レイプする」といった脅迫的な言葉を叫べば刑法で処罰されることになる。たとえば、在特会が二〇〇九年に京都朝鮮第一初級学校に押しかけて、「北朝鮮のスパイ養成機関、朝鮮学校を日本から叩き出せ」などと怒号し授業を妨害した事件では、四人が威力業務妨害罪、侮辱罪、器物損壊罪などで逮捕され、有罪判決を受けている。

欧州諸国には、人種差別禁止法やヘイトクライム（憎悪犯罪）法のようなヘイトスピーチを規制する立法があるが、わが国にはないので、ヘイトスピーチを処罰できない。わが国は、一九九五年、人種差別撤廃条約に加盟したが、ヘイトスピーチの処罰を求めた四条ａ・ｂ項は、立法措置が必要なほど日本で人種差別思想の流布や扇動が行なわれていないとの理由で留保したままとなっている。

しかしながら、わが国には一九二三年に発生した関東大震災時において、多数の朝鮮人が流言飛語により虐殺された歴史がある。また、「慰安婦」をめぐる最近の政治家の発言や朝鮮学校を高校無償化の適用除外としていること、ヘイトスピーチデモが多発していること、などを考えれば、わが国でもヘイトスピーチを規制する立法の検討をするべき状況にあるのではないかと思う。

生活保護基準引き下げ抗議の闘い（二〇一三年八月九日　九五五号　風速計）

生活保護基準は、今年八月より約二年半かけて全体として六七〇億円（平均六・五%、最大一〇%）引き下げられようとしている。

生活保護基準は、労働者の最低賃金、就学援助、地方税の非課税基準、介護保険の保険料・利用料の減額基準、障害者自立支援の利用料の減額基準、生活福祉資金の貸付基準などに連動しているため、生活保護基準の引き下げは、生活保護利用者だけでなく国民生活全体の引き下げにつながることになる。

生活保護基準の六七〇億円もの大幅引き下げは、前例がない上に、全く根拠のない引き下げである。削減の大半を占める五八〇億円の削減理由はデフレによる物価下落を理由とするものである。しかしながら、この間、物価が大幅に下落してきているのは、パソコンや家電製品であり、食費、水道光熱費、灯油、公共交通機関料金等の基本的生活費は下がっていない。むしろ円安によって基本的生活費はこの間、上昇してきている。

生活保護利用者一七五人の緊急調査を行なったところ、物価下落率が高い家電製品について購入したことがないと回答した生活保護利用者は、ビデオカメラ九九・四％、カメラ九六・六％、デスクトップパソコン九七・七％、ノートパソコン九四・三％、洗濯乾燥機九八・三％などとなっている。したがって、物価下落を理由とする生活保護費の大幅削減は、生活保護利用者の生活実態を全く踏まえない不当な削減であることが明らかである。

全く根拠のない過去最大の生活保護基準引き下げを、生活保護利用者は黙って我慢するしかないのだろうか。

いや、我慢などする必要はない。生活保護利用者は、八月分の保護決定通知書を受け取った日の翌日から六〇日以内に不服であれば審査請求ができるし、審査請求に対する裁決があったことを知った日の翌日から起算して六ヵ月以内に決定の取消しの訴えを提訴することができるのである。

私は、生活保護基準の大幅引き下げに反対する「一万人審査請求運動」の呼びかけ人となって、生活保護利用者に対し生活保護基準の大幅引き下げに抗議して審査請求をするよう呼びかけている。政府の前例のない弱者切り捨て政策に対しては、前例のない闘いで対抗していく必要がある。

国を亡ぼすカジノ解禁（二〇一三年一〇月一八日　九六四号　風速計）

二〇二〇年東京五輪・パラリンピックに向け、カジノ解禁を目指す動きが活発になっている。

自民・公明・民主・日本維新の会など超党派の議員で作る「国際観光産業振興議員連盟」（通称・カジノ議連）は、秋の臨時国会に向けた議員立法の提出を検討しているということである。

議連には、最高顧問として安倍晋三首相や麻生太郎副総理も名を連ねている。東京都の猪瀬直樹知事や橋下徹大阪市長もカジノ解禁に前向きである。

しかしながら、カジノは賭博であり、刑法一八五条、一八六条で禁止されている犯罪である。賭博をやり始めると、骨を折らないで儲かることがあるので、真面目に働かなくなってくる。たまに儲かれば儲けたで、いっそう賭博にふけり、損をしたら損をしたで、それを取り返そうと思ってまたすする。そして財産全部を使い果たしたり、はては自殺や犯罪に走ったりする。このような弊害を防ぎ、勤労精神を保護するため、賭博を禁止しているのである。

マカオは、ラスベガスを抜いて世界一のカジノ王国となったということであるが、二〇一二年の売上は約三兆三二〇〇億円にすぎない。これは、二〇一二年におけるわが国のパチンコ・パチスロ業界の売上一九兆六六〇〇億円の六分の一でしかない。

世界一のカジノは、日本のパチンコなのである。知事も政治家も、カジノを解禁して税収を上げたいと声をそろえるが、税収がほしいのであれば、パチンコに課税すれば済むのである。

日本には、パチンコ・パチスロのほか、競輪、競馬、競艇、宝くじ、スポーツくじ、ロトくじなど、ギャンブルがあふれている。この上、カジノを解禁させることは、わが国の国民をギャンブル漬けにしてしまうことになる。ギャンブルは、家庭崩壊、自殺、ホームレス、犯罪の増加など、さまざまな問題を生み出している。わが国のギャンブル依存症者の数は、一〇〇万人を超えているといわれている。

ギャンブルは基本的に敗者の犠牲の上に成り立つものである。ギャンブルは人を幸せにするものではなく、人を不幸に陥れるものである。

カジノ問題は、政治家の政治姿勢、政治倫理が問われている問題である。

情報公開は民主主義の「通貨」である（二〇一三年一一月一五日　九六八号　黒風白雨）

一九八九年九月、島根県松江市で開催された第三二回日本弁護士連合会人権擁護大会で、アメリカの消費者弁護士ラルフ・ネーダー氏を招いてシンポジウムが行なわれた。

「情報公開は民主主義の通貨である」とは、このシンポジウムでラルフ・ネーダー氏が語った言葉である。シンポジウムに出席していた私は、民主主義社会における情報公開の重要性を指摘したネーダー氏のこの言葉に、深い感銘を受けた。情報公開がなければ、国民は正しい判断をすることができないし、主権を行使することもできないのである。

ところが、安倍政権は、民主主義の精神と全く逆行する「特定秘密保護法案」を、現在開会中の臨時国会に提出している。

特定秘密保護法案は、「防衛」「外交」「外国の利益を図る目的の安全脅威活動の防止」「テロ活動の防止」の四分野について、政府が特定秘密を指定するものであるが、特定秘密の指定に関しては第三者機関のチェックを受けることもないので、恣意的な指定になり、政府に不都合な情報が隠される危険性が大である。

また、罰則は秘密を漏らした公務員だけでなく、情報を知ろうとした記者や市民にも適用される。

さらに、特定秘密の指定は五年だが、何回でも更新でき、三〇年を超えても内閣が承認すれば隠し続けることができ、特定秘密を永久に公表しなくてもよい仕組みになっている。

このように、特定秘密保護法案は、「国民の知る権利」や「報道の自由」「取材の自由」を大幅に制限する内容となっている。

福島第一原発事故では、メルトダウンの事実が隠蔽され、ＳＰＥＥＤＩ（緊急時迅速放射能影響予測ネットワーク）の情報公開が大幅に遅れた。

また、沖縄返還交渉にあたっての日米両政府間の密約に関しては、この情報を取得した元『毎日新聞』記者の西山太吉さんが逮捕、起訴され有罪となった。沖縄返還交渉における密約の存在は、その後、米国の公文書開示によって明らかとなっているが、日本政府の公式見解は明らかにされていない。

さらに、砂川事件に関し、当時の田中耕太郎最高裁長官が、上告審の日程や裁判の見通しについて駐日米大使館関係者に対し漏らしていた事実が、機密指定を解除された米国の公文書で明らかになっている。この事実についても最高裁判所や政府の見解が全く示されていない。

特定秘密保護法のない現在の状態でも、重要な事実が隠蔽され続けているのに、この上、特定秘密保護法が制定されれば、ますます、政府にとって都合の悪い事実が隠蔽され続けることになる。

特定秘密保護法案は、国家安全保障会議（日本版ＮＳＣ）設置法案と一体となる法案であり、憲法九条を実質的に改憲し、集団的自衛権の行使を認め、米国とともに戦争ができる体制づくりの一環となる、軍事立法である。

政府がなさねばならないのは情報公開を徹底することであり、そのための情報公開法の改正であるはずである。

あきらめない！（二〇一三年一二月二〇日　九七三号　風速計）

報道関係者、学者、弁護士、映画関係者、作家、宗教者、市民団体、国際団体など、多くの国民が反対したにもかかわらず、安倍政権は、一二月六日、深夜の参院本会議で、国民の「知る権利」を侵し、民主主義社会を窒息させる「特定秘密保護法案」の採決を強行し、成立させた。強行採決は安倍政権のあせりの現れである。

共同通信社が一二月八、九両日に実施した全国緊急電話世論調査によると、成立した特定秘密保護法を今後どうすればよいかについて、来年の通常国会以降に「修正する」との回答が五四・一%、「廃止する」の回答が二八・二%で、合わせて八二・三%に上り、「このまま施行する」は九・四%にとどまったということである。

特定秘密保護法に「不安を感じる」の回答も七〇・八%を占め、報道機関の取材が十分にできなくなることや一般の人が処罰の対象になりかねないこと、秘密指定が十分にチェックされないこと、などに懸念を示す国民が多いことを反映した調査結果となっている。

安倍内閣の支持率は四七・六%と、前回の一一月の調査から一〇・三ポイント急落し、不支持率は三八・四%と、前回の調査から一二・二ポイント急上昇している。

特定秘密保護法は成立してしまったが、あきらめる必要はない。特定秘密保護法反対の運動と世論をさらに広げて、特定秘密保護法を廃止させればよいのである。国会議員の過半数が賛成すれば、一旦は成立した法律でも廃止できるからである。

また、特定秘密保護法を適用されて逮捕者が出た場合、特定秘密保護法は憲法一三条や憲法二一条に違反する違憲立法であるので、無罪を主張して闘うことも十分可能である。

さらに、先の臨時国会で成立した特定秘密保護法と国家安全保障会議（日本版NSC）設置法は、来年の通常国会で提出される可能性が高い国家安全保障基本法などとともに、集団的自衛権の行使を容認することで実質的に憲法九条を改憲し、アメリカと共に戦争ができる体制づくりの一環としての立法であることを留意しておく必要がある。

したがって、これからの特定秘密保護法の廃止を求める運動を国家安全保障基本法と集団的自衛権行使容認に反対する運動につなげていく必要がある。

都知事選を闘って（二〇一四年三月七日　九八二号　風速計）

今回の選挙では、惜しくも次点となり当選を勝ち取ることはできなかったが、二〇一二年一二月に行なわれた前回の選挙結果と比較すれば、大きな前進があった選挙だったと思う。大雪の影響などから前回より一六・四六％も低い低投票率となったが、得票数を前回の九六万八九六〇票から九八万二五九四票に増やすことができた。また、得票率は、前回の一四・五八％から二〇・一八％に増やすことができた。

この結果は、都知事選挙を一回経験したことにより、候補者、選対スタッフ、ボランティアが一回り成長したことや、市民選対と支援して頂いた市民団体、労働組合、政党との間に、前回より密接な連携を確立させることができたことなどから、実現できたものだと思う。選挙を手伝ってくれたボランティアの数は、二〇〇〇人近くに上り前回の三倍となった。また、寄付者の数も前回の倍近くになっている。

私は、「あと出しジャンケン」はせず、一番先に出馬を表明し、一月六日には都庁記者クラブで五つの基本政策と二つの特別政策を発表して、正々堂々と闘ってきた。この意味で選挙戦を終えて大変清々しい気持である。

街頭宣伝で、一万人を集めても一〇〇〇万人を超える東京都の有権者の〇・一％にすぎない。この意味で一〇〇〇万人を超える有権者に政策を伝えるためには、ネット選挙が解禁されたといっても、テレビ討論をはじめとする公開討論会が重要な機会となるのであるが、一部候補者が辞退したことで一六回も公開討論会が中止になったことは、極めて残念なことである。

また、各候補者の政策を有権者である都民に伝えることが、報道機関の重要な使命であることを考えれば、一部候補者が辞退したことで公開討論会を中止してしまった報道機関のあり方も、今後問題にされるべきであろう。

大いに善戦、健闘した選挙戦であったが、市民運動がまだまだ保守の固い岩盤を掘り崩すに至っていないことを、明確に自覚する必要がある。

そして、保守の固い岩盤を掘り崩すには、著名人やその時々の「風」に頼るような選挙をしていてもだめであり、こつこつと市民運動を広げていく地道な努力でしか達成できないことを学んだことも、今回の選挙戦の重要な教訓であったと思う。

集団的自衛権行使は九条改憲である（二〇一四年四月四日　九八六号　黒風白雨）

安倍政権は、閣議決定または国家安全保障基本法を制定することにより、実質的に憲法九条を改悪して、集団的自衛権行使を容認し、わが国を米国とともに戦争ができる国にしようとしている。

ところで、政府は従来から、憲法九条の下で許容される自衛権の発動については、①我が国に対する急迫不正の侵害（武力攻撃）が存在すること、②この攻撃を排除するため、他に適正な手段がないこと、③自衛権行使の方法が、必要最低限度の実力行使にとどまること、の三要件に該当する場合に限定してきた。

このような自衛権の発動に対する考え方を前提に、政府は、一九八一年五月二九日の政府答弁書において、集団的自衛権について「自国と密接な関係にある外国に対する武力攻撃を、自国が直接攻撃されていないにもかかわらず、実力をもって阻止する権利」と定義した上で、「我が国が、国際法上、集団的自衛権を有していることは主権国家である以上、当然であるが、憲法第九条の下において許容されている自衛権の行使は、我が国を防衛するため必要最小限度の範囲にとどまるべきものであると解しており、集団的自衛権を行使することは、その範囲を超えるものであって、憲法上許されない」旨の見解を表明している。

この政府見解と憲法解釈は、その後三〇年以上にわたって一貫して維持されてきた。

したがって、たとえ日本と密接な関係にあるといえども、外国か他国から武力攻撃を受けた場合に、自衛隊が集団的自衛権を行使してその武力攻撃を阻止することは、自衛権発動の要件を欠き、自衛権行使の必要最小限度の範囲を超え、憲法に違反して許されない、というのが政府の一貫した見解であった。

憲法は、国の基本的なあり方を定める最高法規であるから、憲法九六条は、改正の要件を、①各議院の総議員の三分の二以上の賛成で国会が発議し、②国民投票でその過半数の賛成を得なければならないとして、一般の法律より格段に厳格な手続を定め、国会や国民の間で充分かつ慎重な審議が尽くされることを要求している。

このような厳格な憲法改正の手段を回避し、閣議決定や通常の立法手続で集団的自衛権の行使を認めてしまうことは、本末転倒であり、立憲主義をないがしろにする独裁的手法といわざるを得ない。

安倍政権が目指す集団的自衛権の行使を容認する憲法解釈の変更については、自民党や公明党など与党の中からも異論が出始めている。

四月八日（火）には、多くの市民団体、民主団体、労働団体など諸団体が共同して、午後六時半から午後七時一五分まで、東京・日比谷野外音楽堂で、「解釈で憲法九条を壊すな！　四・八大集会&デモ～『集団的自衛権』の行使は、海外で戦争すること」が開催される。

集会終了後は、国会請願デモと銀座デモが行なわれる。

わが国憲法の重大な危機に際して、いまこそ私たちは主権者として立ち上がり、声をあげねばならない。

四・八集会には、私も参加するつもりだ。

司法の役割を果たした福井地裁判決（二〇一四年六月一三日　九九五号　黒風白雨）

わが国の憲法は、立法・司法・行政の三権が分立した民主主義的国家体制を定めている。三権分立制度の狙いは、国民・市民の人権、自由を守ることにある。

そして、司法の主要な役割は、憲法が保障する国民・市民の基本的人権を守るという視点から、立法と行政をチェックするところにある。

関西電力大飯原発三・四号機の運転差し止めを命じた五月二一日の福井地裁判決は、正に司法本来の役割を果たした判決と言える。

同地裁判決は次のように判示し、大飯原発三・四号機の運転差し止めを命じている。

「生存を基礎とする人格権が公法、私法を問わず、すべての法分野において、最高の価値を持つとされている以上、本件訴訟においてもよって立つべき解釈上の指針である」

「個人の生命、身体、精神及び生活に関する利益は、各人の人格に本質的なものであって、その総体が人格権であるということができる。人格権は憲法上の権利であり（一三条、二五条）、また人の生命を基礎とするものであるがゆえに、我が国の法制下においては、これを超える価値を見出すことはできない。したがって、この人格権とりわけ生命を守り生活を維持するという人格権の根幹部分に対する具体的侵害のおそれがあるときは、人格権そのものに基づいて侵害行為の差し止めを請求できることになる」

また、同地裁判決は、人格権を重視する視点から、以下のように断じている。

「被告（関西電力）は本件原発の稼働が電力供給の安定性、コストの低減につながると主張するが、当裁判所は極めて多数の人の生存そのものに関わる権利と電気代の高い低いの問題等とを並べて論じるような議論に加わったり、その議論の当否を判断すること自体、法的には許されないことであると考えている。このコストの問題に関連して、国富の流出や喪失の議論があるが、たとえ本件原発の運転停止によって多額の貿易赤字が出るとしても、これを国富の流失や喪失というべきではなく、豊かな国土とそこに国民が根を下ろして生活をしていることが国富であり、これを取り戻すことができなくなることが国富の喪失であると当裁判所は考えている」

福島原発事故以前の原発訴訟で住民側を勝訴させたのは、高速増殖炉もんじゅの設置許可を無効とした二〇〇三年の名古屋高裁金沢支部判決と北陸電力志賀原発二号機の運転差し止めを命じた二〇〇六年の金沢地裁判決のみだった。

そして、これらの住民側勝訴の原発訴訟はいずれも上訴審で逆転敗訴となっている。

もし、最高裁が一件でも住民側勝訴の判決を出していたら、福島原発事故は防げたかもしれなかったのである。

この意味で、福島原発事故に関し、司法の責任は大変重いと言わざるを得ない。

福島原発事故を経験してしまった現在、全ての裁判官は、司法本来の役割を果たすべきだということを、強く肝に銘ずべきである。

政府は貧困率削減の数値目標を示せ（二〇一四年八月二二日　一〇〇四号　黒風白雨）

厚生労働省は、七月一五日、二〇一二年時点における日本の相対的貧困率を発表した。

二〇一二年時点における貧困率は、前回調査（二〇〇九年時点）よりも〇・一ポイント悪化し、一六・一％となり、一八歳未満の子どもの貧困率は前回調査よりも〇・六ポイント悪化し一六・三％となり、いずれも過去最悪となっている。また、ひとり親家庭の貧困率も、前回調査よりも三・八ポイント悪化し、五四・六％となっている。

二〇〇九年から二〇一二年の間は、主として民主党が政権を担当していた時期である。

二〇〇八年秋のリーマン・ショック後、世界的金融危機が発生した。多くの派遣労働者の「派遣切り」があり、職と住まいを失い路上生活を余儀なくされた派遣労働者らを支援するために、「年越し派遣村」の取り組みが行なわれた。

年越し派遣村は、貧困と格差を拡大させてきた自民党政権の失政を浮き彫りにした。「コンクリートから人へ」のスローガンを掲げて、二〇〇九年八月に行なわれた衆議院議員選挙で国民の圧倒的支持を得て誕生した民主党政権は、貧困と格差の拡大を食い止め貧困問題を解決することを期待されたが、国民の期待を裏切り、二〇一二年一二月に行なわれた衆議院議員選挙で大敗して、政権の座を追われることになった。

貧困率は、民主党政権下で初めて調査・発表が行なわれるようになったのであるが、民主党政権は、貧困率は調査・発表したが、貧困率削減の具体的数値目標を掲げなかったため、貧困問題に対する取り組みがおろそかになってしまった。民主党政権下における貧困率の拡大は、数字の上でも、民主党政権の失敗を示すものである。

民主党政権が、真剣に貧困問題の解決を考えたのであれば、貧困率削減に向けての具体的数値目標を示し、雇用、医療、年金、介護、教育、住宅、などの政策を総動員する必要があったのである。

二〇一三年六月一九日、「子どもの貧困対策法」が成立し、現在、政府はこの法律に基づいて、「子どもの貧困対策に関する大綱」をまとめつつある。だが、前述したとおり、子どもの貧困率は過去最悪となっている。

本来、政府は税と社会保障によって所得の再分配を行ない、貧困と格差の拡大の是正に努める責任がある。ところが、OECD（経済協力開発機構）調査では、子どもの貧困率に関して、加盟国の中で日本だけが唯一、再分配後の貧困率が再分配前の貧困率より高くなっている。つまり、わが国の社会保障制度や税制度によって、子どもの貧困率はかえって悪化しているのである。

政府が真剣に子どもの貧困問題の解決を目指すのであれば、子どもの貧困対策に関する大綱の中で、子どもの貧困率削減の具体的数値目標を示し、貧困率削減に向けての総合的具体的施策を呈示すべきである。

子どもは、日本社会の将来の担い手である。子どもの貧困問題の解決なくして、日本社会に未来はないのである。

歴史的事実と向き合うことの重要性（二〇一四年九月二六日　一〇〇九号　風速計）

『朝日新聞』が、「慰安婦」問題に関し吉田清治氏の記事を取り消し謝罪したことから、わが国の新聞や週刊誌では『朝日新聞』バッシングが繰り広げられ、「慰安婦」問題そのものが捏造であったかのような報道も一部になされるようになっている。

「慰安婦」問題については、一九九三年八月四日、旧日本軍の関与を認め、多数の女性の名誉と尊厳を深く傷つけたことにつき、心からのお詫びと反省の気持ちを表明する河野談話が発表されている。また、一九九五年八月一五日には、日本の植民地支配と侵略によって、アジア諸国の人々に対して多大な損害と苦痛を与えたことについて、痛切な反省の意と心からのお詫びの気持ちを表明する村山談話が発表されている。

ところが、村山談話の翌年には「新しい歴史教科書をつくる会」が結成され、歴史的事実と向き合う教育を自虐史観であると攻撃する運動が繰り広げられてきた。

来年は、戦後七〇年の節目の年であり、安倍政権は、河野談話・村山談話に代わる談話を出す準備をしていると聞く。

このようなわが国社会の動きを見るにつけ、同じ第二次世界大戦で敗戦国であったドイツの戦後の歩みとの大きな違いを感じる。

わが国の「東京裁判」と同じくドイツでも「ニュルンベルク裁判」で、連合国により戦争犯罪者が裁かれたが、ドイツ国民は、このニュルンベルク裁判だけでなく、独自にナチス協力者の責任追及を行なってきている。ドイツではナチスの犯罪については、時効がないのである。他方、わが国では、東京裁判とは別に独自に戦争責任を追及することは行なわれてこなかった。

また、ドイツではナチスに協力した新聞社は、戦後はすべて廃刊となっているが、わが国では戦争に加担・協力した新聞社が、戦後も残って営業を続けている。

ドイツでは、戦争責任・加害責任を考えさせる教育も徹底して行われている。

旧西ドイツのワイツゼッカー連邦大統領は、敗戦四〇周年を記念する演説で、「過去に目を閉ざす者は結局のところ現在にも盲目となります。非人間的な行為を心に刻もうとしない者は、またそうした危険に陥りやすいのです」と述べている。私たち日本人は、このワイツゼッカー大統領の言葉を心に噛みしめる必要がある。

韓国の市民運動に学ぶ（二〇一四年一〇月二四日　一〇一五号　黒風白雨）

韓国の市民運動から学ぶために、今年二月の都知事選を闘った選対メンバーらと一緒に、一〇月五日から八日まで韓国ソウルを訪問した。訪問先は、ソウル市役所、参与連帯、希望製作所、福祉国家ソサエティ、ソンミサン共同体、戦争と女性の人権博物館などであった。

ソウル市では、参与連帯の創設者であり、市民活動家の朴元淳《パクウォンスン》弁護士が二〇一一年一〇月二六日に行なわれたソウル市長補選で勝利し、市長に就任している。朴市長は今年の六月四日に行なわれたソウル市長選でも再選されている。

朴ソウル市長は、「市民が市長だ」「堂々と享受できる福祉」などのスローガンをかかげ、①非正規職の正規職化②ソウル市立大学の授業料の半額化③環境に優しい無償給食の実施などを三大公約として掲げ、市長就任後これらの公約を着実に実行している。

非正規職の正規職化の公約を実行するため、市長就任後、青年ユニオンの活動家を労働補佐官として政治任用し、これまでに一三六七人の非正規公務員を正規雇用にしている。また、派遣会社等から派遣されている間接雇用労働者（清掃、警備、駐車場管理など）六二三一人についても直接雇用化、正規雇用化が順次行なわれている。

さらに、朴市長は、ソウル市の予算約二〇兆ウォン（一ウォンは約〇・一円）のうち五〇〇億ウォンについては、市民が予算案を提案し、市民の代表が予算の使い道を決定するという市民参加予算制度を導入している。

韓国の首都ソウルでこのような目を見張らせるような改革が進められている背景には、韓国の活発な市民運動がある。

一九九四年に朴弁護士らが中心となって創設した「参与連帯」は、これまでに、国会議員監視、司法監査、公益訴訟、内部告発者支援、人権擁護、社会福祉推進などの運動を行なってきた団体であるが、一万四五〇五人の会員を有し、会費収入やカンパ、機関誌収入などで年間二〇億ウォンの収入があり、五五人の専従活動家を抱える強力な市民運動組織である。二〇〇六年三月に朴弁護士らが中心となって創設した「希望製作所」は、市民運動の自己革新が必要であり、批判だけではだめだ、市民も代案を持つ必要がある、との問題意識で創設されたシンクタンク型市民運動組織である。約六〇〇〇人の会員を有し、会費収入や寄付金、事業収入などで年間約四〇億ウォンの収入があり、専従の研究員四六人を抱えて活動している。

二〇〇六年二月に発足した「マニフェスト実践本部」は、選挙公約のチェックと公約の履行状況をチェックする市民運動組織である。公約に関しては、財政計画もチェックするようにしたため、最近の大統領選では、候補者が単に公約を並べるだけでなく、公約を実施するために必要な財政計画も含めた「公約家計簿」を出すようになったとのことである。

このような、多様かつ強力な市民運動が背景にあって、朴ソウル市長が誕生し、目を見張るような改革が進められようとしているのだ。

韓国の市民運動に学ぶ必要性を痛感した韓国訪問であった。

安倍政権の暴走に審判を（二〇一四年一一月二八日　一〇一八号　風速計）

安倍首相は、一一月一八日夜、首相官邸で記者会見し、来年一〇月に予定されている消費税一〇％への引き上げを二〇一七年四月末まで一年半先送りし、増税延期の判断について国民の信を問うため、衆議院を二一日に解散すると表明した。

今回の解散総選挙に関しては、「大義なき選挙」「自己都合選挙」といった声が上がっているが、有権者の立場からは、この二年間の安倍政権の政策を問う選挙である。

安倍首相は、自らの経済政策アベノミクス継続についての国民の審判を仰ぐ考えも示しているが、七～九月期のＧＤＰ（国内総生産）速報値は、年率換算でマイナス一・六％となるなどアベノミクスの破綻は明らかである。

安倍政権の経済政策は、大企業や富裕層を富ませたが、多くの国民の生活を苦しくさせ、貧困と格差を更に拡大させている。正規雇用が減少する一方で、非正規雇用が増大し、労働者の実質賃金は一五ヵ月連続で減少してきている。多くの国民の所得が増えなければＧＤＰの六割を占めるといわれる個人消費も増えず、内需が増えないのは当たり前のことである。

安倍政権は、生活保護基準を大幅に切り下げるとともに、医療・年金・介護などの給付は削減する一方で負担は増加させるなど、弱者切り捨ての政策を実行し、社会保障全体の改悪を行なってきている。また、「企業が世界一活動しやすい国づくり」をうたい文句に、労働者派遣法の改悪、限定正社員制度の導入、残業代ゼロ制度の導入など雇用破壊を進めようとしている。

安倍政権が進めようとしているＴＰＰへの参加、国家戦略特区構想などは、農業や食の安全、医療、雇用、地域経済を破壊し、貧困と格差をさちに拡大させる政策である。原発の輸出や武器の輸出、カジノ解禁などまで経済成長戦略に取り込もうとする姿勢は、儲ければ何をやっても良いという倫理、道徳の堕落を示すものである。

安倍政権は、多くの国民の反対を押し切って、原発の再稼働を進めるとともに、特定秘密保護法の制定や実質的に憲法九条を破壊する集団的自衛権行使容認の閣議決定を行なって、米国とともに「戦争する国づくり」を進めようとしている。

このような安倍政権の暴走に対し、国民が選挙権を行使してきっぱりと審判を下すのが、今回の総選挙の意義である。

不公正税制の抜本改革を（二〇一五年一月九日　一〇二二号　黒風白雨）

安倍政権は二〇一五年一〇月に予定されていた消費税一〇％への引き上げを一年半先送りにすることを決めた。

消費税増税は、社会保障の充実のため、あるいは国の財政健全化のために必要であると説明されてきている。

しかしながら、社会保障の充実や国の財政健全化のために、消費税増税が必要だというのであれば、何故、一九八九年に三％の消費税導入直後、あるいは一九九七年の五％への消費税引き上げ直後に、法人税と所得税が引き下げられてきたのであろうか。

二〇一四年四月に消費税が八％に引き上げられた際も、現在約三五％の法人税の実効税率を数年で二〇％台に引き下げる方針を決めている（経済財政運営と改革の基本方針『骨太の方針二〇一四』）。

テレビ・新聞などほとんどのマスコミが、社会保障を充実させるため、あるいは財政健全化のためには、引き上げ時期については意見の違いがあっても、一致して消費税増税に頼るしかないかのような報道をしているのは異常である。たとえば、二〇一四年一一月三日付『朝日新聞』の社説「消費税の再増税　将来世代見すえて決断を」などは、二〇一五年一〇月からの消費税一〇％への引き上げを決断すべきとの内容になっている。

消費税増税に関しては、『朝日新聞』も含めて、わが国のテレビ・新聞などマスコミは皆、政府や財務省に洗脳されているか、完全にコントロールされているのではないかと思いたくなるような報道が繰り返されている。

しかしながら、消費税は低所得者層に厳しい税制であり、貧困と格差を益々拡大させる税制である。税制の専門家である富岡幸雄中央大学名誉教授によれば、大企業には、外国税額控除制度、外国子会社配当益金不算入制度、研究開発減税、グリーン投資減税、受取配当金益金不算入制度、欠損金の繰越控除制度などの優遇措置があるため、法人税の実効税率通り法人税を支払っている大企業は極めて少ないということである（『税金を払わない巨大企業』富岡幸雄著、文春新書）。

トヨタ自動車は、欠損金の繰越控除制度などにより、豊田章男現社長が二〇〇九年に社長になった以降、国内では一度も法人税を払ってこなかったのであるが、二〇一四年三月期決算でようやく六年ぶりに法人税を納めている。

また、富裕層の税金も、証券優遇税制（二〇一三年一二月終了）や所得税の最高税率の引き下げ（一九八〇年当時の所得税の最高税率は七五％だったが、現在は四〇％となっている）などにより軽減されてきている。

わが国では貧困が拡大する一方で、一部の富裕層や大企業に富が集中するようになってきている。貧困と格差の拡大を解消するには、課税においては応能負担原則を貫き、富裕層や大企業に対する課税を強化し、社会保障制度を通じて富を再分配することが求められている。

いずれにしても社会保障の財源や財政の健全化を消費税増税だけに頼るのは、全く不公正・不公平であると言わねばならない。

ドイツ元大統領の死を悼む（二〇一五年二月一三日　一〇二七号　風速計）

去る一月三一日、リヒャルト・フォン・ワイツゼッカー元ドイツ大統領が死去した。

ワイツゼッカー元大統領は、「ドイツの良心」と評される人物であり、戦後四〇年にあたる一九八五年五月八日連邦議会で行なった、「過去に目を閉ざす者は現在に対しても盲目となる」という「荒れ野の四〇年」と題する演説が有名である。

ドイツは、このワイツゼッカー元大統領の演説に象徴されるように、徹底して過去と向き合い、戦争責任、加害者責任の追及を行なってきている。

首都ベルリンの最も目立つ場所にナチスに殺された六〇〇万人のユダヤ人のための追悼モニュメントがある。このモニュメントには、ナチスの犯罪を忘れず若い世代に語り継いでいくというドイツ人の決意が表されている。

ドイツ政府は、これまでに、ナチスに迫害された被害者に対し一〇兆円近くの賠償金を支払ってきている。賠償金が支払われた被害者には、ユダヤ人被害者だけでなく、強制労働の被害者、収容所に入れられた同性愛者やシンティ・ロマ（ジプシー）、レジスタンスの犠牲者なども含まれている。

ドイツの歴史教科書では、ナチスが権力を掌握した過程や原因、戦争の歴史が詳しく取り上げられており、ドイツ人が加害者だった事実が強調されている。また、周辺諸国との間で歴史教科書の内容を慎重に吟味する作業を続けてきており、二〇〇六年には、ドイツとフランスの歴史学者が共同で歴史教科書を執筆・発行している。

一九六三年一二月から行なわれた「アウシュビッツ裁判」では、収容所の看守や医師ら二四人が起訴された。この裁判で多くの国民が、平時には良き父、良き夫である市民たちがナチスの体制下では平然と残虐行為をやってのけるサディストになっていった事実を初めて知った。検察庁が設置した「ナチス犯罪追及センター」は、これまでに一〇万七〇〇〇人の容疑者について捜査を行ない、そのうち七一八九人が有罪判決を受けている。

安倍晋三首相は、今年、戦後七〇年の談話を出す準備をしている。もし、談話を出すのであれば、徹底して過去と向き合ってきたドイツの戦後の歩みに学び、一九九三年の河野談話、一九九五年の村山談話をさらに深めた、日本の戦争責任、加害者責任をより明確にした談話を出すべきだ。

地下鉄サリン事件から二〇年（二〇一五年三月一三日 一〇三二号 黒風白雨）

一三人が死亡し、約六三〇〇人が重軽傷を負った地下鉄サリン事件から、三月二〇日で二〇年となる。

地下鉄サリン事件被害者の会から依頼を受けたオウム真理教犯罪被害者支援機構が、昨年一〇月から一二月にかけて調査票を郵送して、連絡先が判明した地下鉄サリン事件の被害者やその家族を対象として現在の健康状態などに関するアンケート調査を実施した。被害者本人二九九人、被害者の家族一七人、不明一人から回答を得て、これを筑波大学松井豊教授（社会心理学）が分析した。

松井教授の分析結果によれば、「現在の症状」に関しては、被害者の約八割が「目の異常」、約七割が「体のだるさ」「体の疲れやすさ」、約六割が「めまい」や「頭痛」といった身体的症状、「恐怖感」や「緊張」といった精神的症状を感じており、約一割の被害者は「症状がいつもある」と回答している。被害者の中には、事件のため仕事ができなくなり、生活保護に頼らざるを得なくなった人も存在する。

心理テストを使って現在のＰＴＳＤ（心的外傷後ストレス障害）の症状の有無を調査したところ、ＰＴＳＤの症状のある人の割合は、被害者が二九・一％、家族が五八・八％であった。

「現在の気持ち」について尋ねたところ、被害者の六割以上が「自分の健康に不安」を感じており、三割以上が「将来に不安」を感じている。また、被害者や家族の七割以上が「事件を風化させたくない」と感じている。

さらに、「事件や被害者支援に関して望んでいること」について尋ねたところ、被害者の五割以上が「健康診断」を、四割以上が「マスコミの継続的な報道」を望んでおり、三割近くが「経済的支援」を、二割近くが「気軽に相談できる窓口」や「カウンセリング」を望んでいる。また、被害者の家族の五割以上が「マスコミの継続的報道」を、四割以上が「気軽に相談できる窓口」や「経済的支援」を望んでいる。

このように、地下鉄サリン事件から二〇年以上経っても、被害者や被害者家族の多くが、空前の無差別テロ事件で受けた心の傷が癒えず、苦しい日々を送っていることがわかる。

アンケート調査の分析を担当した松井教授によれば、一九九七年に都内の病院が行なった調査と比べ、被害者の症状は、約二〇年後の現在の方が重くなっているということである。

ＩＳ（「イスラム国」）による日本人人質殺害を契機に「テロとの闘い」が声高に叫ばれているが、わが国では二〇年前に、地下鉄で猛毒のサリンが撒かれるという世界的にも注目を浴びた無差別テロ事件が発生したのである。

「テロとの闘い」をいうからには、国はなぜ地下鉄サリン事件を未然に防止できなかったか真剣に反省し検証する必要がある。

また、「テロとの闘い」を叫ぶからには、テロを未然に防止する責任を負う国は、テロの被害者や被害者の家族に対し手厚い支援を行なうべきである。このような視点から、国は果たして地下鉄サリン事件の被害者に対する支援を十分に行なってこれたのかどうか、振り返る必要がある。

雇用破壊を加速する安倍政権（二〇一五年四月一七日　一〇三六号　風速計）

政府は、企業がすべての職種で派遣労働者を使い続けることができるようにする労働者派遣法改正案を三月一三日に閣議決定し、衆議院に提出した。現在の労働者派遣法は、通訳や秘書など専門性の高い二六業務を除き、同じ職場で最長三年しか派遣労働者を雇えないことになっている。改正案では、三年を経過する時点で企業が労働組合から意見を聞き働く人を交代させれば、派遣労働者を実質的に無期限に雇用できるようになる。

改正案は、派遣労働を臨時的・一時的な働き方としてきた労働者派遣法の理念を根底から覆し、企業があらゆる業務に派遣労働者を雇うことができるようになるもので、雇用の不安定化を招く「生涯派遣法案」「正社員ゼロ法案」である。

また政府は、四月三日、残業代ゼロ制度の創設や裁量労働制の対象拡大などを盛り込んだ労働基準法改正案を閣議決定し、国会に提出した。政府が「高度プロフェッショナル制度」と名付けるこの制度は、働いた時間ではなく成果に応じて賃金を支払う制度であり、残業代のほか、深夜や休日の割増賃金も支払われなくなる。

この制度は、以前は「ホワイトカラー・エグゼンプション」と呼ばれた制度で、第一次安倍政権下で法案として提出されようとしたが、「残業代ゼロ法案」「過労死促進法案」との批判が強まり、二〇〇七年一月法案提出を断念している。

日本弁護士連合会の米国調査によれば、この制度を先取りしている米国では、収入の多くない労働者に対しても残業代ゼロ制度が広く適用されるようになっており、また残業代ゼロの労働者の方が、残業代を支払ってもらっている労働者よりも長時間労働を強いられていることが明らかになっている。

今回の法案では年収要件を省令で「一〇七五万円以上」と定めることが予定されているが、労働者派遣法の改正経過を考えれば、年収要件がなし崩し的に引き下げられる可能性が大である。いずれにしても、呼び名を変えても実質は「残業代ゼロ法案」「過労死促進法案」であることに変わりはない。

安倍晋三政権は、「世界で一番企業が活動しやすい国づくり」をスローガンに掲げているが、労働法制の改悪の動きを見れば、実態は「企業にとって天国だが、働く者にとっては地獄の国づくり」と言える。

どこまでも米国に追従する安倍政権（二〇一五年五月二二日　一〇四〇号　黒風白雨）

日米両政府は、四月二七日、外務・防衛担当閣僚による安全保障協議委員会（2プラス2）をニューヨークで開き、一八年ぶりとなる「日米防衛協力のための指針」（ガイドライン）の再改定に合意した。一九九七年のガイドライン改定では朝鮮半島有事における日米協力が主要な課題であったが、再改定では地球規模での日米協力が強調されている。

新ガイドラインでは、日本の防衛に関しては、武力攻撃に至らない「グレーゾーン事態」を含む平時、放置すれば日本に重要な影響が及ぶ事態、武力攻撃の発生が予測されたり起きた場合に分け、切れ目なく対応することが強調されている。また、日本による集団的自衛権の行使事例も盛り込まれている。放置すれば日本に重要な影響が及ぶ事態については、地理的制約がないことを明記し、南シナ海や中東でも自衛隊が米軍の後方支援ができるように変更されている。

2プラス2終了後の記者会見では、米軍普天間飛行場移設問題に関し、辺野古への移設が「唯一の解決策」であることが強調された。

日米安保条約は、「日本国の施政の下にある領域」における武力攻撃に限定して日米の共同防衛を定めている（安保条約第五条）ので、新ガイドラインは、日米安保条約の範囲をも超えるものであり、本来なら安保条約の改定が必要となるはずである。安保条約の改定であれば国会の承認が必要となる。

新ガイドラインの合意を受けて、安倍首相とオバマ大統領は、四月二八日ワシントンで日米首脳会談を行ない、日米の同盟を「不動の同盟」と強調する「日米共同ビジョン声明」が発表された。この中で安倍首相は米国に対し、辺野古での米軍新基地建設、新ガイドラインを具体化する戦争関連立法の法制化、環太平洋戦略経済連携協定（ＴＰＰ）の早期妥結、などを約束している。

アーミテージ元国務副長官やナイ元国防次官補などの米国の知日派グループは、これまで三回にわたり「アーミテージレポート」と呼ばれる対日要求書を発表している。二〇一二年八月に発表された第三次のアーミテージレポートでは、原発の再稼働、集団的自衛権の行使、秘密保護法の制定、武器輸出三原則の緩和、日本版ＮＳＣの設置、シーレーン防衛、ホルムズ海峡封鎖時の掃海艇派遣、国連平和維持活動（ＰＫＯ）での「駆けつけ警護」、などを日本に対し要求してきている。対日要求の背景には、今後国防予算を大幅に削減せざるを得ない米国の財政難がある。

そして、このような対日要求にひたすら応えてきているのが安倍政権である。このことが、今回の米国訪問で安倍首相が歓待された大きな理由である。

また、安保条約の改定も行なわず、国会で審議される前に米国との間で先行して戦争関連立法の内容を盛り込んだガイドラインの再改定を行なうことなどは、甚だしい国会軽視といわねばならない。

憲法を無視し、国会を軽視し、沖縄を犠牲にし、国民の生活を犠牲にして、卑屈なまでに米国に追従する安倍政権は売国政権そのものである。

憲法九条、二五条を同時に破壊する政権（二〇一五年七月二四日　一〇四九号　黒風白雨）

昨年七月に厚生労働省が発表したわが国の相対的貧困率は一六・一％で過去最悪となっている。広がる貧困と格差問題を解決するには社会保障の充実が必要である。ところが、安倍晋三政権は、貧困と格差が広がっているにも拘わらず、生活保護・医療・年金・介護などの社会保障制度を改悪し、生存権を保障した憲法二五条を破壊しようとしている。

安倍政権は、二〇一三年、生活保護の生活扶助基準について三年間で六七〇億円削減し、平均六・五％（最大一〇％）という史上最大規模の引き下げを行なう方針を決めている。生活保護に関しては、二〇一五年から住居扶助基準と冬場の暖房費などの冬季加算をそれぞれ引き下げる方針を決めた。そして、生活保護制度の改悪を突破口として、医療・年金・介護など社会保障制度全体の改悪を行なってきている。

また、本年六月三〇日に「経済財政運営と改革の基本方針2015」を閣議決定したが、この中で歳出改革は聖域なく進めるとし、その重点分野の社会保障については、社会保障費の伸びを、一八年度までの三年間で、一兆五〇〇〇億円（年間五〇〇〇億円）に抑える方針を打ち出している。高齢化による社会保障費の自然増は、年間八〇〇〇億円から一兆円とされていることから、今後、年間三〇

○○億円から五〇〇〇億円もの社会保障費が削減され、生活保護・医療・年金・介護など幅広い分野で、前例のない規模でのさらなる給付削減、自己負担増が進められようとしている。

一方で安倍政権は、二〇一三年度予算で、防衛費を一一年ぶりに四〇〇億円増額し、以後防衛費は三年連続で増額してきている。安倍首相とオバマ大統領の日米首脳会談が行なわれた直後の本年五月五日、米国防総省は垂直離着陸機V22Bオスプレイ一七機と関連装備を総計三〇億ドル（約三六〇〇億円）で日本に売却する方針を決めたと発表した。この価格は二〇一五年度予算における社会保障予算削減分約三九〇〇億円に匹敵する金額である。

二〇一三年一二月には、外交安全保障政策の指針である「国家安全保障戦略」、国防の基本的方針となる「新たな防衛計画の大綱」「中期防衛力整備計画」を閣議決定している。この中で、武器輸出三原則の見直し、集団的自衛権の行使容認を先取りした形での装備増強や敵基地攻撃能力の保有の検討、自衛隊の海外派遣の拡大、などを打ち出している。そして、二〇一四年四月一日には、武器輸出三原則を四七年ぶりに全面的に見直し輸出容認に転じる「防衛装備移転三原則」を閣議決定した。

また、二〇一四年七月一日には集団的自衛権行使を容認する閣議決定を行ない、現在安全保障関連法案を国会に提出し、多くの国民の反対を押し切って強引に成立させようとしている。しかしながら、現在国会に提出されている安全保障関連法案は、多くの憲法学者が指摘しているように憲法九条に違反する法案である。

社会保障制度を改悪して憲法二五条の破壊を進めると同時に、米国の要請に従って海外で戦争する国をつくるために憲法九条の破壊を進めているのが安倍政権の特徴と言える。

日米地位協定の改定を求めるべき（二〇一五年九月四日　一〇五四号　風速計）

八月二四日未明、神奈川県相模原市中央区の米陸軍施設「相模総合補給廠《しょう》」の倉庫で爆発火災が起きた。この補給廠は、在日米軍の補給基地として、生活・医療・業務用物資などの保管や車両修理などの後方支援業務を担っている。相模総合補給廠の周辺は住宅街が広がり学校や保育園も多い。周辺住民は、危険物が保管されていたのではないかと不安を抱えている。

日本の消防や警察が爆発の原因などを調べようとしても、日米地位協定により米軍の施設内で捜査や調査を行なう権限はなく、米軍の裁量に委ねられている。出火当時、倉庫には約一〇〇〇本のボンベが保管されていた。日本の高圧ガス保安法では、一定量を超えるボンベを貯蔵する場合は都道府県知事への届出が必要だが、米軍基地は対象外で、立ち入り検査もできない。

八月一二日には、沖縄県うるま市沖で訓練中の米軍ヘリコプターが米艦船への着艦に失敗、甲板上に墜落した。乗員のうち六人が負傷、うち二人は陸上自衛官であった。沖縄県の翁長雄志知事は八月一三日、事故の全体像が見えない中、米軍側の説明不足を指摘し、日米地位協定改定の必要性を訴えている。

沖縄では、二〇〇四年八月一三日に起きた沖縄国際大学での米軍ヘリ墜落事故では、大学構内にもかかわらず、米軍が墜落した機体の残骸や破片の保護を理由に立ち入りを規制し、沖縄県警が求めた機体などの現場検証を拒否し、県などへ十分な説明を行なわなかった。

日米地位協定は、日米安保条約に基づいて在日米軍の法的地位を定めたものであるが、一九六〇年の締結以来一度も改定されていない。日米地位協定では、米軍の事件・事故に関する米側の報告義務が規定されておらず、米兵らの事件・事故で米軍側が「公務中」と判断すれば、裁判権は米軍側にあると規定されている。

ドイツは、自国に駐留するＮＡＴＯ軍（北大西洋条約機構軍、実質的には米軍）に対し、自国国内法の適用範囲を広げるため粘り強く交渉を続け、三度にわたり地位協定の改定に成功している。日本政府は、米軍を支援する安全保障法関連法案の成立を急ぐよりも、まず、日本国民の生命と安全を守り、日本の主権を確立するために、米側と日米地位協定の改定交渉を行なうべきである。

戦争法の廃止を目指す闘いを（二〇一五年一〇月九日　一〇五八号　黒風白雨）

「戦争法」と呼ばれる集団的自衛権行使容認を柱とする「安全保障関連法」が九月一九日未明の参議院本会議で、自民・公明両党などの賛成多数で可決成立した。

戦争法は、これまで日本が攻撃された場合にのみ武力行使できるとしてきた専守防衛の安全保障政策を、米国など「密接な関係にある」他国への武力攻撃によって日本の存立が脅かされる「存立危機事態」と政府が認定すれば、集団的自衛権に基づいて武力を行使できるように大きく転換させるものである。

また、戦闘中の米軍や他国軍の支援では、自衛隊の活動地域を定めた従来の「非戦争地域」の規定を撤廃し、弾薬などの提供も解禁される。自衛隊の海外活動は飛躍的に拡大し、戦闘に巻き込まれる危険は高まる。

国際紛争が起きた際、そのたびに特別措置法を制定しなくても世界中で米軍など他国軍を支援できるようになる。

衆議院・参議院の国会審議を通じて、戦争法が憲法九条、立憲主義に違反する法律であることが、明らかになった。

六月四日に開かれた衆議院憲法審査会で与野党推薦の三人の憲法学者がそろって戦争法は違憲であるとの見解を表明したのをはじめとして、憲法学者、量刑裁判所の元長官を含む判事経験者、内閣法制局の長官経験者、日本弁護士連合会など多くの法律家が戦争法を違憲であると指摘している。

また、戦争法は米国の対日要求に応え、米国に追従する法律であることも明らかになった。

四月二七日にニューヨークで外務・防衛担当閣僚による日米安全保障協議委員会（2プラス2）が開かれ、戦争法を先取りした形の一八年ぶりとなる「日米防衛協力のための指針」（ガイドライン）の再改定が行なわれていること、翌四月二八日ワシントンで日米首脳会談が行なわれ、安倍首相は米国に対し、新ガイドラインを具体化する戦争法の法制化を約束してきていること、などから、今回の戦争法が米国の要求に応え、米国に追従する法律であることは明らかである。

戦争法を廃止するには、二つの方法がある。国会で戦争法に反対する勢力が多数になれば、戦争法を廃止することができる。したがって、来年の参議院議員選挙、その次の衆議院議員選挙が重要な闘いとなる。

また、司法が戦争法を違憲と判断すれば戦争法は無効となる。したがって今後裁判闘争で戦争法の違憲判決を勝ち取ることも重要な闘いとなる。

戦争法をめぐっては、労働団体や市民団体にとどまらず、学者・法律家・宗教者・文化人・大学生・高校生・若い母親たちなど、これまで政治的活動とは縁遠かった多くの国民・市民にまで反対運動が広がり、連日数万人が国会を包囲する行動が行なわれるとともに、全国各地で数多くのデモや集会が行なわれた。この運動を継続させるとともに、沖縄の「オール沖縄運動」に学びながら運動を更に一回りも二回りも広げて選挙闘争と裁判闘争を闘うならば、戦争法は必ず廃止できるものと確信する。

闘いはこれからである。

空しく響く「一億総活躍社会」（二〇一五年一一月一三日　一〇六三号　風速計）

第三次安倍改造内閣のスローガンは「一億総活躍社会の実現」ということである。

しかしながら、わが国では、貧困と格差が拡大し続けている。厚生労働省が昨年七月に発表した二〇一二年のわが国の相対的貧困率は、国民全体の貧困率が一六・一%、子どもの貧困率が一六・三%で、いずれも過去最悪となっている。また、ひとり親家庭の貧困率は、五四・六%で、二世帯に一世帯が貧困状態に陥っている。

わが国における貧困拡大の背景には、脆弱な社会保障制度と非正規労働者・働く貧困層（ワーキングプア）の拡大がある。わが国の非正規労働者の数は約二〇〇〇万人、全労働者の約四割となっており、年収二〇〇万円未満の低賃金労働者は七年連続で一〇〇〇万人を超えている。このような状況下で安倍政権は、非正規労働者をさらに増やすことにつながる労働者派遣法の改悪を行ない、長時間労働を促しかねない残業代ゼロ法案の成立を目指している。

貧困と格差の拡大を是正するためには、社会保障の充実が求められているのに、安倍政権は、生活保護の生活扶助基準を大幅に引き下げるとともに、住宅扶助基準・冬季加算手当も引き下げている。また、生活保護だけでなく医療・年金・介護など社会保障費全体の削減も行なわれてきている。

今年の六月三〇日に閣議決定した「経済財政運営と改革の基本方針（いわゆる骨太の方針）２０１５」では、歳出改革を聖域なく進め、特に、社会保障はその重点分野であるとし、社会保障費の伸びを、二〇一八年度までの三年間で、一兆五〇〇〇億円（年間五〇〇〇億円）に抑える方針を打ち出している。高齢化による社会保障費の自然増は、年間八〇〇〇億円から一兆円とされていることから、今後年間三〇〇〇億円から五〇〇〇億円もの社会保障費が削減され、生活保護・医療・介護・年金など幅広い分野で、さらなる給付削減、自己負担増が進められようとしている。かつて小泉政権下において社会保障費が毎年二二〇〇億円削減されたことがあるが、安倍政権の「骨太の方針２０１５」の削減額はそれを大きく上回るものであり、貧困と格差の拡大に一層拍車をかけるものである。

貧困と格差を拡大させ、弱者を切り捨てる政策をとっておきながら、「一億総活躍社会」の実現といわれても空しく響くだけである。

法人税・所得税の引き上げが必要（二〇一五年一二月一一日　一〇六七号　黒風白雨）

現在、二〇一七年四月に消費税を一〇％に増税することを前提として、軽減税率の範囲をどうするかについて、自民党税制調査会や自民・公明両党の与党税制協議会で盛んに議論が行なわれており、新聞・テレビなどマスコミもこの議論を詳しく報道している。しかしながら、マスコミは法人税や所得税の引き上げの必要性については、まったく沈黙している。

安倍政権は、「財政難」を理由にして、社会保障費を聖域なく見直すとし、生活保護基準や年金の引き下げをはじめ、子育て・教育・医療・介護などさまざまな分野で、社会保障の削減を進めてきている。

しかしながら、財政難を理由に社会保障を削減しながら、法人税の実効税率（国税の法人税に地方税の法人事業税や法人住民税なども加えた税率）を引き下げるという矛盾した政策を取ってきている。法人実効税率を二〇一五年度には三四・六二％から三二・一一％に引き下げ、二〇一六年度には三一・三三％以下に引き下げることを決めており、さらに二〇一七年度には二〇％台まで引き下げる方針である。法人実効税率は、最も高かった八〇年代半ばは五二・九二％だったが、その後消費税が導入され、増税されるに従って法人実効税率は下げられてきた。

税の専門家である富岡幸雄中央大学名誉教授の調査によれば、これまでの消費税収入のほとんどが、法人税減収の穴埋めに消えてしまっているとのことである。そしてこの事実は、消費税増税が社会保障の充実のためでも、財政再建のためでもなかったことを示していると指摘している。また、同名誉教授によれば、さまざまな優遇措置のため、実行税率通り法人税を支払っている大企業は極めて少ないということである。

東日本大震災の復興に充てる財源確保を目的として復興特別所得税と復興特別法人税が徴収されることになっていたが、安倍政権になってから、二〇一三年一二月二日、自民・公明両党の与党税制協議会で復興特別法人税だけは一年前倒しして廃止の決定をしている。

財務総合政策研究所の「法人企業統計」によれば、第二次安倍政権発足直前の二〇一二年一〇月〜一二月の従業員給与総額は二八・八兆円で、法人企業の利益剰余金（内部留保）は二七四兆円であったが、二〇一五年四〜六月の従業員給与総額は二七・八兆円で、法人企業の内部留保は三四三兆円となっている。安倍政権下で従業員の給与総額は減少している一方で、企業の内部留保は六九兆円も増えているのである。この統計を見れば、法人税の引き下げが、労働者の賃上げにはまったく結びついておらず、企業の内部留保を増やすだけの結果になっていることがわかる。

実は所得税の最高税率も一九八〇年当時は七五％であったものが、現在は四五％に引き下げられている。

わが国で拡大し続けている貧困と格差を解消するには、課税において応能負担原則を貫き、富裕層や大企業に対する課税を適正化し、社会保障制度を通じて富・所得を再分配することが求められている。財政難を克服し社会保障を充実しようとするのであれば、法人税・所得税の引き上げこそ問題にすべきなのである。

第3章　二〇一六年〜二〇一八年

今年は重大な政治決戦の年（二〇一六年一月二二日　一〇七二号　風速計）

今年は日本の進路を決定づける重要な政治決戦の年である。今夏には参院選が行なわれる。また、もしかすると二〇一七年四月に消費税増税が予定されていることから、衆参同時選挙あるいは年内にも衆院選があるのではないかともいわれている。

安倍首相は、一月四日の年頭の記者会見で参院選では憲法改正を訴えていくと発言するとともに、一月一〇日放送のＮＨＫの番組で夏の参院選では自民・公明両党のほか、改憲に前向きな野党勢力と合せて憲法改正の国会発議に必要な総議員の三分の二以上の議席確保を目指す考えを明言している。衆議院では既に自公両党で総議員の三分の二以上を確保しているので、もし今夏の参院選で改憲勢力が三分の二以上の議席を確保すれば、憲法九六条一項により国会が憲法改正の発議をすることができるようになる。

これに呼応するかのように日本会議が中心となっている「美しい日本の憲法をつくる国民の会」（共同代表：櫻井よしこ・田久保忠衛日本会議会長・三好達日本会議名誉会長）は、今夏の参院選に向けて憲法改正をめざす一〇〇〇万人の賛同署名活動を行なっている。

一方で、今夏の参院選で戦争法とも呼ばれる安全保障関連法に反対する勢力が前進して与党を過半数割れに追い込めば、改憲を阻止できるとともに安倍政権に大きな打撃を与え、次の衆院選で安全保障関連法を廃止する展望が生まれてくる。

したがって、今夏の参院選は日本の進路を決定づける重要な政治決戦となる。

昨年一二月二〇日、「戦争させない・九条壊すな！総がかり行動実行委員会」「立憲デモクラシーの会」「安全保障関連法に反対する学者の会」「安保関連法に反対するママの会」「ＳＥＡＬＤＳ《シールズ》（自由と民主主義のための学生緊急行動）」などが呼びかけて、参院選における野党共闘を促して勝利に導き、安保法制廃止を実現するための「安保法制の廃止と立憲主義の回復を求める市民連合」が結成された。また、現在、「戦争させない・九条壊すな！総がかり行動実行委員会」が、戦争法の廃止を求める二〇〇〇万人署名を呼びかけている。

市民連合の運動を全国的に広げるとともに、戦争法廃止の二〇〇〇万人署名を達成することは、戦争法に反対する野党共闘を広げ、戦争法に反対する勢力の参院選勝利に向けて、大きな力になるものと確信する。

全国一律一五〇〇円の最低賃金を（二〇一六年二月一九日　一〇七八号　黒風白雨）

わが国の最低賃金は、都道府県毎に定められており、全国平均では時給七九八円、最高が東京の時給九〇七円、最低は、高知・鳥取・沖縄・宮崎の時給六九三円である。

全国平均の最低賃金七九八円では、わが国の労働者の平均実労働時間である月に一五〇時間働くとしても、月収は一一万九七〇〇円にしかならない。また、最低賃金が一番高い九〇七円の東京でも一五〇時間働いて、月収は一三万六〇五〇円にしかならない。わが国の最低賃金は、ＯＥＣＤ（経済協力開発機構）加盟国の中でも最低レベルである。

都道府県毎に最低賃金が定められていることは、最低賃金が低い地方から東京など都市部に労働者が流出し、地方の過疎化を生む大きな要因となっている。政府が「地方創生」をいうのであれば、まずやるべきことは、全国一律の最低賃金制度を確立することである。

ヨーロッパ諸国の多くは全国一律の最低賃金制を取っており、ほとんどの国の最低賃金は時給一〇〇〇円以上となっている。ドイツでは二〇一四年七月全国一律の最低賃金制を定めた法案を採択し、二〇一五年一月から最低賃金が時給八・五ユーロ（約一一〇〇円）となっている。

アメリカでは全米に適用される連邦最低賃金は時給七・二五ドル（約八七〇円）であるが、各州は連邦最低賃金を上回る最低賃金を定めることができるようになっており、連邦最低賃金を上回る最低賃金を定める州が多くなってきている。また、このところ米国では各都市で最低賃金の引き上げが相次いでおり、サンフランシスコ市、シアトル市、ロサンゼルス市では、最低賃金を時給一五ドル（約一八〇〇円）に段階的に引き上げていくことが決められている。

わが国では貧困と格差が拡大し続けており、わが国の相対的貧困率は一六・一％となっており、国民の六人に一人、人口にして二〇四二万人が貧困状態に陥っている。わが国における貧困拡大の背景には、非正規労働者・働く貧困層（ワーキングプア）の拡大がある。わが国の非正規労働者の数は約二〇〇〇万人、全労働者の約四割となっている。中でも、女性労働者の非正規率は五割を超えている。

この結果、年収二〇〇万円未満の低賃金労働者は八年連続で一〇〇〇万人を超えている。

厚生労働省が二月八日に発表した二〇一五年の毎月勤労統計（速報）によると、わが国の労働者の実質賃金は四年連続でマイナスとなっていることが明らかになった。企業の好業績はまったく賃上げにつながっていないのである。

安倍政権は法人実効税率を引き下げる代わりに経済団体に対し賃上げを要請しているが、企業は利益を上げても賃金に回さず「内部留保」をため込むだけの結果となっている。

安倍政権が本当に賃上げを実施する意思があるのであれば「女性が輝く社会」「一億総活躍社会」というような空虚なスローガンを叫ぶのではなく、最低賃金法を改正して、全国一律時給一五〇〇円の最低賃金制度を確立すれば、黙っていても賃金を上げることができるのである。要は本当に賃上げをやる気があるかどうかが問われているのである。

画期的な大津地裁の仮処分決定（二〇一六年三月二五日　一〇八一号　風速計）

東日本大震災・東京電力福島第一原発事故から五年が経つのを前にした三月九日、大津地裁（山本《やまもと》善彦《よしひこ》裁判長）は、滋賀県の住民が申し立てた仮処分申請事件で、関西電力高浜原発三・四号機（福井県高浜町）の運転を差し止める画期的な仮処分決定を出した。

福島の第一原発事故後、司法が原発の運転差し止めを命じたケースは、関西電力大飯原発三・四号機（福井県おおい町）に関する二〇一四年五月の福井地裁判決と関西電力高浜原発三・四号機に関する二〇一五年四月の福井地裁の仮処分決定（なお、この仮処分決定に対しては関西電力が異議申し立てを行ない、異議審で仮処分決定を取り消す決定が行なわれている）であった。

原発の退転を差し止める福井地裁の判決と仮処分決定の裁判長は、いずれも樋口英明《ひぐちひであき》裁判長であった。しかしながら、今回は樋口英明裁判長とは別の山本善彦裁判長が原発の運転を差し止める仮処分決定を出した。今回の大津地裁の仮処分決定は、今後の原発差し止め訴訟に大きな影響を与えるものと思われる。

「発電の効率性をもって、これらの甚大な災禍と引き換えにすべき事情であるとはいい難い」として効率よりも憲法が保障する人格権を重視し、稼働中の原発について運転を差し止める仮処分決定を出したのは、全国で初めてのことである。

また、今回の大津地裁の仮処分決定は、原発立地県ではない隣接する滋賀県の住民が申し立てた仮処分申請事件で、原発事故被害の広域性を考慮して原発の運転の差し止めを認めた仮処分決定であることも画期的なことである。

さらに、今回の大津地裁の仮処分決定が、国家主導の具体的で可視的な避難計画が早急に策定されることが必要であり、この避難計画をも視野に入れた幅広い規制基準が望まれるばかりか、福島第一原発事故という過酷事故を経た現時点においては、そのような基準を策定すべき信義則上の義務が国家にあると判示していることも、重要な指摘である。

今回の大津地裁の仮処分決定は、建屋内の調査を踏まえた福島第一原発事故の原因究明が十分に行なわれないまま、「再稼働ありき」で原発の再稼働を進めてきている政府や電力会社の原発政策に対し、重大な警鐘を鳴らす決定と言える。

タックスヘイブンの税逃れを許すな（二〇一六年四月二二日　一〇八五号　黒風白雨）

中米パナマの法律事務所から流出した「パナマ文書」が世界を揺るがしている。独紙『南ドイツ新聞』が入手し、「国際調査報道ジャーナリスト連合」（ＩＣＩＪ）の調べで、各国首脳らのタックスヘイブン（租税回避地）の利用実態が続々と明るみになってきているからである。

英国領バージン諸島に妻が会社を保有していたことが発覚したアイスランドのグンロイグソン首相は、情報開示を怠ったとして、辞任に追い込まれた。亡父がパナマにファンドを設立していた英国のキャメロン首相は投資の事実を認め、窮地に立たされている。昨秋の大統領選で汚職撲滅を公約に掲げて当選したアルゼンチンのマクリ大統領は、「パナマ文書」に名前があったため、同国の検察は不正に関与した疑いがあるとして捜査開始の許可を裁判所に請求し、認められたということである。この他、「パナマ文書」に、親友のチェリストの名があったロシアのプーチン大統領や親族の名削があった中国の習近平国家主席らにも、疑惑が生じている。

タックスヘイブンとは、外国資本を引き寄せるため、法人税や所得税の税率がゼロか非常に低く設定されている国や地域のことである。目立った産業のないカリブ海の島々のような小国に多く、バハマ、バミューダ、英国領バージン諸島、パナマなどが代表例である。

タックスヘイブンでは、富裕層や大企業による脱税や租税回避が行なわれている。

そのツケを負わされているのが、中小企業や中所得・低所得層の市民である。日本社会は、貧困と格差が拡大し富裕層と貧困層に二極分化しつつあるが、タックスヘイブンを舞台にした租税回避は、この傾向に拍車をかける。富める者はますます富み、また貧する者はますます貧する。

また、タックスヘイブンは、犯罪の収益を「洗浄」してきれいな金に見せかけるマネー・ロンダリングやテロ資金の移動と隠匿の舞台にもなっている。

多国籍企業や富裕層によるタックスヘイブンを利用した税逃れに対処するため、OECD（経済協力開発機構）は、昨年一〇月「税源浸食と利益移転」（BEPS）プロジェクトの最終報告書を発表している。

五月にはわが国でG7サミット（伊勢志摩サミット）が開かれるが、日本政府は議長国であるから、タックスヘイブン対策を重要議題にするべきである。

また、日本政府は、タックスヘイブンに子会社を設立しているわが国の大企業や富裕層に対して、その子会社の実態を公表させるとともに、タックスヘイブンを利用した税逃れを許さない対策を取るべきであるし、G7やG20の国際会議で国際的な共同行動を呼びかけるべきだ。

さらに、本当にタックスヘイブンを利用した税逃れを許さないためには、タックスヘイブンの被害を最も多く受けている、途上国政府や先進国の市民の運動が重要になってくる。税の公正を求める世界の市民運動の国際連帯こそ、タックスヘイブンを利用した税逃れを許さない大きな力になるからである。

公私混同が甚だしい舛添都知事（二〇一六年五月二七日　一〇八九号　風速計）

このところ、舛添要一東京都知事の高額海外出張費、公用車を利用しての毎週末の別荘通い、公私混同の政治資金私的流用疑惑などが問題となっている。

舛添都知事は五月一三日、政治資金の私的流用問題に関し記者会見を行ない、家族旅行のホテル宿泊代や私的な飲食代への政治資金の私的流用に関し不適切な会計処理があったことを認め謝罪するとともに、自らの政治団体の政治資金収支報告書を訂正し、一部を返金すると説明した。

千葉県のホテルで開いた会議費約三七万円は、実際は家族四人の宿泊費だったが、宿泊の間に衆議院選や都知事選について事務所関係者と会議をしたので政治活動にあたるが、誤解を招いたので返金するということである。そして会議に参加した参加者や参加人数について質問されると、「政治的な機微に触れる」からという理由で、明らかにしなかった。

しかしながら、このような説明ではとても説明責任を果たしたとは言えず、都民の納得も得られないであろう。

そもそも舛添氏が都知事に当選した二〇一四年二月の都知事選挙は、猪瀬直樹前都知事が徳洲会グループから五〇〇〇万円を受け取っていたことが発覚し知事を辞職したことから行なわれた選挙であった。したがって、都知事選挙はクリーンな政治の実現が、選挙の重要な争点の一つだった。舛添都知事に関する最近の報道を見ると、都知事は公金を使う際一円の無駄遣いもしないんだという意識が乏しく、公私混同も甚だしいと言わざるを得ない。これは、政治家としての資質が問われている問題である。

東京都でも貧困や格差が拡大し続けている。「保育園落ちた日本死ね!!」というブログが国会でも問題となったが、東京都においても保育園不足と待機児童問題は深刻である。また、特別養護老人ホームに入れない高齢者の問題も深刻である。舛添都政になってから二年が経過したにもかかわらず、このような問題について、解決の展望が示されていない。都民から集められた税金は、都民の福祉の向上のためにこそ、使われるべきである。

舛添都知事は、疑惑のすべてについて説明責任を果たし都民の納得と理解を得るとともに、公金の使い方にもっと敏感になる必要がある。それができないのであれば、都知事を辞職するしかないであろう。

米軍基地があるが故に発生した悲劇（二〇一六年七月一日　一〇九四号　黒風白雨）

沖縄で発生した元米海兵隊員の米軍属による殺害遺棄事件で、二〇歳の女性の大切な命が奪われた。米軍属は命と共に被害者女性の夢や希望、未来をも奪い去ってしまった。

米軍基地があるが故に再び発生した悲劇。このような悲劇は、もうこれで最後にしなければならない。事件が発生するたびに、日米両政府は「綱紀粛正」「再発防止」を口にしてきたが、何も変わってこなかった。

日本の国土の〇・六％しかない沖縄に、米軍専用施設総面積の七四・四六％が集中している。その結果、本土復帰後だけでも、沖縄では米軍の犯罪事件が五九一〇件発生し、そのうち殺人、強盗などの凶悪事件は五七五件にのぼる。

沖縄では六月一九日、「被害者を追悼し、海兵隊の撤退を求める県民大会」が開かれ、主催者の予想を上回る六万五〇〇〇人が参加した。

県民大会であいさつした翁長雄志《おながたけし》知事は、「二一年前の痛ましい事件（少女暴行事件）を受けた県民大会で、二度とこのような事件を繰り返さないと誓いながら、政治の仕組みを変えられなかったのは、知事として痛恨の極みで大変申し訳なく思う」「心を一つにして、強い意志と、誇りを持ってこの壁を突き崩していかなければならない。今日を決意の日にして全力で頑張っていこうではありませんか」と述べ、「このような事件が二度と起きないよう県民の先頭に立って日米地位協定の抜本的見直し、海兵隊撤退、基地の整理・縮小、新辺野古基地建設阻止に取り組む」という不退転の決意を表明した。

県民大会では、「繰り返される米軍人・軍属による事件や事故に対し、県民の怒りと悲しみは限界を超えた」として、日米両政府に対し、①日米両政府は遺族及び県民に対して改めて謝罪し完全な補償を行なうこと、②在沖米海兵隊の撤退及び米軍基地の大幅な整理・縮小、県内移設によらない普天間飛行場の閉鎖・撤去を行なうこと、③日米地位協定の抜本的な改定を行なうこと、を強く要求する決議を採択している。沖縄の県民大会に呼応・連帯して、国会前など四一都道府県で市民集会が開かれた。

米軍基地があるが故に発生した悲劇は、沖縄以外でも発生している。防衛省が日本共産党の赤嶺政賢衆院議員に提出した資料によれば、日本全体でも、一九五二年度から二〇一五年度の間で米軍の事件・事故は約二一万件に達し、うち死亡者は一〇九一人に達している。最近では、神奈川県横須賀市で二〇〇六〜二〇〇八年に殺人・傷害致死事件が三件発生している。

米軍基地の整理・縮小、日米地位協定の改定は、沖縄だけでなく日本全体の課題でもあるのである。

今回の事件の容疑者逮捕直後の五月二五日に行なわれた日米首脳会談では、安倍晋三首相は、沖縄県民が強く求めてきている日米地位協定の見直しにはまったく言及しなかった。

日本政府は、日本国民の生命と人権を守るためにも、また、日本の国家主権を確立するためにも、きわめて不平等な日米地位協定の改定交渉にただちに乗り出すべきである。

ドイツでは三回にわたり、対米地位協定の改定を行なってきており、警察の基地内立ち入りも認められているということである。

私が都知事選出馬をやめた理由（二〇一六年七月二二日　一〇九七号　風速計）

七月一三日、私は、東京都知事選への出馬を取り下げる判断をいたしました。

過去二回、首都東京のあり方を大胆に刷新することをめざし、都知事選に挑戦してまいりましたが、残念なことに、都知事が、カネの問題で短期間で辞任する異常な事態が二度も繰り返されました。

今回、私は、今こそクリーンな東京を、無駄遣いをやめて、都民のために、東京に希望を取り戻すために税金を使う、そんな「当たり前」を実現したいという思いから、三度目の都知事選に挑もうと決意し、皆様にも政策をお示しし、走り始めたところでした。私はこの選挙を、これまでもそうでしたが、さまざまな社会問題の存在を知らせ、その解決をともに考え、討論する場所であると考えております。それを通じて政策をともに考え、新しい自治をつくっていく場であり、決して知名度優先の人気投票であってはいけないと思っていました。

しかしながら、一二日になって野党の方々が他の候補者を立てられたことにより、その市民運動を担っている方々の間にも、非常に悩ましい、対立的な状況が生まれかねないこととなりました。一方で、今回の都知事選挙は保守の候補者が分裂しているという状況にあり、都政をより都民の生活にやさしいものへと転換していく、千載一遇の機会でもあります。鳥越俊太郎さんと二度お会いして立候補へのお考えや、政策的にも私たちの政策を参考にされていくことなどもうかがいました。三度目の選挙を市民の力でたたかうという、私たちの選対への敬意の念も感じられました。

　そこで私は、大局的な観点から考え、今回の選挙戦からは撤退という判断をすることといたしました。今回の選挙に向けて、私を支援してくださり、支持を寄せてくださっていた多くの方々に、心よりお礼とお詫びを申し上げます。もとより、この東京を、より人にやさしい、希望の持てるまちへと変革していく、そのための運動を諦めるわけではありません。むしろ逆です。さらに運動を前進させるための苦渋の決断です。どうぞご理解をお願い致します。

　今回、私は出馬を取り下げることにいたしましたが、今後も、私はこれまでどおり、多くの市民・都民の「困った」という声に現場から向き合い、仲間たちとともに都政を監視し、都政を変えていく取り組みを進めてまいります。

野党統一候補はなぜ惨敗したか（二〇一六年八月二六日　一一〇一号　黒風白雨）

　東京都知事選が終わった。真夏の炎天下の下、一七日間の選挙戦を闘い抜いた鳥越俊太郎候補と支援者の方々の健闘には敬意を表したいと思う。

　しかしながら、都知事選の結果は、保守系候補者が分裂し野党側にとっては千載一遇のチャンスであったにもかかわらず、保守系の小池百合子候補が圧勝する結果に終わった。鳥越候補は一三四万六一〇三票を獲得したが、小池候補の得票の半分にも届かず、保守系の増田寛也候補にも敗れてしまった。

　鳥越候補の得票率は二〇・五六％であった。二〇一四年二月に行なわれた都知事選は大雪などの影響で投票率は四六・一四％と極端に低かったのであるが、私の得票は九八万二五九四票で得票率は二〇・一八％であった。鳥越候補の得票は前回の私より三六万三五〇九票上回っているが、得票率から見れば、僅か〇・三八％上回ったにすぎない。選挙結果を冷静に見れば、野党側の惨敗と言うしかないであろう。

　これからの野党共闘や市民運動の発展を考えれば、今回の都知事選の結果について、真剣な総括が必要であると考える。

　惨敗の原因の一つは、野党四党間で政策協定のないまま都知事選に突入したことである。私は、これまで都知事選は政策中心の選挙であるべきで、政策抜きの知名度優先の人気投票であってはならないと訴えてきた。

　保守の側は、過去二回の都知事選で知名度があり勝算のある候補を擁立したが、当選した猪瀬直樹元知事と舛添要一前知事は、いずれも「政治とカネ」の問題が表面化し、任期途中で辞職に追い込まれている。

　ところが、今回の都知事選で政策抜きで知名度優先の究極の「後出しジャンケン」をしたのは、鳥越候補を担いだ野党側であった。

　惨敗の原因の第二は候補者を選ぶ過程が不透明で民主的でなかったことである。今回の野党側の候補者選びは、民進党の中でまず候補者を決め、それに他の野党や市民連合も賛同することになったと思われる。候補者の選定にあたって、野党四党や市民連合の間で開かれた民主的な討論が行なわれた形跡がない。今後は、立候補予定者の公開討論会を重ねるなどして、民主的な手続の中で、候補者を絞り込む「知恵」を、野党や市民連合は持つべきである。

惨敗の要因の第三は、テレビの公開討論会を重視しない選挙戦術である。都知事選の有権者は一一〇〇万人を超えている。選挙活動で街頭演説は重要な活動の一つであるが、街頭演説で一万人が集まったとしても有権者の〇・一％以下にすぎない。

その意味で重要なのはテレビでの公開討論会である。視聴率一％で一〇〇万人、一〇％で一〇〇〇万人が、テレビを観ていることになると言われている。二〇一四年二月の都知事選では細川護熙《ほそかわもりひろ》候補が出席しなかったため何回も公開討論会が潰れた。今回の鳥越候補もテレビの公開討論会にでなかったことがある。重要な機会を逃してしまったと言うしかない。

以上、野党と市民連合の都知事選の闘い方に関し厳しいことを述べてきたが、わが国のリベラルの運動の前進を願う立場からの苦言であると、ご容赦願いたい。

築地市場移転問題と小池都政（二〇一六年九月二三日　一一〇五号　風速計）

私は、八月三〇日に「希望のまち東京をつくる会」の代表として小池百合子東京都知事と会い、築地市場の移転停止を含む、今すぐ取り組むべき都政の課題一〇項目の要望書を提出した。

私と会ったこと自体が異例のことと思われるが、都民の声を聞いてオープンな都政を行なおうという姿勢は評価できると思う。

小池都知事は、翌八月三一日、安全性への懸念、巨額で不透明な費用、情報公開の不足などを理由として、今年の一一月七日に予定されていた築地市場から豊洲新市場への移転延期を発表した。今後、「市場問題プロジェクトチーム」を立ち上げて土壌汚染問題などの専門家を集めて検討するということである。

さらに築地市場の移転問題に関しては、九月一〇日、小池都知事は緊急記者会見を行ない、築地市場の移転先である豊洲新市場について水産卸売場棟などが建てられている地盤で、これまでの東京都の説明とは違い、四・五メートルの盛り土が、実際には、なされていなかったことを公表した。

都は、従来、汚染した土壌の対策として「市場敷地の地盤を二メートル掘り下げ、その上に四・五メートル分の盛り土をした」と説明してきた。実際は床下は深さ五メートルの空間になっているとのことである。

必要だとしていた汚染対策が、実際には、なされていなかったのであるから、安全性の確保については評価以前の段階になったと言えよう。地下が空洞となっている建物の構造的な安全性も、そこで多くの関係者が働く場所であることを考えれば、決してゆるがせにできない問題である。

これまで都は、土壌汚染対策として八五〇億円を超える税金を注ぎ込んできた。その中に、今回の盛り土にかかわるコストも含まれていたはずである。小池都知事の就任以前の問題であるが、都の税金の使い方、都民への説明のあり万、安全性に対する姿勢など、都行政が抱える多くの問題が浮き彫りになったと言える。

都は、築地市場が果たしている役割を踏まえ、築地現地での再整備も含めて、豊洲移転計画を抜本的に検討し直す必要があると考える。

築地市場移転問題は、小池都知事の政治的力量を測る上で、最初の試金石になってきたと言える。

世界一高い供託金の廃止を（二〇一六年一〇月二一日 一一〇九号 黒風白雨）

現在、わが国では、国政選挙に立候補する場合、選挙区で三〇〇万円、比例区で六〇〇万円という高額な供託金の納付をしなければならないことが公職選挙法九二条で定められている。さらに、一定の得票数に達しなければ供託金が没収されてしまうことになる（同法九三条）。

しかしながら、被選挙権すなわち立候補の自由は、選挙権の自由な行使と表裏の関係にあり、憲法一五条一項により保障される権利である。また、憲法四四条但書においては、「両議院の議員及びその選挙人の資格は」「財産又は収入によって差別してはならない」と定めており、選挙供託金制度がこれらの憲法の規定に違反していることは明らかである。

議会制民主主義の下では、多様な国民の声が政治に反映されることが求められるが、選挙供託金制度により立候補の自由が制限されることになれば、多様な国民の声が政治に反映されなくなり、議会制民主主義は形骸化してしまう。

わが国では貧困と格差が広がり、国政選挙に立候補しようと思っても高額な供託金を用意できず、立候補できない人が増えている。厚生労働省が発表した二〇一二年におけるわが国の相対的貧困率は一六・一％となっており、国民の約六人に一人が貧困状態に陥っている。非正規労働者数は二〇〇〇万人を超え、今や全労働者の約四割となっている。この結果、年収二〇〇万円未満の低賃金労働者は九年連続で一〇〇〇万人を超えている。貧困状態に陥っている国民にとっては自分の年収を大幅に上回る高額な供託金を準備するのは、きわめて困難である。

わが国の選挙供託金制度は、一九二五（大正一四）年の普通選挙法から始まっている。普通選挙法で選挙供託金制度が導入された表向きの理由は、売名候補者または泡沫候補者の立候補を抑制し、選挙の混乱を防ぎ、選挙を誠実厳正に実施するためと説明されている。しかし、供託金の額は二〇〇〇円（当時の公務員初年俸の約二倍）と高額であったことからも明らかなように、無産政党（無産者）の議会進出を抑制することが真の目的であった。この選挙供託金制度が戦後においてもそのまま残存し、現在に至っているのである。そもそも売名候補者や泡沫候補者を排除するか否かは、国民主権を重視するのであれば、有権者の判断に委ねるべきである。

今年の五月二六・二七日、日本の伊勢志摩でG7サミットが開かれたが、G7参加国のアメリカ、ドイツ、フランス、イタリアでは、供託金はゼロである。また、イギリスの供託金は約七万円、カナダは約八万円である。アメリカやドイツ、フランス、イタリアなどで供託金をゼロにしていることにより選挙が混乱したということは伝えられていない。

高すぎる供託金は、大量の世襲議員を生み出す要因にもなっている。世襲議員の増加と多くの国民からの立候補の自由の剥奪は、国政選挙の投票率の低下を招く要因ともなっている上、国民の声が国会に反映しにくい議会制民主主義の劣化を招いている。健全な議会制民主主義を維持するためにも、世界一高い供託金はただちに廃止されるべきである。

政治家の倫理・道徳が問われている（二〇一六年一二月一六日　一一一七号　黒風白雨）

カジノを含む「統合型リゾート施設（ＩＲ）」整備推進法案（カジノ解禁法案）が、わずか二日間計六時間の審議の後、一二月二日午後の衆議院内閣委員会で採決され、自民党、日本維新の会などの賛成多数で可決された。自民党は六日に衆院を通過させ、一四日の会期末までに成立を目指すとのことである（一三日現在）。

カジノ解禁法案は二〇一三年一二月に提出され、二〇一四年一一月に衆院解散で廃案になった。二〇一五年四月に再提出されたが、審議されない状態が続いてきていた。

カジノ解禁法案に関しては、二日の『朝日』、『毎日』、『読売』、『産経』、三日の『日経』などの全国紙各紙が社説で、カジノ解禁法案を批判し慎重な審議を求める社説を掲載している。

また、二〇一五年六月の日本世論調査会の世論調査でも、国内のカジノ設置に反対する人が六五％に上り、賛成の三〇％を大きく上回っている。

自民党は、観光や地域経済の振興といったカジノ解禁の経済効果を強調しているが、韓国や米国などではカジノ設置自治体の人口が減少したり、周辺の商業が衰退するなど、地域振興策としては失敗した例が少なくない。

また、当初カジノ解禁法案の提出理由の一つが、カジノを解禁して外国人観光客二〇〇〇万人を目指すということであったが、政府観光局の調べでは二〇一五年度の外国人観光客は二一三五万九〇〇〇人となり、カジノに頼らなくても二〇〇〇万人の大台を超えたということである。

カジノ解禁に関しては、ギャンブル依存症の増加、多重債務問題再燃の危険性、マネーロンダリング（資金洗浄）の恐れ、反社会的集団の暗躍、犯罪の増加、教育環境や風俗環境の悪化、青少年の健全育成への悪影響など、数々の問題点が指摘されている。国会ではこれらの問題に関する対策について、十分な議論がまったくなされていない。

とりわけ、ギャンブル依存症の問題に関しては、二〇一四年八月に厚生労働省研究班が発表したところによれば、日本のギャンブル依存症患者は五三六万人、日本の成人人口の四・八％ということであり、米国（二〇〇二年）一・五八％、香港（二〇〇一年）一・八％、韓国（二〇〇六年）〇・八％と比較しても、日本の数値は異常とも言える高さであることが明らかになっている。

わが国はすでに、パチンコ・パチスロのほか、競輪、競馬、競艇、オートレース、宝くじ、スポーツ振興くじ、ロトくじなど、ギャンブルがあふれている「ギャンブル大国」となっているのである。この上、カジノを解禁することは国民をギャンブル漬けにしてしまうことになる。ギャンブルは、家庭崩壊、自殺、ホームレス、犯罪の増加など、深刻な社会問題を生み出す。

カジノをはじめとするギャンブルは、基本的に敗者の犠牲の上に成り立っている。人の不幸の上に、経済を成長させようという考え方そのものがまず批判されねばならない。二宮尊徳は「道徳なき経済は罪悪であり、経済なき道徳は寝言である」と言っている。カジノ問題は、政治家一人ひとりの倫理・道徳が問われている問題なのである。

「激動」の予感（二〇一七年一月二〇日　一一二〇号　風速計）

あるマスメディアから昨年一年間を表す漢字を求められた際、私は「動」という字を選んだ。

世界を見渡せば、昨年は、ヨーロッパの難民危機、イギリスのＥＵ（欧州連合）離脱、アメリカ大統領選におけるトランプ候補の勝利、韓国朴槿恵《パククネ》大統領の弾劾訴追などの動きがあった。

また国内を見渡せば、昨年は、国連平和維持活動（ＰＫＯ）で「駆け付け警護」「宿営地の共同防護」などの新任務を帯びた陸上自衛隊の南スーダンへの派遣、臨時国会におけるＴＰＰ承認案と関連法案、年金カット法案、カジノ解禁法案などの強行採決、沖縄県民の民意を全く無視した辺野古新基地建設、高江ヘリパッド基地建設の強行、小池都知事の誕生などの動きがあった。

世界や日本の政治社会情勢が大きく変化し動いたことから、昨年一年間を表す漢字として「動」の字を選んだ次第である。

しかしながら、今年は昨年以上に「激動」の一年になるのではないかという予感がする。

世界や日本における政治社会情勢の大きな変動の背景には、グローバリゼーションが急速に進む中で、一部の富裕層に富が集中し多くの国民が貧困化するという貧困と格差の拡大が最大の社会問題となってきているのに、どの国の政府もこの問題に対し有効な対策がとれないでいるということがある。グローバリゼーションが進む中で貧困と格差がますます拡大していくことは必至と思われるので、激動の要因は残されたままになっているのである。

今年は一月二〇日にはアメリカでトランプ大統領が就任する。そして三月にはオランダで下院選挙があり、四、五月にはフランスで大統領選挙が、六月にはフランスで国民議会選挙がある。さちに九月にはドイツで連邦議会選挙が行なわれる。

国内を見ると、築地市場の豊洲移転問題の決着、二〇二〇年東京五輪の費用負担問題の決着など、今年は小池都政の真価が問われる年になる。そして夏には都政だけでなく日本の政治にも大きな影響を与える東京都議会議員選挙がある。さらに年内に衆議院議員選挙が行なわれるかもしれない。

世界や日本の政治社会情勢が激動する中で、時代の大局を見据えしっかりと地に足をつけた政治社会運動が求められる一年となりそうである。

原発事故避難者を路頭に迷わせるな（二〇一七年二月一七日　一一二四号　黒風白雨）

日本大震災・福島原発事故から六年が経とうとしている。復興庁によれば、二〇一七年一月一六日現在、全国の避難者数は一二万六九四三人に上り、そのうち福島県・宮城県・岩手県外への避難者数は四万六六四五人に上っているということである。また、福島県内外への避難者数は八万八四六人で、うち県外への避難者数は三万九八一八人に上る。

ところで、原発事故避難者のうち、国が決めた避難指示区域からの避難者に対しては、東京電力から不動産賠償や精神的慰謝料の支払いなどが行なわれてきたが、避難指示区域外からの避難者、いわゆる「自主避難者」に対しては、災害救助法に基づく「みなし仮設住宅」の無償提供が唯一の支援であった。ところが、自主避難者にとって唯一の支援である住宅の無償提供が、今年の三月いっぱいで打ち切られようとしている。

福島県の発表によると、自主避難者は二〇一六年一〇月現在、一万五二四世帯、二万六六〇一人（うち県外避難五二三〇世帯、一万三八四四人）に上っており、自主避難者の約七割が四月以降の住居が決まっていないということである。

『読売新聞』の調べでは、自主避難者が生活している四六都道府県では、二四都道府県が何らかの独自支援を行なうことを決める一方で、一九県が独自支援を見送ることを決めており、三県が検討中ということである。

ところで、東京都内の自主避難者数は二〇一六年九月現在、七一七世帯、約二〇〇〇人といわれている。東京都は独自支援策として都営住宅の優先入居枠を三〇〇戸提供することにしているが、収入要件・世帯条件が厳しいため大半の避難者が応募資格に満たず、現段階での斡旋世帯数は一九六世帯にとどまっている。

自主避難者の多くは、子どもを被ばくから守るために避難をしている人たちである。自主避難者の中には、夫を福島に残し、母子で避難している人も多く、そのため、二重の生活費の負担で経済的に困窮している人が多い。また、都内であっても住宅を転居することになれば、子どもの通う学校を転校せざるを得なくなり、いじめを受けることを再び心配する自主避難者も多い。避難者の中には、このままでは四月以降、ホームレスとなるしかない、路頭に迷ってしまうと訴える人も少なくない。四月以降も現在の住宅に無償で住まわせてもらいたい、というのが多くの自主避難者の切実な願いである。

自主避難者に対する住宅の無償提供の打ち切りは、自主避難者に対し、事実上強制的な帰還による「被ばく」か、避難を継続することによる「貧困」かの究極の選択を強いるものであり、政治の責任を放棄する冷酷・無慈悲な政策と言わねばならない。自主避難者は、原発事故さえなければ、子どもの被ばくを心配して避難することもなかったのである。その意味では福島原発事故に責任のある国と東京電力は、責任をもって自主避難者に対する住宅の無償提供を継続すべきであるし、避難先の都道府県も最大限支援の手をさしのべるべきである。

震災からの復興は、何よりも「被災者自身の復興」「人間の復興」でなければならないからである。

百条委員会が明らかにすべきこと（二〇一七年三月一七日　一一二八号　風速計）

東京都議会は二月二二日、築地市場の豊洲移転問題を審議する調査特別委員会（百条委員会）の設置を全会一致で決めた。百条委員会は、正当な理由がないのに出頭を拒否したり、虚偽の証言をしたときなどは、罰則が科されることになる。

都議会百条委員会は、三月一一日に元東京ガス幹部らの証人喚問を行なうとともに、三月一九日には濱渦武生《はまうずたけお》元副知事、三月二〇日には石原慎太郎元都知事の証人喚問を行なうことを決めている。

百条委員会の証人喚問に先立ち、三月三日、石原元都知事は日本記者クラブで記者会見を開いたが、築地市場の豊洲移転は知事就任前からの既定路線だった、仕事は部下に任せきりで逐一報告は受けていなかった、求められた通りに裁可したにすぎず私一人の責任と言うより行政全体の責任だ、というような責任逃れの弁明に終始した。

東京都が築地市場の豊洲移転を正式決定したのは、二〇〇一年一二月であるが、なぜ土壌汚染が明白な東京ガスの工場跡地に移転を決めたのか。

また、二〇一一年三月に都と東京ガスが結んだ「土地売買契約書」と「土壌汚染対策の費用負担に関する協定書」では、売り主である東京ガスが負うべき「瑕疵《かし》担保責任」を免責するような規定が盛り込まれていた。このため都の土壌汚染対策費が八五八億円に膨らむ一方で、東京ガス側の負担は七八億円のみであったのであるが、何故このような免責規定が盛り込まれたのか。

さらに、二〇〇七年五月に設置された「豊洲新市場予定地における土壌汚染対策等に関する専門家会議」いわゆる「専門家会議」の提案により土壌汚染対策の一環として四・五メートルの盛り土が行なわれることになっていたが、盛り土は行なわれなかった。盛り土をしない方針を、いつ、誰が、なぜ決定したのか。また、盛り土をしないという方針の変更をなぜ都議会や都民に明らかにしなかったのか。

築地市場の豊洲移転問題に関しては、東京都の迷走をチェックできなかった都議会にも大きな責任がある。都議会は、百条委員会における証人喚問を通して、石原元都知事らの責任逃れの弁明を許さず、右に述べたような疑問を解明するとともに、隠された真実と責任の所在を明らかにする責務があると考える。

安倍一強体制下での官僚の堕落（二〇一七年四月一四日　一一三三号　黒風白雨）

財務省近畿財務局が森友学園に、二〇一六年六月、小学校用地として鑑定価格九億五六〇〇万円の国有地を、ごみ撤去費用八億一九〇〇万円などを差し引いた一億三四〇〇万円で売却したことが問題となっている。

普段は財布のひもを締めるのが仕事と躍起になる財務省が何故このように破格の安値で売却したのか、ごみ撤去費用に八億一九〇〇万円がかかるという算定は妥当なのか、何故近畿財務局は交渉経過に関するメモ・記録を破棄してしまったのか、国会の審議経過を見ても国民に納得ができる説明がなされていない。

また、森友学園の小学校設置認可申請に関しても、大阪府の私学審議会が二〇一四年一二月の定例会で「認可保留」として継続審議としていたのに、二〇一五年一月に臨時の審議会が開かれ、条件付きながら「認可適当」の答申がなされている。

このように、森友学園の国有地取得や小学校設置認可をめぐっては、「国有地の激安払い下げ」、小学校の「異例のスピード認可」が行なわれているのである。

このような異例の措置がとられた背景に、森友学園問題が「安倍首相夫妻案件」であり、財務省、大阪府などがそろって森友学園に便宜を図ったのではないか、関係する官僚のいわゆる「忖度《そんたく》」があったのではないか、ということが話題となっている。

今の政治は、「安倍一強体制」といわれている。権力者の歓心を買うために安倍首相夫妻の意向を忖度し、森友学園の便宜を図ったのであろうか。

官僚が権力者の意向を忖度する動機には、自らの保身、出世といった私利私欲がある。

憲法一五条二項は「すべて公務員は、全体の奉仕者であって、一部の奉仕者ではない」と定めている。権力者におもねり、国民全体の財産である国有地を破格の安値で売却する行為は、憲法一五条二項に違反する行為であり、背任罪という犯罪にも問われかねない行為である。

財務省は、官僚の中でも優秀な官僚が集まる省庁といわれている。その財務省で、国民の財産である国有地を破格の安値で売却することに抵抗する勇気、気概のある官僚が一人もいなかったのだろうか。また、森友学園に対する不明朗な国有地売却について内部告発をする勇気、気概のある官僚が一人もいなかったのだろうか。まったく情けないことである。官僚の腐敗、堕落も極まれりということである。

文部科学省でも、法の網をかいくぐって組織ぐるみで斡旋システムを築き、長期間にわたり違法な天下りを行なってきていたことが明らかとなり、歴代の事務次官や人事課長を含む四三人が処分されている。ここにも、官僚が国民全体の奉仕者であるという精神を忘れ去り、私利私欲に走るといった官僚の腐敗、堕落が現れている。このような官庁が、人の道を説く「道徳教育」を推進していいのだろうか。

官僚機構の腐敗、堕落を生み出している元凶が安倍一強体制だとすれば、国民に奉仕するまともな官僚機構を確立するためにも、国民が安倍一強体制を倒すしかないであろう。

憲法の危機と安倍首相の妄言（二〇一七年五月一九日　一一三六号　風速計）

五月三日で憲法施行七〇年となったが、今憲法は最大の危機に立たされている。

憲法九条に違反して集団的自衛権の行使を認めた安保法制が二〇一五年九月一九日に成立し、昨年三月二九日から施行されている。この安保法制に基づき、昨年一一月には、「駆け付け警護」と「宿営地の共同防護」という新任務を付された陸上自衛隊が南スーダン国連平和維持活動（ＰＫＯ）に派遣された。今年の五月一日には、安保法制に基づき、自衛隊が平時から米国の艦船などを守る「武器等防護」を命じられた海上自衛隊の護衛艦「いずも」が米海軍の補給艦を護衛する任務につき、五月三日には海上自衛隊護衛艦「さざなみ」もこの任務に加わっている。

また、昨年七月に行なわれた参院選で、改憲勢力が衆参で国会が憲法改正の発議をするのに必要な三分の二超を占めるに至ったため、安倍晋三首相はこのところ再三にわたり改憲の意欲を示す発言を繰り返している。

中でも、今年五月三日に東京都内で開かれた「美しい日本の憲法をつくる国民の会」などが主催した集会に安倍首相はビデオメッセージを寄せ、「二〇二〇年を新しい憲法が施行される年にしたい」と表明し、改正項目として現行の九条の一、二項を残しつつ、三項を設けて自衛隊の存在を明記すること、高等教育を含む教育無償化を規定することを提案している。

憲法記念日に安倍首相がこのような唐突な発言をした背景には、なんとしてでも在任中に憲法改正を成し遂げたいのに、衆参の憲法審査会における審議が思い通りに進まないことへの焦りがあると思われる。

しかしながら、憲法の改正について審議し発議するのは国会であり、憲法九九条により憲法尊重擁護義務を負っている行政府の長がこのような改憲発言をするのは、厳しく批判されねばならない。

安倍首相の提案は、国防軍の保持を明記した二〇一二年の自民党改憲草案とは異なる提案であるし、高等教育の無償化は憲法を改正しなければ実施できない政策ではない。

いずれにしても、安倍首相の野望を打ち砕くには、今後、憲法改正発議を許さない闘いと、二〇一八年一二月に任期満了を迎える衆院選、二〇一九年夏の参院選で、改憲勢力を三分の二未満に割り込ませる闘いが、極めて重要な闘いとなる。

民主主義を窒息死させる共謀罪法案（二〇一七年六月一六日　一一四〇号　黒風白雨）

共謀罪（テロ等準備罪）は、五月二三日の衆院本会議で、自民・公明・日本維新の会の賛成多数で可決され、現在参院で審議されている。

安倍晋三首相は「二〇二〇年の東京五輪・パラリンピックに向けて（共謀罪の）創設が不可欠だ」と強調し、共謀罪法案をあたかもテロ対策法案であるかのように説明している。

しかしながら一方で政府は、二〇〇〇年一一月に国連総会で採択された「国際組織犯罪防止条約」を批准するために、共謀罪法を制定する必要があると説明してきている。

国際組織犯罪防止条約は、マフィアなどによる国境を越えた麻薬取引、人身売買、マネーロンダリングなどの経済的利益を追究する組織的犯罪を取り締まることを目的とした条約である。

したがって、政府が説明しているようなテロ対策を目的とした条約ではないのである。テロ対策に関しては、日本は既に「ハイジャック防止条約」「人質行為防止条約」「爆弾テロ防止条約」「核テロリズム防止条約」など一三の国際条約を批准している。

また、国際組織犯罪防止条約を批准するために、共謀罪の新設が必ず必要とされるかというとそうでもない。わが国では、内乱罪、殺人罪、強盗罪、爆発物取締罰則違反などの重大犯罪については、「予備」「準備」「陰謀」「共謀」などを処罰する制度が整っているので、新たに共謀罪を新設しなくても、国際組織犯罪防止条約を批准できるのである。

国際組織犯罪防止条約は一八七ヵ国・地域で既に批准されているが、共謀罪を新設したのはノルウェー、ブルガリアの二ヵ国だけである。

共謀罪は過去三度廃案となっているが、今回の法案で新たに要件として付け加えられた「組織的犯罪集団」や「準備行為」は定義があいまいであり、実質は「犯罪の合意」を処罰する法律であるという点では、これまでの共謀罪法案と変わらない。

わが国の刑事法体系は、「意思」を処罰するのではなく、法律違反の「行為」を行なったこと、すなわち「既遂」を処罰することを原則としてきている。

共謀罪法案は、法律に違反する犯罪行為を実行しなくても、話し合っただけで市民を処罰できる思想・言論の処罰法である。

「犯罪の合意」を処罰する共謀罪では、盗聴が共謀立証の重要な手段になってくる。そのため、電話、メール、ライン、市民の会話などの盗聴が行なわれ、市民の日常生活が監視される危険性がある。また、共謀罪立証のためいろいろな団体やグループに捜査機関がスパイを送り込んだり、協力者をつくり、共謀があったことを密告させることになりかねない。

このように共謀罪法案は、わが国において監視社会化を進め、自由な言論活動を委縮させ民主主義社会を窒息死させる法律である。

国連のプライバシー権に関する特別報告者のジョセフ・ケナタッチ氏も共謀罪法案に関し、「プライバシーの権利や表現の自由を不当に制約する恐れがある」と批判している。

あまりにも問題の多い共謀罪法案は、参院で廃案にするしかない。

安倍政権に打撃を与えた都議選（二〇一七年七月一四日　一一四四号　風速計）

七月二日に投開票された東京都議選は、自民党が現有五七議席から過去最低の二三議席に減らす歴史的大敗を喫する一方で、小池百合子知事が代表を務める都民ファーストの会は現有六議席から、追加公認した無所属六人を含め五五議席へと大躍進して第一党となった。公明党の二三議席などと合わせて小池知事の支持勢力は七九議席となり、過半数を大きく上回る結果となった。

自民党の歴史的大敗の原因は、都議会自民党の問題もあったが、それ以上に国政の私物化、反対意見に耳を貸さない強引な国会運営など安倍政権に対する都民の反発が大きな影響を与えた可能性が大きいと思われる。

森友学園や加計学園の問題では、公正・公平であるべき行政判断が「総理のご意向」への忖度によって歪められたとの疑いについて安倍政権は十分な説明を行なってきていない。また、共謀罪法案の審議では、参議院の委員会採決を省略して、本会議での異例の強行採決を行なった。さらに、野党が憲法五三条に基づいて臨時国会の開会を求めても、安倍政権はこれを一切無視している。

都議選告示後においても、稲田朋美防衛相による防衛省・自衛隊の政治利用発言、自民党に離党届を出した豊田真由子衆院議員の秘書に対する暴言、暴行、下村博文幹事長代行・都連会長（当時）に対する加計学園の闇献金疑惑など、失言・暴言・不祥事などが相次いだ。

一方で都民ファーストの会は大勝したが、選挙期間中どの候補者も唱えていた「東京大改革」の中身はきわめてあいまいである。

また、かつて石原・猪瀬・舛添都政では、都議会自民党・公明党は知事と癒着し、都政を十分にチェックできなかった。小池知事は、七月三日に記者会見をして都民ファーストの会の代表を退くことを明らかにしたが、果たして都民ファーストの会が、小池都政をチェックする機能を十分果たせるかどうか不安がある。

さらに、都民ファーストの会の国政進出の話も出ているが、今後都民ファーストの会が、日本維新の会のような自民党の補完勢力にならないかどうか、しっかりと監視していかねばならない。

最後に、自民党が歴史的大敗を喫したにもかかわらずその受け皿になり得なかったことを、野党第一党の民進党は深刻に反省する必要がある。

憂慮すべき銀行の〝サラ金〟化（二〇一七年八月一八日　一一四八号　黒風白雨）

深刻化する多重債務問題に対処するため、二〇〇六年一二月一三日、改正貸金業法（貸金業規制法、出資法、利息制限法等の改正法）が成立した。

改正貸金業法では、金利規制と過剰融資規制が大幅に強化された。具体的には、出資法の上限金利が年二〇％まで引き下げられ、出資法の上限金利と利息制限法の制限金利との間にあった「グレーゾーン金利」が撤廃された。また、貸金業者が利息制限法を超えて貸付けをすることも禁止された。さらに、年収の三分の一を超える貸付けを禁止するという総量規制が導入され、過剰融資規制も大幅に強化された。

二〇一〇年六月一八日に改正貸金業法が完全施行された後は、多重債務者や自己破産申立件数、経済・生活苦による自殺者、ヤミ金被害者、貸金業者数などは大幅に減少してきていた。ところが二〇一六年の個人の自己破産申立件数は、一三年ぶりに増加に転じることになった。自己破産申立件数の増加の背景には、貸金業法の総量規制の対象外となっている銀行カードローンの貸付残高の急増がある。銀行等金融機関には貸付業法は適用されないことになっており、この結果、銀行等金融機関に対しては、貸金業法が定める総量規制は適用されないのである。

最近の銀行のカードローンは、「貸金業法の総量規制適用外」「専業主婦でもＯＫ」「収入証明書不要」「来店不要」「最短即日利用可」などといった、まるで一時のヤミ金の広告を思わせる広告が増えてきている。

銀行カードローンの大半は、プロミス、アコムなどの大手サラ金が保証会社となっており、与信審査も保証会社に委ねる体制となっているところが多い。この結果、大手サラ金を保証会社にした銀行カードローンの貸付額、件数が急増してきている。

銀行カードローンの貸付残高は、この四年間で一・六倍に急増し、二〇一六年末は五兆四三七七億円となり、サラ金など消費者向無担保貸金業者の貸付残高二兆五五四四億円を大きく上回っている。

現在、日銀はマイナス金利政策を採用しており、銀行の普通預金金利は年〇・〇〇一％という超低金利となっている。一方で銀行のカードローンの貸付金利は年一四・五％前後であり、利益率も高いので、今後、銀行等金融機関は消費者向けのカードローン貸付けにますます力を入れてくることが予想される。総量規制が及ばない銀行等金融機関の貸出しが増えれば、再び多重債務問題が再燃する虞《おそれ》がある。

そのための当面の対策としては、貸金業法を改正し、サラ金の保証残高を「総量」に参入して規制することが考えられる。

現在のわが国の消費者信用に関する法制度は、サラ金など貸金業者に関しては貸金業法により規制されているが、銀行は銀行法によって規制されることになっている。また販売信用（クレジット）に関しては、割賦販売法で規制されている。

したがってより抜本的には、このような業態別の規制を改め、サラ金・クレジット・銀行を統一的に規制する「統一消費者信用法」の創設が検討されるべきである。

築地を守れ!!（二〇一七年九月一五日　一一五二号　風速計）

小池百合子東京都知事は六月二〇日、築地市場の豊洲移転問題に関し、「築地は守る、豊洲を活かす」という基本方針を発表した。基本方針の内容は、一旦は豊洲に移転し、築地は五年後をめどに食のテーマパークとして再開発を行ない、豊洲と築地の双方に市場機能を持たせるというものである。

しかしながら、市場機能の豊洲・築地併存案に関しては多くの市場関係者が疑問を投げかけているし、五年後の築地の再開発方針についても、その時小池氏が都知事であるのかもわからないのに無責任な方針と言わざるを得ない。

その後、東京都は関係局長会議を開催し、地下水などの有害物質を環境基準値以下にするという無害化方針を撤回し、追加の土壌汚染対策を行なった上で、二〇一八年秋に豊洲市場への移転を目指すことを決めている。豊洲の無害化方針は、都民・市場関係者に対する東京都の約束だったのであり、今回の無害化方針の撤回は、この都民・市場関係者に対する約束を東京都が破ったことになる。

小池都知事は八月二八日に都議会臨時会を開催し、豊洲市場への移転に向けた追加の土壌汚染対策費などの補正予算を成立させ、豊洲移転を強行しようとしている。

世界に誇る日本の食文化・魚河岸文化を支え、築地ブランド・築地の賑わいを支える中核となってきたのは、築地市場で目利きを活かした競りを行なっている約六三〇社の仲卸業者の存在である。

ところで、仲卸業者の多くは、できればこのまま築地市場で営業を続けていきたいと思っている。豊洲市場は仲卸業者の意見を聞かないまま建物をつくってしまった結果、築地より広い敷地であるのに仲卸業者の店舗のスペースは築地より狭くなるなど、仲卸業者にとって大変使い勝手の悪いつくりとなっている。また、八月二四日には豊洲市場の九六店舗でカビが発生していることがわかり、仲卸業者を不安に陥れている。

仲卸業者は、中小零細業者が多く、豊洲市場への移転で経営困難に陥る業者が出てくるだろうといわれている。五年後に築地の再開発といっても、仲卸業者が残っていなければ、現在のような築地ブランド・築地の賑わいの復活は考えられない。

小池都知事の基本方針は、結局は、仲卸業者の切り捨て政策であるし、築地市場の切り捨て政策であるといわねばならない。

衆院選を終えて（二〇一七年一一月一〇日　一一六〇号　風速計）

一〇月二二日に行なわれた第四八回衆院選の結果は、追加公認三人を含めた自民党と公明党の議席は定数の三分の二を超える三一三議席となり、与党と希望の党、日本維新の会を合わせた改憲勢力は三七四議席となり定数の八割を超えた。

立憲民主党は公示前の三倍超の議席を得て野党第一党となったが、希望の党は公示前の議席を下回り低迷した。共産党は立憲民主党躍進のあおりを受けて二一議席から一二議席に後退した。

与党圧勝の要因は、野党の分裂で自民党が漁夫の利を得たこと、北朝鮮（朝鮮民主主義人民共和国）の核・ミサイル問題、経済雇用情勢などが与党に有利に働いたこと、小選挙区における自民党の得票率は約四八％なのに議席占有率は約七四％という選挙制度、などが考えられる。

今回の選挙は、二〇一二年から五年近く続いてきた安倍政権に審判を下し、安倍政権を倒すチャンスであったが、残念な結果となった。

安倍政権は選挙結果を受けて、憲法改悪に乗り出す可能性が強くなった。これからは、国会に改憲の発議をさせない闘いと、国民投票で改憲を阻止する闘いが重要になってくる。

ところで、今回の投票率は五三・六八％で、台風の影響があったとはいえ過去最低の前回衆院選に続く戦後二番目の低さだった。一八歳は五〇・七四％、一九歳は三二・三四％と、全年代の平均投票率を下回っている。

憲法改正問題、消費税増税問題、森友・加計学園疑惑、原発問題、北朝鮮問題など、いずれも国民生活に大きな影響を及ぼす問題が選挙の争点であったにもかかわらず、このような低投票率であった。OECD（経済協力開発機構）平均の投票率は六七％ということである。メルケル首相の続投が決まった本年九月のドイツ連邦議会（下院）選挙の投票率は七六・二％であった。

日本国憲法前文は、「日本国民は、正当に選挙された国会における代表者を通じて行動し」と定め、議会制民主主義を謳っている。選挙権の行使は何よりも国民主権の行使の重要な機会であるにもかかわらず、二人に一人が国民主権の行使を放棄している。

低投票率はわが国に民主主義がまだ十分に育っていないことを示すものであり、若い人をはじめとする主権者教育運動の重要性を痛感した選挙であった。

国民訴訟制度の創設を（二〇一七年一二月八日　一一六四号　黒風白雨）

大阪府豊中市の国有地が、ごみ撤去費用として約八億円を差し引いて学校法人森友学園に売却された問題で、会計検査院は一一月二二日、国が見積もったごみの処分量が過大であり「値引き額の根拠が不十分で、土地売却額算定の際の慎重な検討を欠いていた」とする検査結果報告を参議院議長に提出し公表した。

ごみの量は、国有地処分を担当する財務省の近畿財務局からの依頼で、土地を所有する国土交通省大阪航空局が試算したのであるが、財務省の佐川宣寿理財局長（現国税庁長官）は国会答弁で、森友学園への国有地売却は適正な価格であったと繰り返してきた。

森友学園を巡っては、安倍晋三首相の妻の昭恵氏が小学校の名誉校長に就いていたことから、行政側が忖度して値引きにつながったのではないかとの疑いが浮上し、国会では野党から昭恵氏の証人喚問の要求がなされたが、安倍首相は、昭恵氏の関与を否定し、与党も昭恵氏の証人喚問を拒否し続けてきている。

森友学園の問題に関しては、市民団体が、背任容疑や公用文書等毀棄容疑、証拠隠滅容疑などで、佐川宣寿前理財局長や美並義人近畿財務局長などを東京地検に刑事告発しており、今後の捜査の行方をしっかりと監視していく必要がある。

ところで、地方自治法においては、普通地方公共団体の住民が、その財務行為の違法性をチェックし、損害を回復するために、違法な財務行為の差止め、損害賠償、不当利得返還などを求める「住民訴訟」が認められている。

ところが、普通地方公共団体以上に多額の税金が支出されている国については、違法な財務行為が明らかになっても、国民がこれを正す訴訟は認められておらず、そのため違法な財務行為が発覚しても、国の損害は放置される事態となっている。このような事態は、普通地方公共団体と比べて明らかに正義に反する。

国における財務行為の適法性の確保は国民にとってきわめて重要であり、法治主義・財政民主主義の観点や司法による行政の適法性確保の必要性の観点から、国レベルの住民訴訟制度の創設が求められている。

日本弁護士連合会や全国市民オンブズマン連絡会議は、このような観点から国民訴訟制度すなわち公金検査請求訴訟制度の創設を提案している。

具体的には、国民は、会計検査院に対し、国の財務行為について、これを特定し、その違法性、損害を指摘して検査を行なうように求めることができるものとし、会計検査院は、検査を行なった結果、違法な財務行為があると判断した場合には、関係者に対し、損害回復等の必要な措置を勧告するものとする。国民からの検査請求に対して、会計検査院が勧告措置をとらない場合、あるいはその勧告措置が十分なものではないとして納得できない場合には、国などを被告として必要な措置をとるよう請求する訴訟を提起することができる制度である。

森友・加計学園疑惑が大きな社会問題になっている今こそ、政府、国会は、国民訴訟制度の創設に着手すべきである。

改憲の発議を許さない闘いを（二〇一八年一月一九日　一一六八号　風速計）

安倍晋三首相は一月四日、三重県伊勢市の伊勢神宮を参拝後に年頭の記者会見を行ない、「今年こそ、憲法のあるべき姿を国民にしっかりと提示し、憲法改正に向けた国民的な議論を一層深めていく。自民党総裁として、そのような一年にしたい」と述べ、自民党総裁として党憲法改正原案を早期に国会に提出し、憲法改正の発議に向けて具体的手順を進める強い決意を示した。

自民党は、昨年行なわれた衆院選挙の選挙公約に憲法改正を重点項目に掲げ、①憲法九条への自衛隊の明記、②教育の無償化、③緊急事態対応、④参院選挙区の合区解消、を検討項目として示している。

安倍政権がめざす憲法改正の本丸は、憲法九条に自衛隊の存在を明記することであるが、これは単なる現状追認ではなく、安保法制の制定と施行を受けて集団的自衛権の行使ができる自衛隊を合憲化するということである。また、自衛隊の存在を憲法で明記することは、戦力の不保持と国の交戦権を否認した憲法九条二項を空文化・死文化させることになる。

昨年の衆院選の結果は、与党自民党・公明党の議席が定数の三分の二を超え、与党と希望の党、日本維新の会を合わせた改憲勢力が定数の八割を超えた（一月一〇日現在）。

したがって、衆院選の結果や安倍首相の年頭の記者会見などを考えれば、憲法改正の発議を許すか否かが、今年の通常国会または臨時国会における最大の政治的争点となる可能性が強い。

しかしながら、日本世論調査協会が昨年一二月九、一〇日両日に実施した憲法に関する世論調査によると、戦争放棄や戦力不保持を定めた憲法九条の改憲について過半数の五三％が「必要はない」と答え、安倍晋三首相が加速を促す改憲の国会論議には、六七％が「急ぐ必要はない」と答えている。

改憲勢力が衆参とも三分の二を超えたといっても、改憲勢力がめざす改憲内容はバラバラであり必ずしも一致していない。また参院では、改憲発議のためには公明党の協力が必要となるが、憲法九条に自衛隊の存在を明記する改憲については公明党は今のところは消極的であると伝えられている。

したがって、九条改憲反対運動の広がりや国民世論の動向によって、国会における改憲の発議を阻止できる可能性は十分あると考える。要は、これからの改憲を許さない市民運動にかかっていると言える。

ソウル市の改革に学べ（二〇一八年二月一六日　一一七二号　黒風白雨）

「自己責任が声高に叫ばれる時代に終止符を打ち、共同体を回復させて社会的連帯と友情の時代を切り拓いてまいります」

「かつて、ソウルは人間ではなく土建に投資をしていたこともありました。かつて、ソウルは福祉を浪費とみなしていたこともありました。しかし、二〇一一年を境に、ソウル市民はそれとは異なる道を選びました」

「私は都市を優先して人をないがしろにしていた『失われた一〇年』に終止符を打ち、人のために存在する都市をつくることを皆様にお約束いたしました。まず、『市民の暮らしを変える最初の市長』になると、お約束いたしました」

「この六年間、ソウルは市民の暮らしに投資してきました。この六年間、ソウルは、人という財産に投資してきました。この六年間、ソウルは債務を半分に減らし、福祉予算を二倍に増やしました。普遍的福祉の時代が始まり、必要とする人のもとへこちらから訪ねていく福祉制度へと、パラダイムシフトを成し遂げました」

「ソウル市がこの六年間、孤独に戦って始めた変化は、今では新しい政府とともにつくっていく巨大なものとなりました。ソウルの政策は、いまや新しい政府の政策です」

「新年も『市民の暮らしを変える幸せな旅路』の一歩を踏み出し、ともに歩んでいきましょう」

　これは、隣国韓国の首都ソウル市の朴元淳《パクウォンスン》市長の「二〇一八新年の挨拶」からの抜粋である。

　わが国にこのような新年の挨拶ができる首相や知事、市長がいるだろうか。

　朴市長は二〇一一年一〇月に行なわれたソウル市長選挙で勝利し、以後六年間余、ソウル市長を務め、さまざまな改革を行なってきている。

　無償給食の実施、ソウル市立大学の授業料の半額化、ソウル市で働く非正規労働者約八八〇〇人の正規化、出前型福祉ともいうべき「チャットン」と呼ばれる福祉制度の創設、就職活動をしている青年に毎月五万円を半年間支給する「青年手当」の創設、市民が予算の使い方を提案し、市民の代表が予算の使い方を決定する市民参与予算制度の創設、市民団体の活動を支援する「ソウル革新パーク」の取り組みなどなど、数えあげたらきりがない。

朴槿恵《パククネ》政権を倒した「ろうそく市民革命」の中でも、ソウル市は重要な役割を果たしている。

それまでは警察が放水をしてデモ隊を鎮圧してきたが、ろうそく市民革命の際はソウル市が水の供給をストップしたので、警察は放水車を使うことができなかった。

また、ソウル市は多数のトイレを確保して集会に参加した市民に開放したり、市民が集会終了後安心して自宅に帰れるよう地下鉄の終電の時刻を遅くした。さらに、集会終了後ソウル市の職員や清掃車両を動員して広場や道路の清掃も行なっている。

このようなことが日本の自治体、たとえば東京都で考えられるだろうか。

ソウルでできた改革は、東京でもできるはずだと私は確信している。

これが国か（二〇一八年三月一六日　一一七六号　風速計）

安倍政権は、今年の一〇月から生活保護の生活扶助基準を三年かけて総額一六〇億円削減（最大五％の引き下げ）しようとしている。

生活保護に関しては、安倍政権はこれまでにも、二〇一三年から三年かけて生活扶助基準を六七〇億円削減（平均六・五％、最大一〇％の引き下げ）し、二〇一五年からは住宅扶助基準・冬季加算を削減してきている。

今回の引き下げの考え方は、生活保護基準を第一・十分位層（所得階層を一〇に分けた下位一〇％

の階層）の消費水準に合わせるというものである。しかしながら、わが国では生活保護基準未満で暮らしている世帯のうち実際に生活保護を利用している世帯が占める割合（生活保護の捕捉率）は二割程度といわれている。したがって、第一・十分位層の中は、生活保護水準以下の生活を余儀なくされている人が多数存在していることになる。この層を比較対象にすれば、生活保護基準を引き下げ続ける「貧困のスパイラル」に陥ることになりかねない。

また、今回の生活扶助基準の引き下げの決定に際しては、政府は生活保護利用当事者の声をまったく聞いていない。

生活保護問題に取り組む弁護士や司法書士らが昨年一二月一六日「緊急ホットライン」を実施したところ、「食事を削っている」「入浴回数が月に一回になってしまっている」「耐久消費財が壊れてしまったら買い換えられない」「衣服を買う余裕がなくサイズの合わない昔の服を着続けている」「冬はコタツだけで暖をとって暖房を使えない」「交際費が捻出できず一切外出しない」など生活保護利用当事者の切実な声が寄せられている。いずれも憲法二五条が保障する「健康で文化的な最低限度の生活」とは程遠いものである。

国には、すべての国民に憲法一三条や二五条に基づき人間らしい生活を保障する責任がある。財政難という理由は、この責任を免れる理由にはならない。本当に財政難ということであれば、税収を増やし財政難を克服する政策をとるべきである。

このような政策をとることなく、ただ財政難を理由に生活保護基準を引き下げ続ける国は、国民から負託された国としての責任を放棄していると批判されても仕方がない。このような国はもはや真っ当な「国」とはとても言えないものである。

南北融和の動きを応援する（二〇一八年五月一八日　一一八四号　風速計）

本年四月二七日、韓国の文在寅《ムンジェイン》大統領と北朝鮮（朝鮮民主主義人民共和国）の金正恩《キムジョンウン》朝鮮労働党委員長は、南北軍事境界線のある板門店《パンムンジョム》の韓国側施設「平和の家」で会談し、「完全な非核化を通じて核のない朝鮮半島を実現する」「年内に朝鮮戦争の終戦宣言をし、休戦協定を平和協定に転換するための会談を推進する」「南北の当局者が常駐する南北共同連絡事務所を北朝鮮の開城《ケソン》に設置する」「文大統領が今年の秋に平壌《ピョンヤン》を訪問する」ことなどを明記した、「板門店宣言」に署名した。

昨年北朝鮮は、ミサイルの発射実験を一五回繰り返し、「水爆実験」と称する六回目の核実験を強行したため、一時は米国との軍事衝突の危険性までささやかれ朝鮮半島の緊張が高まっていた。

ところが、今年になって韓国平昌《ピョンチャン》で行なわれた冬季五輪に北朝鮮が参加する中で、一気に南北の融和ムードが高まり、板門店での南北首脳会談につながった。この南北首脳会談は、近く予定されている米朝首脳会談への橋渡しにもなるものと思われる。

韓国と北朝鮮は一九五〇年に勃発した朝鮮戦争で戦火を交え、一九五三年の休戦協定で停戦してから六五年が経過するが、国際法上は今も戦争状態が続いていることになる。

朝鮮戦争では、韓国軍、米軍を含む国連軍、北朝鮮軍、中国軍、南北の民間人合わせて数百万人が犠牲になったといわれている。とりわけ、北朝鮮と韓国は同じ民族同士が戦ったわけで、もう二度と戦争はしたくないと思っているのは北朝鮮と韓国の国民の偽らざる気持ちではなかろうか。

朝鮮半島の南北分断は、日本の植民地支配が分断の遠因となり、米国、中国、旧ソ連などの大国の利害が分断を固定化させることにつながった。

安倍晋三首相はこの間、「対話のための対話は無意味」「北朝鮮の微笑外交に騙されるな」などと繰り返し、南北の対話の動きに水を差し、朝鮮半島の緊張緩和に全く貢献することができなかった。日本の植民地支配が朝鮮半島の南北分断の遠因になっていることを考えれば、日本政府は朝鮮半島の緊張緩和に向けてもっと主体的で建設的な行動と提案を行なっていくべきである。

朝鮮半島の南北分断に責任のある日本人の一人として、私は朝鮮半島の平和と統一の動きを心から歓迎し、応援したいと思う。

大阪地検特捜部までが忖度か（二〇一八年六月一五日　一一八八号　黒風白雨）

この間の森友・加計学園問題に見られる、公文書の隠蔽《いんぺい》、改竄《かいざん》、毀棄、虚偽答弁、財務省幹部のセクハラ問題、官僚の不祥事に対して政治責任をとろうとしない閣僚など、安倍政権のモラルの崩壊、腐敗ぶりは極まってきている。

学校法人「森友学園」の国有地売却に関する決裁文書の改竄問題で、財務省は、六月四日調査結果を発表し、佐川宣寿前国税庁長官をはじめとして当時の理財局職員ら二〇人の処分を発表した。

しかしながらこの調査結果は、第三者機関による調査ではなく財務省内部の調査であったため、改竄のそもそものきっかけは何だったのか、安倍晋三首相夫妻への忖度《そんたく》はなかったのかなどについて十分な調査が行なわれていない上に、首相の妻・昭恵氏の関与が問題となっている国有地の八億円もの値引き売却の経緯は調査の対象外とするなど、極めて不完全な調査結果となっている。

安倍首相は森友・加計学園疑惑に関し「膿《うみ》を出し切る」と繰り返すとともに、首相夫妻関与の疑惑について「一点の曇りもない」と言い切っているが、国民の多くが安倍首相の言葉を信用していない。森友学園に関する公文書改竄問題に関しては、改竄に抵抗したとみられる近畿財務局の職員一人が、今年三月に「このままでは自分一人の責任にされてしまう」とのメモを残し自ら命を絶っている。

このような森友学園に関する公文書改竄問題や国有地の安値売却問題については、究極の第三者機関である大阪地検特捜部の捜査に、多くの国民が期待を寄せていた。

ところが、大阪地検特捜部は、公文書の改竄問題や国有地の安値売却問題が民主主義国家の根幹を揺るがす大問題であるのに強制捜査すら行なわないまま、五月三一日、虚偽公文書作成容疑や背任容疑などで告発されていた佐川宣寿前国税庁長官ら三八人全員を不起訴処分にした。

一方で、大阪地検特捜部は、森友学園の前理事長籠池泰典氏や妻諄子氏の補助金詐欺事件に関しては、早々と強制捜査を行なうとともに二人を逮捕・起訴している。また、神戸製鋼の品質検査データ改竄問題で、東京地検特捜部と警視庁捜査二課は不正競争防止法違反（虚偽表示）の疑いで、六月五日神戸製鋼の東京、神戸両本社など五ヵ所の家宅捜索を行なっている。これでは「民間には厳しく官には甘い」捜査機関と批判されても仕方がない。

大阪地検特捜部は、八年前、村木厚子元厚生労働省局長の郵便不正事件に関し、証拠物件のフロッピーディスクを改竄したとして主任検事が証拠隠滅容疑で、その上司であった元特捜部長と元副部長が犯人隠避容疑で、逮捕・起訴され、有罪となった過去がある。

大阪地検特捜部は、今度こそ、国民の期待に応え、森友学園問題の真相を究明し、関与した政治家の責任を明らかにすることにより、八年前の汚名を返上するチャンスであったのに、徹底した捜査も行なわないまま不起訴処分にしてしまった。これでは、大阪地検特捜部までもが安倍政権の意向を忖度したと受け取られてもしょうがないであろう。

オウム幹部の死刑執行を考える（二〇一八年七月一三日　一一九二号　風速計）

オウム真理教による坂本堤弁護士一家殺害事件や松本・地下鉄両サリン事件など一三事件を首謀したとして、殺人罪に問われ、死刑が確定していた教団元代表の麻原彰晃こと松本智津夫死刑囚と元教団幹部六人計七人の死刑執行が七月六日に行なわれた。

事件から二〇年以上が経過しているが、今なお心身の傷が癒えない被害者や遺族が多数存在する。一方で、オウム真理教の後継団体の「アレフ」「ひかりの輪」「山田らの集団」はいまだに活動を続けてきており、信者数は一六五〇人に上り、いまだに若い人の入信が続いているということである。この意味では、オウム真理教事件は幹部の死刑執行で終わりではなく、いまだに続いているのだと言える。

私は、地下鉄サリン事件被害対策弁護団団長・オウム真理教犯罪被害者支援機構の理事長として、被害者や遺族と接する機会が多かった。また、坂本堤弁護士の妻の都子さんは私の法律事務所の事務職員でもあった。オウム真理教の犯罪による被害者や遺族の多くが死刑執行を強く望んでいることはよくわかっている。

しかしながら刑事裁判の中では、高学歴の若者がなぜ教団に入信し凶悪な犯罪に手を染めるようになったのかについては、必ずしも十分な解明が行なわれなかった。再発防止のためにも死刑囚にもっともっと語らせる必要があったのではないか。

また、死刑廃止は今や世界的な流れとなっている。二〇一五年一二月現在、法律上または事実上死刑を廃止している国は一四二ヵ国に上り、世界の国々の中で三分の二以上を占めている。先進国諸国が加盟するＯＥＣＤ（経済協力開発機構）で死刑を存置しているのは、日本、米国および韓国の三ヵ国のみとなっている。このうち韓国は死刑執行を二〇年以上にわたって停止しているし、米国では五〇州のうち一九州が死刑を廃止している。

ノルウェーの犯罪学者でオスロ大学のニルス・クリスティ教授は、「犯罪者として生まれてくる人間はいない。刑罰制度は、犯罪への応報にとどまらず、その人間性の回復と自由な社会への社会復帰と社会的包摂の達成に資するものでなければならない」と語っている。

今回のオウム幹部の死刑執行を機に、そろそろ、わが国でも死刑廃止について議論をする時がきたのではないかと考える。

世紀の愚挙、カジノ法強行（二〇一八年八月一〇日　一一九六号　黒風白雨）

七月二〇日、カジノを含む統合型リゾート施設（ＩＲ）整備法（カジノ実施法）が参院本会議で自民・公明の与党、日本維新の会などの賛成多数で可決、成立した。しかしながら、共同通信社が七月二一、二二日両日に実施した全国電話世論調査によれば、カジノ実施法反対との回答は六四・八％に上り、賛成二七・六％を大きく上回っている。

カジノは賭博であり、刑法一八五条、一八六条で禁止されている犯罪である。競馬・競輪などの公営ギャンブルとは別に、民間企業の賭博営業を合法化するのはわが国でも初めてのことである。

安倍政権は、カジノ解禁を観光先進国の原動力、成長戦略の目玉と位置づけている。しかしながら、なぜカジノ解禁が観光や成長戦略の原動力・目玉となるのか、国会審議の中では明らかにされないままだった。

昨年の厚生労働省の調査では、過去にギャンブル依存症が疑われる状態になったことがある人は三・六％、日本全体で三二〇万人と推計されている。パチンコ、競馬、競輪などがあるわが国は、すでに世界最大のギャンブル大国になっているのである。ギャンブルのために、仕事や家庭を失い、犯罪に走ったり、自殺したりする人も少なくない。

カジノ実施法では、日本人客のカジノ入場は「週三回」「月一〇回」までとなっているが、「一回」は「一日」ではなく「二四時間」の意味であり、日付をまたいで一二時間ずつ利用すれば、事実上週六日間利用でき、一ヵ月の上限の倍の二〇日になることを政府は認めている。このような甘い規制にもかかわらず、政府は「世界最高水準の規制である」と強弁しているのである。

カジノ実施法は、胴元であるカジノ事業者が手持ち賭け金が不足した客に貸し付けすることができる「特定資金貸付業務」を可能にしている。この貸し付けには、年収の三分の一を超える貸し付けを禁止している貸金業法の総量規制の適用がない。このような制度は、ギャンブル依存症や多重債務を助長する制度であると言わねばならない。

政府がカジノ実施法の成立を急いだ背景には、米カジノ業界から支援を受けているトランプ大統領への配慮があるのではないかといわれている。安倍晋三首相が視察したシンガポールのカジノ施設を運営する米カジノ大手ラスベガス・サンズのシェルドン・アデルソン会長は「シンガポール進出はウォームアップだった」と述べ、日本のカジノへの一兆円規模の投資を公言している。海外のカジノ事業者が狙っているのは、一八〇〇兆円ともいわれる日本の個人金融資産なのである。

カジノをはじめとするギャンブルは基本的には敗者の犠牲の上に成り立っている。カジノ実施法は、海外のカジノ事業者の利益のために、日本人の犠牲者を差し出す「売国的立法」と言わねばならない。

カジノ実施法は成立してしまったが、実際にカジノを開設するか否かは地方自治体の判断にかかっている。今後、日本のどこにもカジノをつくらせないためには、カジノに反対する市民運動・住民運動がますます重要になってくる。

スウェーデンで感じたこと（二〇一八年九月一四日　一二〇〇号　風速計）

今年一〇月四日に青森で行なわれる日本弁護士連合会第六一回人権擁護大会第三分科会シンポジウム「日本の社会保障の崩壊と再生─若者に未来を─」に関する海外調査の一環として、シンポジウム実行委員会のメンバーと一緒に六月九日から六月一六日までスウェーデンの関係先を視察してきた。

スウェーデンは貧困と格差を克服している高度な福祉国家として知られているが、今回の調査で印象に残ったのは、スウェーデンでは徹底した民主主義が行なわれているということである。

スウェーデンの総選挙の投票率は八〇％以下になったことがなく、前回二〇一四年の総選挙の投票率は八五・八%であった。また、スウェーデンでは一八歳で選挙権・被選挙権を持つが、二〇一四年の一八歳の投票率は八三%であったということである。さらに、スウェーデンでは総選挙に立候補する際の供託金はゼロであり、一〇代の国会議員や二〇代の大臣も誕生している。

ちなみに昨年一〇月に行なわれたわが国の衆院選挙(小選挙区)における全体の投票率は五三・六八%、一〇代の投票率は四〇・四九%、二〇代の投票率は三三・八五%という低投票率であった。

現在のスウェーデン政府の政権与党である社会民主労働党の国会議員で外務委員会委員を務めるオレ・トーレル(Olle Thorell)氏と面談した際、同氏がスウェーデンの福祉社会成功の要因として真っ先にあげたのがスウェーデンの民主主義の伝統であり、特に民主主義を育む上で教育の役割が極めて大きいということであった。

スウェーデンには若者が中心となって運営する「学校選挙本部」という組織がある。この学校選挙本部が中心となり、四年に一回の総選挙に合わせて、全国の中学生や高校生を対象にして総選挙とまったく同じ形式で学校選挙が実施され、二〇一四年の学校選挙では、五〇万人の生徒と一八〇〇校が参加したということである。学校選挙の実施にあたっては、生徒同士の討論会や各政党の青年部を招いての公開討論会なども行なわれている。このような学校選挙の活動は一九六〇年代に一部の生徒が始めたということであるが、現在では国も補助金を出して学校選挙の活動を応援している。

徹底した民主主義があったからこそ充実した福祉国家が築けたのだ、ということを痛感したスウェーデン調査であった。

豊洲市場移転強行の愚挙（二〇一八年一〇月一二日　一二〇四号　黒風白雨）

東京都は、本年七月までに、土壌汚染対策として地下ピット内における換気設備の設置及びコンクリートの敷設、地下水管理システムの機能強化などを内容とする追加対策工事を行なった。この追加対策工事に関し、専門家会議が「都が実施した追加対策工事により、将来リスクを踏まえた安全性が確保されたことを確認した」と評価したことを受けて、小池百合子都知事が豊洲市場の「安全宣言」を行なった。

これを受けて東京都は、本年八月一日齊藤健農林水産大臣に豊洲市場の認可申請を行ない、齊藤農林水産大臣は九月一〇日これを認可した。農林水産大臣の認可を受け、東京都は一〇月一一日の豊洲市場の開場に向けて、豊洲市場への移転を強行しようとしている。

東京都はこれまで、豊洲市場への移転にあたっては、①土壌汚染対策の確実な実施②東京ガス工場操業由来の汚染物質の完全な除去・浄化③土壌・地下水の汚染も環境基準以下にする、という「無害化三条件」の実施を市場関係者や都民に約束してきた。

ところが、東京都の追加対策工事後も、土壌汚染問題は全く解決されておらず、次々と問題が発生している。最新の調査結果でも地下水からは環境基準の一七〇倍に当たる有害物質のベンゼンが検出されている。また、検出されてはならない猛毒のシアンも二三か所中一七か所で検出されている。さらに、地下水の水位を下げ、有害物質が地上に出ない対策を取ったが、九月二六日の東京都の「豊洲市場用地における地下水位測定結果」によれば、三三測定地点中二一地点で目標水位であったＡＰ（荒川のある水位をゼロとした水位の基準）＋一・八メートルを超えており、そのうち一六地点では、

AP＋二メートルさえも超えている。

これらの他にも豊洲市場用地では、本年九月一一日の地盤沈下の発表に続き九月一八日にも新たな地盤沈下が発見されている。また、九月二六日には、豊洲市場の敷地内でマンホールから地下水があふれて地表に漏れ出ていたことが明らかになっている。

これらを見れば、東京都の行なった追加対策工事の失敗は明らかであり、小池都知事の「安全宣言」は市場関係者や都民を欺くものである。

築地で働く仲卸業者は、長年培った「目利き」を生かした「セリ取引」を行ない、品質を競争条件として適正な価格形成を行なうことによって、農漁業者など生産者と八百屋・魚屋・飲食店など商店街・地域経済、消費者を守ってきた。仲卸業者の「目利き」を生かした「セリ取引」が「築地ブランド」を支えてきたのであり、築地市場が外国人が訪れる東京観光の名所となってきたのも、仲卸業者の存在なくしては考えられないことである。

「築地女将さん会」が本年三月下旬、築地市場で働く仲卸業者のアンケート調査を行なったところ、回答した仲卸業者の七割が豊洲市場への移転の「中止か凍結」を求めている。

築地市場の豊洲市場への移転問題に関し私が取材を受けた外国人記者は、「築地市場をなくすなんて、パリのエッフェル塔をなくすに等しい愚挙だ」と厳しく批判している。

人権後進国日本（二〇一八年一一月九日　一二〇八号　風速計）

生活保護基準の度重なる引き下げと生活保護バッシング、東京医科大学の女性受験生差別、自民党杉田水脈衆議院議員の「LGBTは生産性がない」発言、中央省庁による障がい者雇用水増し問題、旧優生保護法による障がい者の強制不妊手術問題など、わが国の人権状況は、とても日本国憲法が保障する基本的人権が定着している社会とは言えない惨状にある。

安倍政権は、二〇一三年八月から三年かけて生活扶助基準を六七〇億円削減（平均六・五％、最大一〇％の引き下げ）し、二〇一五年からは住宅扶助基準、冬季加算を削減し、今年の一〇月からは三年かけて生活扶助基準を一六〇億円削減（最大五％の引き下げ）しようとしている。生活保護問題に取り組む弁護士や司法書士が行なった「緊急ホットライン」には、「食事を削っている」「耐久消費財が壊れても買い換えられない」「衣服を買う余裕がなく昔の服を着続けている」「交際費を捻出できず、一切外出しない」など、生活保護利用当事者の悲鳴にも似た切実な声が寄せられた。いずれも憲法二五条が保障する「健康で文化的な最低限度の生活」とは程遠いものである。

憲法一四条は「法の下の平等」を定め、男女共同参画社会基本法が制定され、安倍政権は「女性が輝く社会」をスローガンに掲げているが、医学部の入試現場では明らかな女性差別が行なわれている。また、憲法尊重擁護義務を負っている国会議員による、同性カップルなどを念頭においた「生産性がない」発言は、子どもを産めるかどうかで人間の価値を評価しようとするものであり、LGBT当事者からだけでなく出産できない障がい者や難病患者からも「出産できない障がい者や患者の人権をも踏みにじるもの」との抗議がなされたのは当然のことである。さらに、障害者差別解消法の制定や障害者権利条約が批准されたのに、障がい者差別をなくす旗振り役としての責任を果たさねばならないはずの中央省庁のほとんどで障がい者雇用が水増しされ、障がい者の人権が踏みにじられている。

このような人権をめぐる状況を考えれば、わが国は世界的に見ても人権後進国の位置にあると言わざるを得ない。

わが国が人権後進国であるのは、わが国の市民社会が自由と人権、民主主義を闘い取る市民革命が行なわれてこなかったことと深い関係があると思われる。

元徴用工判決報道の異様（二〇一八年一一月三〇日　一二一一号　黒風白雨）

韓国大法院（最高裁判所）が一〇月三〇日、新日鐵住金に対し元徴用工四人への損害賠償を命じた判決に対し、安倍晋三首相は、元徴用工の請求権について「一九六五年の日韓請求権・経済協力協定によって完全かつ最終的に解決している」と指摘し、「判決は国際法に照らして、あり得ない判断だ。日本政府として毅然と対応していく」と強調した。また河野太郎外務大臣も「判決は暴挙であり、国際法に基づく国際秩序への挑戦だ」と批判した。

テレビ・新聞など日本のほとんどのマスメディアは、政府の姿勢に追随し、韓国大法院判決と韓国批判の大合唱を行なっている。まさに異様な光景と言わざるを得ない。

ところで民主主義社会においては、立法、行政、司法の三権は分立しているのが原理・原則である。三権が一権に集中すると独裁政権となり、権力の濫用が行なわれ、国民・市民の自由と人権が侵害される危険性が大きくなるからである。有名なフランス人権宣言第一六条では「権利の保障が確保されず、権力の分立が定められていないすべての社会は、憲法をもたない」と規定している。

そして三権分立下での司法の役割は、国民・市民の基本的人権を守るという立場から、立法・行政をチェックするところにある。したがって、元徴用工の人権を守るため韓国大法院が韓国政府の立場と異なる判断をしたことは、民主主義社会における司法のあり方として全然おかしいことではないのである。

韓国大法院の判決を暴挙として批判を繰り返す日本政府や政府に追随する日本のマスメディアは、民主主義社会における三権分立とは何か、三権分立下における司法の役割とは何かを、全く理解していないものと言わざるを得ない。もっとも、わが国の最高裁判所は政府の意向に沿った判決を出すことが多いので、司法とは所詮政府の言いなりの判決を出すところだと勘違いしているマスメディアが多いかもしれないが。

次に、元徴用工などの個人の損害賠償請求権は国家間の協定によって消滅させることができないことは、国際人権法上は常識である。これまで日本政府や最高裁判所も、日韓請求権協定によっても実体的な個人の損害賠償請求権は消滅していないと解釈してきたはずである。この点についても、現在の日本政府やマスメディアは全く理解が不足していると言わざるを得ない。

私が日本弁護士連合会の会長を務めていた当時の二〇一〇年一二月一一日、日本弁護士連合会と大韓弁護士協会は、日本軍「慰安婦」問題や強制動員被害の救済のために、日本政府は真相究明と謝罪、賠償の措置をとるべきだとの共同宣言を発表している。

ナチス・ドイツによる強制労働被害をめぐっては、二〇〇〇年八月、ドイツ政府と約六四〇〇社のドイツ企業が「記憶・責任・未来」基金を創設し、これまでに約一〇〇ヵ国の一六六万人以上に対し約四四億ユーロ（約七二〇〇億円）の賠償金を支払ってきている。

このようなドイツ政府とドイツ企業の取り組みこそ、日本政府や日本企業は見習うべきである。

大嘗祭に関する秋篠宮発言（二〇一八年一二月二一日 一二一四号 風速計）

誕生日前日の記者会見における大嘗祭《だいじょうさい》に関する秋篠宮《あきしののみや》発言が、波紋を呼んでいる。秋篠宮は、宮中祭祀の大嘗祭について「宗教色が強いものを国費で賄うことが適当かどうか」と疑問を呈し、皇室の私的費用の内廷会計（内廷費）で対応すべきとの考えを示した。

平成の大嘗祭は、一九九〇年一一月二二日から二三日にかけて行なわれ、皇居・東御苑に儀式を行なう大嘗宮が建築され、約二二億五〇〇〇万円が国費の宮廷費から支出された。同じ規模の大嘗祭を行なうとしたら、天皇家と皇太子家の生活費を含む内廷費（年間三億二四〇〇万円）では賄いきれないが、秋篠宮は「できる範囲で身の丈に合った儀式で行なうのが本来の姿ではないかなと思います」と話し、宮内庁長官にもこうした考え方を伝えていたが、「話を聞く耳を持たなかった。非常に残念なことだった」と語ったということである。

戦前の旧皇室典範は、大日本帝国憲法と同等の最高法規とされていた。大日本帝国憲法第七四条第一項では「皇室典範ノ改正ハ帝国議会ノ議ヲ経ルヲ要セス」と定められ、同条第二項では「皇室典範ヲ以テ此ノ憲法ノ条規ヲ変更スルコトヲ得ス」と定められていた。また、旧皇室典範第一一条には、大嘗祭に関する定めがあった。

しかしながら、戦後の新しい日本国憲法下では皇室典範も一つの法律と位置づけられ、国会で改廃ができるようになった。また、日本国憲法の政教分離の考え方から新しい皇室典範では、大嘗祭に関する定めはなくなっている。このような経過を考えれば、秋篠宮の発言は、日本国憲法の政教分離の考え方に沿った見解であると言える。

平成の大嘗祭に関しては、憲法の政教分離規定に反するとして各地で訴訟が提起された。一九九五年の大阪高等裁判所の判決は原告の訴えを棄却したが、「政教分離規定違反の疑いを一概に否定できない」と指摘している。

日本国憲法第一条は天皇の地位に関し、「天皇は、日本国の象徴であり日本国民統合の象徴であって、この地位は、主権の存する日本国民の総意に基く」と定めている。どのような形で大嘗祭を行なうべきかについては、国民主権の民主主義国家であれば、憲法の規定と精神を踏まえて、国会での議論は当然のこと、全国民的議論が行なわれるべきだと考える。

第4章　二〇一九年〜二〇二一年

偽装国家日本（二〇一九年一月二五日　一二一七号　黒風白雨）

またも安倍政権下で、大規模な統計データの偽装が発覚した。

厚生労働省の「毎月勤労統計」で、長年にわたり本来と異なる調査手法が用いられ、データに誤りのあったことがわかった。毎月勤労統計は五六ある政府の「基幹統計」の一つに位置付けられる重要な統計である。

厚労省は一月一一日、統計を基にした雇用保険の失業給付や労災保険などの過少支給の対象者は延べ一九七三万人で、総額は五三七億五〇〇〇万円に上ることを明らかにした。

過少支給の内訳は、雇用保険が延べ約一九〇〇万人で約二八〇億円、労災保険は年金給付が延べ約二七万人で約二四〇億円、休業補償が延べ約四五万人で約一億五〇〇〇万円、船員保険が約一万人で約一六億円、事業主に支払う雇用調整助成金が約三〇万件で約三〇億円ということである。

毎月勤労統計の調査は、厚労省が都道府県を通じて行ない、従業員五〇〇人以上の事業所は全て調べるルールになっていたのに、東京都内で該当する約一四〇〇事業所のうち三分の一程度しか調べていなかった。こうした調査手法は二〇〇四年から始まり、適正に調査した場合に比べ平均給与額が低く算出されていた。さらに、少なくとも一九九六年からは調査対象として公表していた全事業所より約一割少ない事業所数しか調べていなかった。また、厚労省は、昨年六月に神奈川、愛知、大阪の三府県に対し、二〇一九年から抽出調査にすると連絡していたことも明らかにした。さらに、昨年一月分から、抽出したデータを全数調査に近づける補正処理を始めていたにもかかわらず、事実を明らかにしていなかった。昨年一二月総務省から指摘を受けて、ようやく内部調査を本格化させたということである。

厚労省は過少支給のあった全ての対象者に不足分の追加給付をするとしているが、住所記録のない人が「推計延べ一〇〇〇万人以上」いるほか、転居などで住所不明の人も存在するという。その人たちには、記者発表やホームページで周知し、申し出てもらい、本人確認を経て支払うとしているが、気付かない人は支給を受けられないことになる。

厚労省に関しては、昨年の通常国会に提出された働き方改革関連法をめぐり、データ偽装が疑われる裁量労働制に関する不適切な労働時間データ比較が問題となり、裁量労働制の拡大部分が法案から削除された。

また、厚労省は二〇一三年八月から三年かけて、生活保護の生活扶助基準を総額約六七〇億円削減したが、このうち約五八〇億円は物価が下がったことを理由とする「デフレ調整」を根拠とするものだった。このとき厚労省は、消費者物価指数の本家である総務省統計局の意見も聞かず、また、物価指数に詳しい研究者の意見を集めて検討する作業も行なわず、恣意的な消費者物価指数を算出するという「物価偽装」を行なって生活扶助基準の大幅引き下げを実施している。

現在のわが国は、厚労省以外の省庁でも統計やデータを政府の都合の良いようにごまかしたり偽装することが横行する「偽装国家」となっており、とても近代的な民主主義国家とは言えない状態にある。

民主主義国家か否かが問われている（二〇一九年三月八日　一二三三号　黒風白雨）

沖縄県名護市辺野古の新基地建設をめぐる県民投票は、二月二四日の投開票の結果、辺野古沿岸部の埋め立てに「反対」が七二・二％で四三万四二七三票、「賛成」が一九・一％で一一万四九三三票、「どちらでもない」が八・八％で五万二六八二票となった。投票率は住民投票の有効性を測る一つの目安とされる五〇％を超えて五二・四八％であった

玉城デニー沖縄県知事は、県民投票の結果を受けての記者会見で、「辺野古の埋め立てを決して認めないという、県民の断固たる民意を真正面から受け止め、政府に対し工事を中止するよう強く求める」と語った。また、「反対」が投票資格者の四分の一（二八万八三九八票）を超えたことを受け、県民投票条例に基づき、安倍晋三首相やトランプ大統領に速やかに結果を通知すると表明した。

辺野古の米軍新基地建設に関し沖縄県民の「反対」の明確な意思が示されたにもかかわらず、安倍首相は、二月二五日の衆院予算委員会で、「県民投票の結果を真摯《しんし》に受け止め、今後も基地負担の軽減に向けて全力を尽くしていきたい」と述べる一方で、米軍普天間飛行場（沖縄県宜野湾《ぎのわん》市）の固定化を避ける必要があるとして移設の「先送りは許されない」と述べ、新基地建設を進める考えを表明した。そして、辺野古の米軍キャンプ・シュワブ前では、何事もなかったかのようにダンプカーが

次々と埋め立て用資材をゲート内に搬入して工事が続けられている。

安倍首相が普天間飛行場の危険性を本当に重要視しているのであれば、辺野古新基地建設問題とは切り離して、普天間飛行場の速やかな返還や日米地位協定の改定を求めて米政府とただちに交渉、協議すべきである。

沖縄では二〇一四年、二〇一八年に実施された沖縄県知事選でも辺野古新基地建設反対を公約に掲げる候補者が相次いで圧勝している。今回の県民投票の結果には法的拘束力はないが、日本が真っ当な民主主義国家であれば、沖縄県民の明確な民意は無視できないはずである。政府は、ただちに辺野古の基地建設工事を中止して、沖縄県や米政府と協議に入るべきである。

アジア太平洋戦争末期、沖縄は本土防衛の「捨て石」とされ、地上戦で県民の四人に一人が犠牲となった。また、日本国憲法が施行された直後の一九四七年九月、米国による沖縄の軍事占領に関して「アメリカによる琉球諸島の軍事占領の継続を望む」という昭和天皇のメッセージが連合国に伝えられた結果、沖縄は一九七二年まで米軍政下に置かれることになる。そして現在も、国土の約〇・六%の沖縄に全国の米軍専用施設の約七〇%が集中するという「構造的沖縄差別」が続いている。

政府が、県民投票の結果を無視して辺野古の米軍新基地建設工事を続行するということは、沖縄県民には日本国憲法が保障する自由や人権、地方自治、民主主義を認めないということを意味する。これこそ「沖縄差別」そのものではないか。

今回の沖縄県民投票の結果に対する日本政府の対応は、日本が民主主義国家であるか否かが問われている問題である。

新元号狂騒を批判する（二〇一九年四月一九日　一二二九号　黒風白雨）

四月一日に新元号「令和」が発表されるや否や、テレビ局は特番や情報番組などで長時間を割いて放送、新聞社も号外を出したり翌日の朝刊一面トップで大きく報じた。

菅義偉《すがよしひで》官房長官が新元号を発表した瞬間は、テレビ局の全キー局が生中継で放送し、安倍晋三首相はメディアに次々と登場し、ＮＨＫとテレビ朝日には生出演した。このように新元号発表は、政権による政治ショーと化した。

これまでの元号は中国の古典からとられていたが、今回ははじめて日本の『万葉集』からとってこられたため、出典となった『万葉集』の関連本が売り切れる書店が出たり、「令和」の典拠となった「梅花の歌」の序文、「梅花の宴」を開いた大伴旅人邸宅跡とされる福岡県太宰府市の坂本八幡宮には参拝客が大挙して押し寄せ、周辺は大渋滞するなどフィーバーが続いているということである。

しかしながら元号制度そのものは、「皇帝が時を支配する」という中国の思想に倣ったものである。もちろん、漢字も中国から伝わってきたものである。

中国における元号制度は、前漢（前二〇二年～後八年）時代の第七代皇帝武帝（在位期間前一四一年～前八七年）が始めたといわれている。皇帝が元号を決め、人々がそれを使うことは、皇帝の支配に服従し従属するという意味が込められている。

天皇制の歴史を見てみると、初代の神武天皇から現在の天皇は一二五代目となっている。元号は最初の元号である「大化」から南北朝時代の両朝を合算した場合は平成まで二四七個、同時代を南朝のみで数えた場合は平成まで二三一個となる。

明治以前は天皇一代で複数の元号が定められることが多かったのであるが、明治になって制定された旧皇室典範により天皇一代に一つの元号と定められた。

明治時代の皇室典範で定められた元号制度は天皇の権威と深く結びついたものであったので、戦後の新憲法下で改正された皇室典範では、連合国軍最高司令官総司令部（ＧＨＱ）の指導により元号に関する規定は削除されている。

しかしながら、新しい皇室典範で削除された元号制度は、保守グループが元号法制化を求める運動を行ない、一九七九年に「元号法」が制定されたことにより、元号制度が復活し、現在に至っているわけである。

明治時代に制定された「大日本帝国憲法」下では天皇が主権者であったが、戦後制定された「日本国憲法」では国民が主権者となり、天皇の地位は「主権の存する日本国民の総意に基く」とされ、天皇は実質的な権力を持たない「象徴天皇」と規定された。

皇帝が時を支配するという思想や、元号を使うことは皇帝の支配に人々が服従し従属することを意味する元号制度は、日本国憲法の国民主権の精神とは矛盾するものである。

今回の新元号狂騒を見ると、元号制度についての批判的な検討がほとんど行なわれていない。元号制度が生まれた中国においては、現在では元号制度は廃止されている。

現実に目を背ける「祝賀報道」の洪水（二〇一九年五月一七日　一二三三号　風速計）

一〇連休の間、平成から令和への改元報道と前天皇退位・新天皇即位に関する報道の洪水が続いた。

元号が令和と変わった五月一日午前〇時には、テレビ各局が特別番組を組み、東京・渋谷のスクランブル交差点などと中継を結び、年末年始さながらの祝賀ムードを盛りあげた。

五月一日には、第九〇回メーデーが行なわれたがメーデーに関する報道は少なく、五月三日の憲法記念日においても、国民主権の立場から天皇制のあり方を問い直す報道は少なかった。また、「平成の時代」を振り返り、自然災害は多かったが戦争のない平和な良い時代であったとする報道が多かった。

ところで、「平成の時代」は、現在大きな社会問題となっている貧困と格差が急速に拡大した時代であったのであるが、この問題を真正面から取り上げた報道はほとんどなかった。

厚生労働省が発表した二〇一五年のわが国の相対的貧困率は、国民全体の貧困率が一五・六%、子どもの貧困率が一三・九%、一人親世帯の貧困率が五〇・八%となっている。国民の六人に一人が、子どもの七人に一人が、一人親世帯の二世帯に一世帯が貧困状態に陥っていることになる。わが国は世界第三位の経済大国であるにもかかわらず、多くの先進国が加盟するＯＥＣＤ（経済協力開発機構）の中でも、貧困率が大変高い国となっている。

わが国で貧困と格差が拡大してきた背景には非正規労働者・働く貧困層（ワーキングプア）の拡大がある。総務省の「労働力調査」によれば、一九八九（平成元）年の非正規労働者数は八一七万人であったが、二〇一九年三月の非正規労働者数は二一七六万人に激増している。この結果年収二〇〇万円以下の低賃金労働者は、一二年連続で一〇〇〇万人を超えている。

ＯＥＣＤによれば、労働者一人の一時間あたりの賃金水準について国際比較可能な一九九七年と二〇一七年を比べると、二〇年間でイギリスは八九％増、アメリカは七六％増、フランスは六六％増、ドイツは五八％増であるのに対し、主要国では日本だけが九％の下落となっているということである。

貧困と格差の拡大が深刻な社会問題となっている日本の現状を考えれば、改元や新天皇の即位でお祭り騒ぎをしているときではなかろうと言わねばならない。

冤罪犠牲者を救う再審法改正を急げ（二〇一九年六月七日　一二三五号　黒風白雨）

犠牲者やその家族の大切な人生を奪い去る冤罪《えんざい》は、国家権力による最大の人権侵害である。無実の人が犯罪者として扱われる冤罪は本来あってはならないことであるが、わが国では冤罪事件が多発している。

一九八〇年代には、免田事件、財田川《さいたがわ》事件、松山事件、島田事件の死刑再審四事件で、無実の死刑囚が相次いで死刑台から生還した。

二〇〇〇年代に入って、足利事件、布川《ふかわ》事件、東電の「ＯＬ殺人事件」、東住吉事件など重罪冤罪で再審無罪が続き、今年の三月二八日には、熊本地方裁判所において、松橋《まつばせ》事件の宮田浩喜《こうき》さんに対し再審無罪判決が言い渡されている。

しかしながら、再審開始決定が行なわれても検察官による不服申し立てによって開始決定が取り消される事件も少なくない。

袴田事件では、二〇一四年三月静岡地方裁判所が再審開始の決定をしたが、その四年後東京高等裁判所が検察官の不服申し立てを認めて開始決定を取り消し、袴田巖《はかまたいわお》さんは現在死刑の危険に直面している。
名張《なばり》毒ぶどう酒事件の奥西勝さんは、いったん再審開始決定が出されたものの、その後の審理で開始決定が取り消され、無念の獄死を強いられている。大崎事件では、三度も再審開始決定を勝ち取りながら検察官が不服申し立てを繰り返し、現在九一歳になる原口アヤ子さんの再審を妨害しつづけている。

刑事訴訟法の再審法の規定(刑事訴訟法四三五条から四五三条)は、一九二二(大正一一)年に制定されたときのままである。このため、裁判官の裁量次第で冤罪からの救済に大きな差を生じる「再審格差」が生まれ、再審開始決定に対する検察官の不服申し立てにより、不当な長期化や開始決定が取り消されるという「再審妨害」が生まれている。

冤罪犠牲者を早期に救済するためには、時代遅れの再審法の改正が急務である。そのためには、まず検察官が独占している証拠をすべて開示させる法律の規定が必要である。

再審請求審では無実を主張する請求人と弁護側から、新規の明白な無罪証拠を提出することが求められる。ところが、証拠のほとんどは強制捜査権をもつ警察・検察の手にあるだけでなく、当事者主義の名の下に、それらは開示する義務はないとされ、しばしば無罪証拠が隠されたまま、有罪が確定する事例があとを絶たない。

次に、検察官の再審開始決定に対する不服申し立てを禁止することが必要である。

再審開始決定は、新証拠が提出されたことで確定判決に重大な疑問が生じたことにより裁判をやり直すものである。検察官は再審公判で有罪を主張し、立証することもできる。したがって、検察官が再審開始決定そのものに対し不服申し立てをする理由はないはずである。

さらに、再審の手続きの規定がきわめて貧弱であるので、再審請求人の権利を保障する手続きの整備が求められている。

今年の五月二〇日には、再審法の改正を求める「再審法改正をめざす市民の会」が結成されている。

年金制度の抜本的改革が必要（二〇一九年六月二八日　一二三八号　風速計）

「夫が六五歳以上、妻が六〇歳以上の夫婦の場合、公的年金だけでは平均で毎月の赤字額が約五万円になるとし、その場合三〇年で約二〇〇〇万円の金融資産の取り崩しが必要になる」とした金融庁の審議会報告書が、波紋を広げている。麻生太郎金融担当相は、近く行なわれる参院選で年金問題に焦点が当たるのを避けるために、報告書の受け取りを拒否するなど、政府・与党は火消しに躍起になっている。

ところで、金融庁の審議会報告書がモデルケースとしている夫六五歳以上、妻六〇歳以上の夫婦の場合、年金を中心とする収入が一ヵ月二〇・九万円、食費、住居費、交際費などの支出が一ヵ月二六・四万円で、収入と支出の差が月五・五万円の赤字となるとしている。このモデルケースの夫婦の年金を中心とする収入は、年収にすると二五〇・八万円となる。

しかしながら、厚生労働省の調査によると、公的年金の受給額とそれ以外の収入の合計が年八八万円以下の高齢者や一定の所得以下の障がい者ら低年金者が、推計で約九七〇万人存在するということである。また、このほかに多数存在すると思われる無年金者については、政府はその実態をまったく把握していない。さらに、わが国では年金だけでは生活できない低年金の高齢者が急増しており、生活保護利用世帯の約五割は高齢者世帯となっている。

総務省の「労働力調査」によれば二〇一九年一～三月期平均の非正規労働者数は二一六二万人となっており、全労働者の三八・四七％を占めている。非正規労働者は雇用が不安定な上に低賃金労働者（ワーキングプア）が多い。このため年収二〇〇万円以下の低賃金労働者は一二年連続で一〇〇〇万人を超えている。現状のままでは、今後低年金者や無年金者がますます増加することが予想される。

福祉が充実しているデンマークでは年金生活者になる前の職業の種類や所得に関係なく、六五歳で退職すれば一律に年金が支給され、財源はすべて「税」でまかなわれている。デンマークでは生活保護費より年金額のほうが大きいので、年金生活者で生活保護を利用する人はいない。

全ての国民が安心した老後を過ごせるようにするためには、デンマークなどの北欧諸国の福祉政策に学びながら、年金制度を抜本的に改革することが求められている。

司法本来の役割を放棄した不当判決（二〇一九年七月一九日　一二四一号　黒風白雨）

三〇〇万円の供託金を用意できなかったために二〇一四年の衆議院選挙に立候補できなかった男性が、立候補の自由を奪う選挙供託金制度は立候補の自由を保障した憲法一五条一項や国会議員の資格は「財産又は収入によって差別してはならない」と定めた憲法四四条但書に違反するとして、国に損害賠償を求めていた選挙供託金違憲訴訟の判決言い渡しが、五月二四日東京地方裁判所（杜下弘記裁判長）で行なわれた。

東京地裁判決は、三〇〇万円の供託金が「立候補しようとする者に対して無視できない萎縮的効果をもたらすものということができ、立候補の自由に対する事実上の制約となっている」ということは認めつつも、泡沫候補者や売名候補者の立候補を抑制し候補者の濫立を防止するという選挙供託金制度の立法目的は正当なものであるとし、選挙制度に関する国会の裁量権を広く認めた上で、三〇〇万円の供託金は合憲と判断して原告の訴えを棄却した。

わが国の選挙供託金制度は、一九二五年に成立したいわゆる「普通選挙法」から始まっている。この年に成立した法律の中には、あの悪名高き「治安維持法」がある。

普通選挙法で極めて高額な選挙供託金制度が導入された表向きの理由は、泡沫候補者または売名候補者の立候補を抑制し公正な選挙を実現するためと説明されてきたが、実際は無産政党の議会進出を抑制することが真の目的であった。そもそも泡沫候補者や売名候補者を排除するか否かは、国民主権の民主主義国家であれば有権者の判断に委ねられるべきなのである。

訴訟提起後、弁護団が諸外国の選挙供託金制度について調査したところ、OECD（経済協力開発機構）加盟三五ヵ国中、二三ヵ国が選挙供託金制度がなく供託金ゼロで立候補できることが判明した。また、選挙供託金制度が存在する一二ヵ国に関しても、大半の国の供託金は一〇万円以下であり、日本の供託金は選挙供託金制度がある国の中でも突出して高いということがわかった。さらに、諸外国の選挙供託金制度について調査する過程で、いくつかの国の裁判所で供託金の違憲判決が出されていることもわかった。

供託金の違憲判決を出した韓国憲法裁判所、アイルランド高等法院、カナダ・アルバータ州の裁判所などの判決に共通しているのは、あるべき議会制民主主義や少数者の基本的人権保障の観点から選挙供託金制度の問題点について徹底した考察が行なわれていることである。今回の東京地裁の判決では、選挙供託金制度の問題点についてこのようなあるべき議会制民主主義や少数者の基本的人権保障の観点からの考察がまったく行なわれていない。

国民主権の民主主義国家においては、権力の濫用を防ぎ国民・市民の権利や自由を守るために三権分立の体制がとられている。そして三権分立体制下における司法の本来的役割は、国民・市民の基本的人権を守るという観点から立法や行政をチェックすることである。国会の裁量権を広く認めた今回の東京地裁判決は、自ら司法本来の役割を放棄した不当判決であると言わねばならない。

対韓輸出規制は撤回すべきである（二〇一九年八月九日　一二四四号　風速計）

日本政府は、七月四日、フッ化水素など半導体材料三品目について輸出規制を強化したのに続き、八月二日、輸出手続き簡略化の優遇措置を受けられる対象国（「ホワイト国」）から韓国を除外する政令改正を閣議決定した。

世耕弘成経済産業相は閣議後の会見で「あくまでも韓国の輸出管理や運用が不十分なことを踏まえた運用見直しだ」「もともと日韓関係に影響を与える意図はなく、何かへの対抗措置でもない」と述べている。しかしながら、輸出管理や運用における韓国側の問題については、具体的な説明をしていない。一連の経過を見れば、今回の輸出規制措置が元徴用工問題をめぐる韓国への報復措置であることは明らかである。

元徴用工問題に関する韓国大法院判決に関して言えば、安倍政権は元徴用工問題は日韓請求権協定によって解決済みであり判決は国際法に違反していると繰り返しているが、元徴用工などの個人の損害賠償請求権を国家間の協定によって消滅させることができないということは、今や国際人権法上の常識である。また、これまで日本政府や最高裁判所も、日韓請求権協定によっても個人の損害賠償請求権は消滅していないと解釈してきたはずである。

韓国の元徴用工問題と性質を同じくする中国人強制連行・強制労働問題に関しては、一九七二年の日中共同声明による中国政府の戦争賠償請求権放棄後も、二〇〇〇年花岡事件に関する鹿島建設和解、二〇〇九年西松建設和解、二〇一六年三菱マテリアル和解などがなされ、日本企業から和解金が支払われているが、その際、日本政府は日本企業の和解金の支払いに一切口を挟まなかった。しかしながら、元徴用工問題に関しては、日本政府は日本企業が韓国大法院判決に従って賠償金を自発的に支払うのを抑えるような言動を繰り返している。

日本政府が韓国に対し一定の措置をとるにあたっては、かつて日本が韓国を侵略し、植民地にした歴史があることを忘れてはならない。今回のような報復的な輸出規制は、韓国政府と韓国国民をますます「反日」に追いやり、日韓関係を泥沼化させる危険性が大である。

日本政府は韓国に対する報復的な輸出規制を直ちに撤回し、元徴用工問題に関しては韓国政府との間で冷静な対話を行なうことによって事態の解決を図るべきである。

民主主義の危機と主権者教育（二〇一九年九月六日　一二四七号　黒風白雨）

今年七月二一日に実施された参議院選挙は、消費税増税問題、年金二〇〇〇万円不足問題、憲法改正問題など重要な争点があったにもかかわらず、「れいわ新選組」旋風のような注目すべき動きもあったが、全体としては盛り上がりに欠ける選挙であった。

盛り上がらなかった参院選を象徴するのが四八・八〇％という低投票率である。総務省によれば、国政選挙としては過去最低であった一九九五年の参院選（四四・五二％）以来二四年ぶりに五〇％を割り、同年に次ぐ低投票率となったということである。また、一八歳の投票率は三四・六八％、一九歳の投票率は二八・〇五％、一八歳と一九歳を合わせた投票率は三一・三三％ということで、若者の投票率は全体の投票率をさらに下回る結果となっている。

参院選で「勝利」を口にした自民党の棄権者を含めた全有権者に占める得票割合を示す「絶対得票率」は、比例代表の得票率が一六・七％、選挙区の得票率が一八・九七％で、いずれも二割に満たない。政権最大与党といっても、全有権者の五人に一人しか支持を得ていない計算となる。

主権者である国民の二人に一人しか主権を行使しない低投票率は、わが国の民主主義が危機的状況に陥っていることを示している。また、教育の重要な目的の一つが民主主義社会における主権者を育てることにあると考えれば、一〇代の有権者の三人に一人しか投票していない現状は、わが国の教育の失敗を示していると言える。

私が昨年視察してきたスウェーデンでは、二〇一四年の総選挙の投票率は八五・八一％であり、昨年の総選挙の投票率は八七・一八％であった。もちろん、一八歳、一九歳の投票率も八〇％を超えている。スウェーデンでは民主主義社会における主権者教育に力が入れられている。また、四年に一回行なわれる総選挙に際しては、若者が中心となって「学校選挙本部」を立ち上げ、全国の中学生と高校生を対象とした模擬選挙を総選挙とまったく同じ形式で実施している。

現在、早急な地球温暖化対策を求める一人のスウェーデン女性の訴えが世界に広がってきている。スウェーデンの高校生グレタ・トゥンベリさん（一六歳）は、昨年夏から毎週金曜日授業をボイコットして首都ストックホルムの議会前で早急な地球温暖化対策を求めて座り込みを続けている。グレタさんに共鳴する動きは今年に入って欧州各地に広がり、英国やドイツ、ベルギー、スイスなどでは若者たちが週一回授業をボイコットし、デモを行なっている。

ベルギーでは、毎週木曜日教室を飛び出した一万人以上の高校生を中心とした若者がデモを行なっている。今年の二月二一日のブリュッセルのデモにはグレタさんも加わったほか、ドイツやオランダの高校生も駆けつけた。このデモには教師に引率されたベルギーの小学生も参加している。一〇人以上の小学生と参加した教師は、デモ参加は社会科の実習として、授業時間に組み込むと言っている。

民主主義社会における主権者を育てるためには、日本でもこのような主権者教育こそが求められていると考える。

元気をもらったソウルの二日間（二〇一九年九月二七日　一二五〇号　風速計）

ソウル地方弁護士会の要請で、同弁護士会の主催する「日帝強制動員問題の争点と正しい解決策模索のための韓日共同シンポジウム」に参加するために九月五日・六日ソウルを訪れた。

九月五日はシンポジウムの前に、大韓弁護士協会の李讚熙《イチャンヒ》会長を表敬訪問し、徴用工問題・強制動員問題の解決に向けて日韓の弁護士・弁護士会の果たす役割などについて意見交換をした。シンポジウムで、私は「日帝強制動員問題の過去・現在・未来」と題して特別講演を行なった。シンポジウム終了後、韓国の弁護士と懇親会を実施し、親しく交流した。

九月六日は午前中、『ハンギョレ新聞』本社を訪問し、論説委員の皆さんと懇談するとともに、論説委員のひとりであるキム・ヨンヒさんに本社内を案内してもらった。『ハンギョレ新聞』は、約二万七〇〇〇人の市民から五〇億ウォンの募金を集めて一九八八年五月一五日に創刊された韓国で最もリベラルな新聞である。

午後は、タプコル公園と李韓烈《イハニョル》記念館、全泰壹《チョンテイル》記念館を見学した。

タプコル公園は一九一九年の三・一独立運動発祥の地で、別名パゴダ公園とも呼ばれている。園内には三・一独立運動の様子を伝えるレリーフが多数飾られている。

延世大学生であった李韓烈は一九八七年六月九日の抗議デモの最中、戦闘警察が放った催涙弾に直撃されて倒れ、同年七月五日に二〇歳の若さで生涯を終えた。同年七月九日に行なわれた李韓烈烈士民主国民葬にはソウルで約一〇〇万人が、光州で約五〇万人が参加したといわれている。

全泰壹は、一七歳でソウル市東大門市場にある平和市場の縫製工場で働きはじめた際、そこで働いている女性労働者の多くが劣悪な労働環境で働かされていることを知り、独学で勤労基準法（日本の労働基準法に該当）を勉強。労働庁に陳情したりするなどしたが一向に改善されなかったため、「われわれは機械ではない」と叫び、全身にガソリンをかぶって抗議の焼身自殺をした。

三・一独立運動はもちろんのこと、李韓烈や全泰壹のことは韓国の中学校や高校の教科書に出てくるということである。日韓関係は最悪な状況となっているが、ソウルで素晴らしい人々と交流し、また韓国の歴史に触れ、元気をもらった二日間であった。

日弁連が再審法改正求め決議（二〇一九年一〇月一八日　一二五三号　黒風白雨）

日本弁護士連合会（日弁連）は一〇月三、四日徳島市内で開催した第六二回人権擁護大会で、「えん罪被害救済へ向けて～今こそ再審法の改正を～」と題するシンポジウムを行なった。国に対し再審請求手続きにおける全面的な証拠開示の制度と再審開始決定に対する検察官による不服申立ての禁止を含む再審法の改正を速やかに行なうよう求める、「えん罪被害者を一刻も早く救済するために再審法の速やかな改正を求める決議」を、全会一致で採択した。

日弁連はこれまで数多くの再審事件支援に取り組んできている。近年では、足利事件、布川《ふかわ》事件、東京電力女性社員殺害事件、東住吉事件、松橋《まつばせ》事件などで、それぞれ再審無罪判決を勝ち取ってきている。また、湖東《ことう》事件、日野町事件では、再審開始決定がなされ、湖東事件では再審開始が決定している。

しかしながら、わが国では、再審は「開かずの扉」と言われるほど、そのハードルが高く、えん罪被害者の救済が遅々として進まない状況にある。

再審開始決定を得た事件の多くでは、再審請求手続きまたはその準備段階において開示された証拠が再審開始の判断に強い影響を及ぼしており、再審請求手続きにおける証拠開示の重要性が明らかになってきている。

通常審における証拠開示については、二〇〇四年の刑事訴訟法改正において証拠開示制度が明文化され、二〇一六年の刑事訴訟法改正においてこれが拡充されている。しかし、再審請求手続きにおける証拠開示については、いまだに明文の規定が存在しない。そのため、証拠開示の基準や手続きが明確でなく、すべてが裁判官の裁量に委ねられていることから、時に「再審格差」とも呼ばれるように、証拠開示の実現に向けた裁判官の訴訟指揮の在り方にも大きな差が生じている。ちなみに、アメリカ、イギリス、ドイツ、台湾など海外においては、再審請求手続きで捜査機関が作成または入手した証拠を閲覧する手続きが保障されている。

また、長い年月をかけて再審開始決定を得たとしても、それに対する検察官の不服申立てによって、さらに再審が長期化し、時には再審開始決定が取り消され、振り出しに戻るという事態が繰り返されてきている。そのため、えん罪被害者の救済が長期化し、極めて深刻な状況となっている。たとえば、日弁連が支援する事件のうち、名張《なばり》事件や日野町事件の元被告人は既に亡くなり、大崎事件の元被告人は九二歳、袴田《はかまた》事件の元被告人は八三歳と高齢化している。

そもそも再審は、えん罪被害者の救済のための「最終手段」であり、無実を訴える者の人権保障のためにのみ存在する制度である。したがって、えん罪被害者の速やかな救済のためには、再審開始決定に対する不服申立てを禁止する必要がある。英米法圏の各国やフランス、ドイツなどにおいては、再審開始決定に対する検察官の不服申立てが禁止されている。

えん罪は国家による最大の人権侵害の一つである。国は早急に再審法の改正を行なうべきである。

「即位の礼」のあり方を考える（二〇一九年一一月一日　一二五五号　風速計）

皇位継承に伴う「即位礼正殿の儀《そくいれいせいでんのぎ》」（「即位の礼」）が皇居で一〇月二二日に行なわれた。同日予定されていた「祝賀御列の儀《しゅくがおんれつのぎ》」（祝賀パレード）は、台風一九号の甚大な被害なども考慮して一一月一〇日に延期された。

このほか、皇位継承に伴う一連の行事としては、一〇月二二日から一〇月三一日にかけての四回の「饗宴の儀」、一一月一四、一五日の「大嘗祭《だいじょうさい》」などが予定されている。

皇位継承に伴う一連の行事費用は、二〇一九年度予算として一四四億円が計上されている。また、二〇一八～二〇二〇年度にまたがる代替わり関連費用の総額は、一六六億円に上る。

「即位礼正殿の儀」では、京都の御所から運ばれてきた高御座《たかみくら》の上で、天皇が三権の長らの前で即位を宣言し、首相がお祝いの言葉を述べて万歳三唱を行ない、参列者が唱和した。

高御座は、皇祖天照大神《あまてらすおおみかみ》の孫のニニギノミコトが、天照大神から神勅や三種の神器を授けられた時の神座（高御座）を模したものとされている。神話ではニニギノミコトのひ孫が初代の神武天皇だとされている。「天孫降臨神話」を具現化したものが高御座なのである。

今回使われる高御座は、大正天皇の即位の際につくられ、昭和天皇、平成の天皇の即位の礼でも使われたものである。現在行なわれている即位の礼の儀式などは、ほとんどが明治時代に始まったものである。

しかしながら、戦前の天皇主権の天皇制から戦後の国民主権の象徴天皇制へと天皇の地位は大きく変化した。日本国憲法第一条は、天皇の地位は「主権の存する日本国民の総意に基く」と定められている。国民主権下の天皇の即位の礼の儀式がこれでよいのか再検討が必要である。

また、戦前の旧皇室典範第一一条には大嘗祭に関する定めがあったが、日本国憲法下で定められた戦後の皇室典範からは、宗教色が強い大嘗祭に関する定めは削除されている。このような大嘗祭に巨額の宮廷費を使い公的行事として行なうことについては、秋篠宮《あきしののみや》ですら批判している。

即位の礼をはじめとする一連の皇位継承に関する儀式のあり方については、ただ漫然と前例を踏襲するのではなく、国民主権下の象徴天皇制にふさわしい儀式はどうあるべきかという観点から、大胆な見直しが必要であると考える。

被災者の人権が守られる避難所を（二〇一九年一一月二九日　一二五九号　黒風白雨）

今年は九月から一〇月にかけて、台風一五号、一九号、二一号が東日本を襲い、各地に甚大な被害をもたらした。NHKが一一月一四日現在、各地の放送局を通じてまとめた台風一九号による被害は、死者九三人、行方不明三人、避難者二三六七人、住宅被害八万七四〇〇棟余、堤防決壊七一河川一四〇ヵ所、土砂災害二〇都県八二一件に上っている。

ところで、台風や地震災害のある度に見られるのは、プライバシーがまったく配慮されず、体育館や公民館の冷たい床の上で雑魚寝《ざこね》を余儀なくされている避難者の光景である。

わが国では一九九五年の阪神・淡路大震災、二〇〇四年の新潟県中越地震、二〇一一年の東日本大震災、二〇一六年の熊本地震、二〇一八年の西日本豪雨、北海道胆振《いぶり》東部地震そして今年の台風一五号、一九号、二一号被害など、自然災害が繰り返し発生しているのに、避難所における光景はまったく変わっていない。

国際的には、ルワンダ紛争による避難民が一九九四年に難民キャンプで多数死亡したことがきっかけで、非政府組織（ＮＧＯ）グループと国際赤十字・赤新月運動が、一九九八年に「人道憲章と人道対応に関する最低基準」、通称「スフィア基準」を提唱している。スフィア基準は「人道憲章、権利保護の原則、コア基準」の三つの共通の土台と、生命保護のために必要不可欠な四つの要素である「①給水、衛生、衛生促進②食糧の確保と栄養③シェルター、居留地、ノン・フードアイテム（非食糧物資）④保健活動」の各分野における最低基準を定めている。具体的には、一人あたりの居住空間は最低三・五平方メートル、トイレは二〇人に一つ以上を、男性一対女性三の割合で設置することなどである。このスフィア基準は、わが国でも大いに参考にされるべきである。

また、地震大国のイタリアでは、避難所に「ＴＫＢ（トイレ、キッチン、ベッドの頭文字）」が標準装備されているということである。イタリアでは一九八〇年、南部イルピニアで三〇〇〇人近くの犠牲者を出した地震の教訓から市民安全省が設置された。

災害時のために、シャワー付きのトイレや家族ごとに生活できる大型テントとベッド、プロの調理師が温かい食事を提供するキッチンカーなどの資・機材が全国の州ごとに備蓄されている。そして、災害発生から四八時間以内にこれらが装備された避難所を設置することが、法律で定められている。

日本の避難所の劣悪な環境は、震災・災害関連死の多発にもつながっている。復興庁などによると、東日本大震災の死者一万九六二六人のうち三七二三人、熊本地震では二七〇人のうち二二〇人が災害関連死と認定されている。東日本大震災の震災・災害関連死の原因で最も多かったのは「避難所等における生活の肉体・精神的疲労」であった。

災害大国でありながら、わが国の避難所の実態は、国際水準から大きく立ち遅れている。政治の怠慢であると言わなければならない。

今こそ、被災者の人権や尊厳が守られる避難所の設置が検討されるべきである。

「韓日平和フォーラム」に参加（二〇一九年一二月二〇日　一二六二号　風速計）

一二月五日から七日にかけて、韓国の江原道《カンウォンド》の道庁所在地春川《チユンチヨン》市で開催された「東北アジア平和共存のための韓日平和フォーラム～日韓の友好関係を市民の協力で～」に参加してきた。春川市は韓国ドラマ『冬のソナタ』のロケ地として有名な所である。

この韓日平和フォーラムは、江原道庁と春川市庁が共催し、翰林《ハルリム》聖心大学東アジア平和研究所が中心となって開催されたものである。

韓日平和フォーラムは過去三回（二〇一五年、一六年、一七年）開かれてきており、今回は四回目となる。

開会式では、翰林聖心大学東アジア平和研究所の所長尹載善《ユンジエソン》教授が、「韓国と日本は永遠に引っ越しすることができない、近い国です。今後も両国の市民の継続的な協力によって、韓国と日本の平和を成し、ひいては世界の平和を成し遂げることを切に願います」と挨拶した。

日本側は「日韓市民交流を進める『希望連帯』」の白石孝代表が、「この春川で、ＤＭＺ（非武装地帯）を平和の象徴、世界遺産に、そして日本国憲法九条を永遠に守護しようと、両国市民が心を一つにして声を上げる意味は大きい」と挨拶をした。

開会式の最後に、「過去の戦争の歴史から学び、その産物である非武装地帯ＤＭＺと憲法九条を守る活動を進めていく」という「東北アジア平和共存のための韓日平和フォーラム宣言書」への署名が日韓の代表者らによって行なわれた。

開会式の後、金亨錫《キムヒョンソク》延世大学名誉教授による「二一世紀、韓日関係とその課題」と題する基調講演と秋葉忠利元広島市長による「アメリカ大統領・北東アジア・自然災害―『ヒロシマ』と『都市』の視点から」と題する基調講演が行なわれた。

続いて、李洙勲《イスフン》前駐日大使、小森陽一東大名誉教授・九条の会事務局長、糸数慶子前参院議員らが平和共存談話を発表した後、八つの分野で分科会が開かれた。

私は最後の「総合討論」のコーナーで、「貧困・格差・差別のない北東アジアを」と題して話をさせていただいた。

日韓関係が最悪の状態にある中で、日韓の市民約三〇〇名が参加した韓日平和フォーラムは、日韓市民間の交流と親睦が深まる大変有意義な集まりであったと思う。

「引き出し屋」に対する法規制を急げ（二〇二〇年二月一四日　一二六八号　風速計）

二〇一六年九月の内閣府の発表では、一五～三九歳の「ひきこもり」の人数は五四万一〇〇〇人、二〇一九年三月の内閣府の発表では、四〇～六四歳の「ひきこもり」の人数は六一万三〇〇〇人とそれぞれ推計されている。わが国には一〇〇万人を超える「ひきこもり」状態の人が存在することになる。

ひきこもりが長期化・高齢化する中で、八〇代の親が五〇代のひきこもりの子どもの面倒を見て生活困窮に陥る「八〇五〇問題」が深刻な社会問題となってきている。

二〇一九年五月二八日、神奈川県川崎市登戸《のぼりと》で発生した通り魔事件では、カリタス小学校のスクールバスを待っていた小学生の児童や保護者らが相次いで刺され、被害者のうち二人が死亡し、一八人が負傷した。加害者の男性は、犯行直後、自ら首を刺し、死亡した。この加害者の男性は長期間ひきこもり状態にあったと報道された。

二〇一九年六月一日、元農林水産事務次官の父親が、自宅で長男を刺殺する事件が発生した。川崎市登戸の通り魔事件の直後であり、父親は当初「ひきこもり傾向にある息子が同じような犯行をするかもしれないと思い刺した」という趣旨の供述をしていた。この二つの事件は、ひきこもりに悩む当事者や家族に多大な衝撃を与えたであろうことは想像に難くない。

ところで、このような不安や悩みを抱える家族に対して、「一定期間うちの施設に入所させれば確実に自立させることができる」と甘言を述べたり「このままでは子どもが犯罪者になる」と危機感を煽ったりする悪質業者は「引き出し屋」と呼ばれ、このところ大きな社会問題となっている。藁《わら》にもすがりたい家族に三ヵ月で五〇〇万円、六ヵ月で八〇〇万円といった法外ともいえる高額な金を払わせて契約をし、ひきこもりの子どもの同意はとらないまま子どもを暴力的に連れ出して監禁し、指示に従わない者に対しては見せしめ的に精神科病院に強制的に入院させたり、就労の強要を行なっている。

問題なのは、このような悪質な引き出し屋が横行しているのに、引き出し屋に対する具体的な設置・運営基準などの法規制がなく、株式会社、社団法人、NPO法人などあらゆる形態の業者が参入可能となっていることである。悪質な引き出し屋による被害を根絶するためにも、早急な法規制が求められている。

江東区兄弟餓死事件を考える（二〇二〇年三月六日　一二七一号　黒風白雨）

昨年の一二月二四日＝クリスマスイブの日、東京・江東区北砂の集合住宅で男性二人の遺体が発見された。亡くなったのは、この部屋に住む七二歳と六六歳の兄弟で、いずれも痩せ細っていて低栄養と低体温の状態で死亡したとみられている。体重は兄が三〇キロ台、弟は二〇キロ台しかなかったということである。

料金の滞納で電気やガスが止められていて、水道も五ヵ月前から料金を滞納し止められる直前だった。

弟はかつて運送会社に勤務していたが現在は無職で、兄は警備会社に勤めていたが昨年九月頃から体調を崩して働けなくなっていた。兄弟とも年金はなく、無収入の状態となっていた。江東区によると亡くなった二人の兄弟から生活保護の申請や相談はなかったということである。

生活保護の知識がなかったのであろうか、生活保護の知識はあったが生活保護を受けることを潔《いさぎよ》しとしなかったのであろうか、兄弟がなぜ生活保護の申請をしなかったのか理由はわかっていない。

生活保護基準を下回る経済状態の世帯のうち、現実に生活保護を利用している割合を「捕捉率」と呼ぶが、厚生労働省の推計でも研究者の推計でも、わが国の生活保護の捕捉率は、二〜三割にとどまっている。残りの七〜八割は、生活保護基準以下の貧しい生活水準に置かれていることになる。わが国のこのような現状は、生存権を保障した憲法二五条が形骸化してしまっていることを示している。

わが国では、生活保護といえばすぐに不正受給を問題にする風潮があるが、厚労省の調査によっても不正受給の割合は、金額にすると全体の〇・四五％に過ぎない。それよりも、生活保護を利用する権利のある人が七〜八割も利用していないことの方が大問題である。国や自治体は憲法二五条を実質化させるためにも、生活保護の捕捉率を上げる取り組みを全力を挙げて行なうべきである。

二〇一二年に生活困窮者の孤立死、餓死事件が多発したことから、全国の自治体では、水道局や電力会社、ガス会社などと協定を結び、生活困窮者を見つけ出し福祉につなげようという取り組みが行なわれてきているが、江東区では今回の兄弟を見つけることができなかったわけである。全国の自治体におけるこれまでの取り組みが十分であったかどうか、検証が求められていると言える。

二〇一四年二月ソウル市の松坡区《ソンパ》で六〇歳の母と三〇歳台の娘二人が生活苦のために自殺するという事件が発生した。この事件の後、ソウル市は「福祉安全政策が行き届かない死角地域を完全に解消する」という目標を掲げ、そのための具体的施策として二〇一五年七月に「訪ねていく洞《トン》住民センター」という出前福祉制度（チャットン）を創設している。それまで一つの洞（行政区域）あたり二名しかいなかった福祉担当者を六〜七名に増やし、看護師一名を加えた体制をつくり、生活困窮者の自宅を訪問するようになった。この結果、それまで二割だった生活保護の捕捉率が六割まで上昇したということである。

わが国の自治体は、ソウル市の取り組みを大いに学ぶ必要がある。

「年越し派遣村」を再現させるな（二〇二〇年四月一七日　一二七七号　黒風白雨）

安倍晋三首相は四月七日、新型コロナウイルスの感染が広がっている東京、大阪などの七都府県を対象に、改正新型インフルエンザ等対策特別措置法に基づき緊急事態宣言を発令するとともに、過去最大となる事業規模一〇八兆円の緊急経済対策を実施することを発表した。

政府や東京都などは、これまで大規模イベントの開催自粛要請や全国一律の休校要請、土日の外出自粛要請などを行なってきていたが、それに対する経済的補償は十分には行なってこなかった。

その結果、新型コロナウイルスの感染拡大で資金繰りに苦しむ中小企業が、金融機関から融資を受けるために国の信用保証制度の認定を受けようと自治体の窓口に殺到している。

また、新型コロナウイルスの感染拡大防止のため政府が集客イベントの自粛を求めた影響で、音楽や演劇の公演中止に追い込まれた関係者から悲鳴が上がっている。

さらに、新型コロナウイルスの感染拡大は雇用情勢にも深刻な影響を及ぼしている。とりわけ、非正規労働者は、もともと不安定な働き方であり、正規労働者以上に雇用を失うことが多くなっている。宿泊施設や旅行業者、飲食店、製造業などで、アルバイトの解雇や派遣労働者の解雇（派遣切り）が激増している。仕事をキャンセルされたり契約解除され収入が途絶えたイベント司会者、演奏家、ピアノ講師、通訳者などのフリーランスも急増している。

派遣切りなどで職を失うと同時に住まいも失う非正規労働者や、収入の減少でアパートやマンションの家賃を支払うのが困難となり住まいを失う恐れがある人が増えてきている。

ドイツでは、三月二七日に「社会的保護パッケージ法」が国会で採択され、三月二九日から施行されている。この法律により、生活保護が早期に利用しやすくなっている。連邦政府は、三月一日から六月三〇日までに受給申請した人に対し、六ヵ月間資産要件の運用を停止し、申請者が大きな資産はないと宣言した場合、実質的な資産はないと見なされ、生活保護が受けられる。これによって、経済的危機に直面した市民が、最低生活以下に陥ることを防ぎ、預貯金を取り崩さなくてよくなる。また、六ヵ月間、住宅扶助の上限制限をなくし、現在住んでいる住居の実際の家賃額の給付を受けられる。これにより、現在住んでいる住宅を失わずにすむことになる。ドイツの政策には生活に困った人の居住、生存権を守るという原則が貫かれている。

政府の緊急事態宣言による休業要請や外出自粛要請で一番しわよせを受けるのは非正規労働者やシングルマザー、障害者などの社会的経済的弱者である。政府が行なう緊急経済対策は、単に規模が大きければよいのではなく、ドイツのように社会的経済的弱者が置かれている具体的状況を踏まえたきめ細かい対策でなければならない。経済対策の質こそ問われているのである。

リーマン・ショックの影響で派遣切りが多発し野宿を余儀なくされた派遣労働者が急増したことをきっかけに開設された、あの「年越し派遣村」を再現させてはならない。

国は国民の〝呻き声〟を聴け！（二〇二〇年五月一五日　一二八〇号　風速計）

四月一八日、一九日に午前一〇時から午後一〇時まで実施した「コロナ災害を乗り越えるいのちとくらしを守るなんでも相談会」の相談結果を踏まえて、筆者は相談会実行委員会のメンバーらとともに四月二三日、政府に対し、「緊急要望書～国は、自営業者・フリーフンス・働く人々の〝呻き声〟を聴け！～」を提出し、厚生労働省の記者クラブで記者会見を行なった。

相談会は全国三一会場で実施されたが、どの会場でも相談開始から終了まで電話が鳴り続け、約四二万件のアクセスに対し対応できた相談件数は五〇〇九件であった。今回の相談では、自営業・個人事業主・フリーランス・正社員・パート・アルバイト・派遣・契約社員など幅広い職種から〝呻き声〟ともいえる悲痛な声が寄せられた。相談内容で共通したのは、「外出自粛・休業要請で収入が途絶えた」「今月または来月の家賃（自宅・店舗）やローン（住宅・事業）が支払えない」「生活費も底をついた」といった切迫した相談であった。

これらの相談結果を踏まえて国に対し、外出自粛と休業を要請するのであれば、安心して休める補償（現金給付）がセットで行なわれなければ、多くの人が失業・廃業に追い込まれ、取り返しのつかない被害を日本社会にもたらすことになることを指摘した上で、一刻も早く、直接当事者に、自宅や店舗の維持確保と生活を支えるための現金給付を、単発でなく継続的に行なうことを要望した。

さらに、相談窓口の体制強化、オンライン申請の導入、手続きの簡略化、債務や税金などの支払いの一時猶予、住まいの確保、生活保護の適用要件の緩和、連休中の行政の支援体制の強化を求めるとともに、特に、一律一〇万円支給に関しては、現金書留などを含めて直ちに一律支給するよう要求するとともに、受給権者は世帯主ではなく個々人とすること、住民票所在地にすんでいない家庭内暴力（DV）被害者、長期入院患者、ホームレス生活者、受刑者らにも支給できる体制を構築することを求めた。

国民が置かれている切迫した状況と比べて、この間の国の対応を見ると危機感が欠如しており、国民の感覚と大きくずれているといわざるを得ない。国は国民が置かれている状況にもっと想像力を働かせ、すべての人が将来に希望が持てるような政策を早急に打ち出すべきである。

検察庁法改正案は廃案にするべきだ（二〇二〇年六月五日　一二八三号　黒風白雨）

新型コロナウイルス特別措置法に基づく緊急事態宣言下で新聞記者と賭けマージャンをしていたことを『週刊文春』で報じられた黒川弘務《くろかわひろむ》東京高検検事長は、五月二一日に辞表を提出し、閣議がこれを承認したため、辞職した。

安倍晋三政権は、本年一月末、国家公務員法の定年延長規定を適用して黒川検事長の定年延長を閣議決定した。しかしながら、国家公務員法の定年制度は、人事院もこれまで検察官には適用されないとしてきていた。実際に、黒川検事長以前には検察官で定年延長されたケースは一例もなかった。

野党の国会議員から「国家公務員法の定年延長制は検察官に適用されない」とした一九八一年の政府答弁と矛盾すると国会で指摘されると、政府は法解釈を変更したと答弁するとともに、検察官の定年延長を可能にする「特例規定」を盛り込んだ検察庁法改正案を三月一三日に閣議決定し、国会に提出した。しかしこの検察庁法改正案は、「後付け」で黒川検事長の定年延長を合法化するものだという批判が広がった。

検察官は、起訴権を独占する強い権限を持ち、時には首相をも捜査対象とする。このような検察官には、独立性・政治的中立性、厳正公正・不偏不党が求められている。

検察庁法改正案では、定年延長を可能とする「特例規定」により、検察幹部の人事に政府の恣意的な介入・干渉ができるようになっている。そうなれば、行政権力の巨悪にメスを入れる検察の役割が果たせなくなる危険とともに不当な国策捜査が行なわれる恐れも生まれる。

もともと政権からの独立性が求められる検察は、トップの検事総長の人事を法務・検察内部で固め、内閣が追認することを慣例としてきた。今回の検事総長人事に関しても、当初法務・検察当局が次期検事総長候補の本命に据えていたのは林真琴《はやしまこと》名古屋高検検事長だったが、法務・検察部が昨年末、政権幹部にこの腹案を伝えたところ首を横に振られ、方針転換を強いられたといわれている。この結果、長年の慣例が崩れ政権による人事介入の余地が生まれたことで、脱法的な定年延長を許してしまったのである。

安倍政権は、これまでに今回の検察幹部人事と同様最高裁裁判官人事にも介入してきている。

三権分立は民主主義国家の原則である。三権分立は国民・市民の自由と人権を守る制度であり、三権が一権に集中すると独裁国家となり国民・市民の自由と人権が危うくなる。フランス人権宣言（一七八九年）第一六条は「権利の保障が確保されず、権力の分立が定められていない社会は憲法をもたない」と、定めている。

三権分立を危うくさせる検察庁法改正案に対しては、多くの国民・市民、日弁連や全国の弁護士会・弁護士有志、検察ＯＢなどの反対の声が広がり、政府は今国会での改正案の成立を断念し、改正案は次の国会に先送りされた。

しかしながら、三権分立を危うくし、司法権の一翼を担う検察幹部人事に政権の介入を招く余地を残す検察庁法改正案は、先送りでなく廃案にすべきである。

東京都知事選を戦い終えて（二〇二〇年七月一七日　一二八九号　風速計）

東京都知事選に三度目の出馬をした。都庁記者クラブでの都知事選出馬の記者会見で、私は「今回の都知事選は都民一人ひとりの生存権がかかった選挙である」ことを強調した。

新型コロナウイルス感染症の拡大に伴う政府や東京都の自粛・休業要請により、多くの都民が仕事を失い、住まいを失い、営業継続が困難となり、都民の生活と命が脅かされているからだ。とりわけコロナ災害は、非正規労働者やシングルマザー、障害者など社会的・経済的に弱い立場にある人々に対し大きなしわ寄せを及ぼしている。

私は、都知事選で重視する政策として、①ＰＣＲ検査体制の抜本的強化、病院や保健所、医療従事者に対する財政支援の強化、病床・医療器具の充実など、新型コロナウイルス感染症から都民の命と健康を守る医療体制の充実と自粛・休業要請に対する補償を徹底、②事実上の民営化につながる都立・公社病院の独立行政法人化の中止と充実強化、③感染症対策の専門家が来年の東京オリンピック・パラリンピックの開催が困難であると判断した場合はＩＯＣ（国際オリンピック委員会）に中止を働きかけ、中止によって浮いた予算はコロナ禍で被害にあった都民の支援に回す、④人の不幸の上に成り立つカジノ誘致計画はきっぱりと中止する、などを掲げて戦った。

都庁記者クラブでの出馬会見は私一人で行なったが、その後多くの政党や国会議員、市民団体、労働団体などからご支援していただくことになった。支援していただいた立憲民主党、日本共産党、社民党、新社会党、緑の党、国会議員の方々、市民団体、労働団体の皆さんに対し、心より感謝申し上げたい。また、選挙戦を支えていただいた市民選対の皆さんとボランティアの皆さんに対しても、心より感謝申し上げたい。

今回の都知事選はコロナ禍の選挙であり、感染防止のため三密を避けながらの選対事務所の運営や街頭宣伝、ネットやSNSを利用した選挙運動など異常な選挙であった。また、テレビ局での公開討論会が一度も行なわれなかったことも異常であった。

都知事選の結果は、残念ながら今回も次点であった。しかしながら、私は選挙は一つの社会運動だと思っている。今後も都政を監視し改革する運動は続けていくし、私が都知事選で掲げた政策課題を実現する市民運動を続けていく決意である。

都知事は歴史的事実と向き合え（二〇二〇年九月一一日　一二九五号　黒風白雨）

都内墨田区の都立横網町《よこあみちょう》公園にある朝鮮人犠牲者追悼碑は、関東大震災における朝鮮人犠牲者を悼むために都議会全会派が賛同して、一九七三年に建立されたものである。

この追悼碑の前で、一九七四年から毎年九月一日に市民団体「九・一関東大震災朝鮮人犠牲者追悼式典実行委員会」による追悼式典が行なわれてきている。歴代都知事はこの追悼式典に対し追悼文を送付してきたが、小池百合子都知事は二〇一七年から追悼文の送付を拒否しており、今年も追悼文を送らなかった。

このような小池都知事の姿勢が影響してか、二〇一七年から同公園内で保守系団体「そよ風」による「真実の慰霊祭」と称する集会が行なわれるようになってきている。同団体による集会では、朝鮮人虐殺を否定するばかりか、逆に朝鮮人が略奪や暴行を頻発させて日本人を虐殺したなどと主張している。

東京都総務局人権部は今年の八月三日、都の人権尊重条例に基づき、同団体が主催して二〇一九年九月一日に行なった集会における「犯人は不逞《ふてい》朝鮮人、朝鮮人コリアンだったのです」「不逞在日朝鮮人たちによって身内を殺され、家を焼かれ、財物を奪われ、女子どもを強かんされた多くの日本人たち」などの発言を、ヘイトスピーチと認定し公表している。

今年の同公園使用許可を巡り、東京都は昨年一二月「そよ風」と同列の扱いで実行委員会に対し「公園管理上支障となる行為は行わない」とする誓約書の提出を求めていたが、実行委員会は「本来自由・自主である集会運営を萎縮させる」として誓約書提出要求の撤回を求めていた。「誓約書撤回」を求める約三万人のネット署名や東京弁護士会の会長声明、知識人や弁護士グループによる声明など多くの抗議の声が上がった結果、東京都は今年の七月、誓約書の提出要求を取り下げた。

小池都知事は、「都慰霊協会が主催する関東大震災の大法要で都知事として全ての犠牲者に哀悼の意を示している。個別の形での追悼文の送付は控える」と説明してきている。しかしながら、小池都知事のこの考え方は、自然災害による犠牲者と虐殺による犠牲者を同一視するものであり、結果的に関東大震災における朝鮮人虐殺の歴史的事実を隠蔽することにつながるものである。

一九二三年九月一日に発生した関東大震災による混乱の中で、「朝鮮人が井戸に毒を入れ、放火して回っている」「朝鮮人が暴動を起こしている」などといった流言・デマが広がり、軍隊や警察、自警団などにより多くの朝鮮人が虐殺された。内閣府の下におかれた「中央防災会議」による二〇〇八年の報告書は、虐殺された朝鮮大犠牲者数は震災犠牲者約一〇万五〇〇〇人の一ないし数％（千人から数千人）と推測し、「広範な朝鮮人迫害の背景としては、当時民族的な差別意識もあったと考えられる」と指摘している。

小池都知事は、東京都のリーダーとして、二度と同じ過ちを繰り返さないためにも、関東大震災における朝鮮人虐殺の事実を直視し、朝鮮人犠牲者追悼式典に対する追悼文の送付を復活させるべきである。

明確なビジョンがなく方針が曖昧な菅内閣（二〇二〇年一〇月二日　一二九八号　風速計）

九月一六日菅義偉《すがよしひで》内閣が発足した。

菅首相は、目指す社会像を「自助・共助・公助、そして絆」であるとして、「まずは、自分でやってみる。そして、家族・地域でお互いに助け合う。その上で、政府がセーフティネットで守る」と説明している。しかしながら、自助を前面に出すこの考え方では、自己責任が強調され、公助が縮小されかねない。

七年八ヵ月続いた安倍晋三政権の中で、不安定な雇用で賃金が安い非正規労働者が増加し、たび重なる生活保護基準の引き下げをはじめとして医療・年金・介護などの社会保障費の削減が進められた結果、貧困と格差が拡大した。そしてコロナ禍の中では、非正規労働者、シングルマザー、外国人労働者のような社会的経済的弱者といわれる人々が、仕事や住まいを失うなどして命や生活を脅かされている。コロナ禍が広がる今こそ公助の役割が重要になってきているのに、菅首相にはこのような認識がまったく欠如していると言わざるを得ない。

菅首相は重視する政策として、「役所の縦割り、既得権益、あしき前例主義を打倒し、規制改革をしっかり進めていきたい」と強調しているが、規制改革の内容や、規制改革によって何を実現しようとしているのかは曖昧《あいまい》である。労働法制の規制改革は非正規労働者の増加を招き、わが国における貧困と格差拡大の大きな要因となってきた。

したがって、何でもかんでも規制改革をすればいいということではないのである。

これまでの日本社会は、人々の命や暮らし、人権よりも経済効率性ばかりが優先される社会であった。このような社会は、また自己責任が強調される社会でもあった。そして、コロナ禍の中でこのような社会の脆弱性《ぜいじゃくせい》が露わになってきている。これからの社会は、目先の経済効率性よりも人々の命や暮らし、人権が優先される社会、自己責任よりも社会的連帯が重視される社会が求められている。

さらに、地球温暖化問題は待ったなしの世界的地球的課題となってきている。リーマン・ショック後の景気対策のようにCO2（二酸化炭素）排出量のリバウンドを繰り返すのではなく、コロナ禍後の景気対策は温暖化対策と組み合わせる「グリーン・リカバリー（緑の回復）」が世界的な新潮流となってきている。喫緊の地球温暖化対策についても菅内閣の方針は曖昧である。

日本学術会議の独立性を守れ（二〇二〇年一〇月二三日　一三〇一号　黒風白雨）

菅義偉首相は、日本学術会議が推薦した会員候補一〇五人のうち六人の任命を拒否した。日本学術会議が推薦した候補者の任命が拒否されたのは、現行の任命制度になってから初めてのことである。

日本学術会議法第三条は、「日本学術会議は、独立して左の職務を行う」と定め、同会議の独立性を明記している。また、同法第七条二項は、日本学術会議の会員は同会議の「推薦に基づいて内閣総理大臣が任命する」と定めている。

菅首相は一〇月五日の内閣記者会のインタビューで日本学術会議会員の任命拒否問題に関し、「総合的、俯瞰的な活動を確保する観点から今回の任命を判断した」と説明したが、六人の任命拒否の具体的理由を明らかにしていない。また、首相は一〇月九日の同インタビューでは日本学術会議が推薦した一〇五人の名簿は見ておらず、記載のあった九九人分の名簿しか見ていないと答えている。このことが事実であれば、日本学術会議の推薦に基づいて会員を総理大臣が任命すると定めている日本学術会議法に違反することになる。また、何者かが九九人に削除したのであれば総理大臣の任命権や日本学術会議の選考権に対する重大な侵害となる。

日本学術会議会員の任命に関しては、一九八三年五月一二日の参議院文教委員会で当時の中曽根康弘首相が「政府が行うのは形式的な任命にすぎない。学問の自由独立はあくまで保障される」と答弁している。また、同年一一月二四日の同委員会で当時の丹羽兵助《にわひょうすけ》総理府総務長官も「学会の方から推薦をしていただいた者は拒否しない、そのとおりの形だけの任命をしていく」と答弁をしている。今回の菅首相による六人の任命拒否は、会員の任命に関するこれまでの政府答弁を変更するものである。

安倍晋三政権は二〇一四年四月一日、それまでの「武器輸出三原則」を緩和する「防衛装備移転三原則」を閣議決定し武器輸出を事実上解禁するとともに、二〇一五年九月一九日集団的自衛権行使を容認する安保法制を強行的に成立させた。また、防衛装備庁は二〇一五年度から、兵器開発につながるテーマで大学などに研究を委託し資金を提供する。「安全保障技術研究推進制度」を開始し、軍事研究に大学を協力させようとしている。

日本学術会議は、科学が戦争に利用された戦前の反省を踏まえて一九四九年に設立された。設立の経緯もあり、同会議は科学が軍事研究をすることには一貫して否定的な立場をとってきている。一九五〇年に「戦争を目的とする科学の研究には絶対従わない決意の表明」、一九六七年に「軍事目的のための科学研究を行わない声明」を発表するとともに、二〇一七年には、一九五〇年声明と一九六七年声明を継承するとする「軍事的安全保障研究に関する声明」を発表している。

今回の菅首相による六人の任命拒否は、人事介入を通して政府方針に日本学術会議を従わせようとするものであり、日本学術会議法に違反するとともに、憲法二三条の学問の自由を踏みにじる違憲行為である。

菅首相は六人の任命拒否を直ちに撤回するとともに、学問の自由を守るためにも日本学術会議の独立性を尊重すべきである。

米国の黒人解放運動の歴史に学ぶ（二〇二〇年一二月一一日　一三〇八号　黒風白雨）

米大統領選では民主党のジョー・バイテン候補が当選を確実なものとした。バイデン氏は一一月七日の勝利演説で「分断ではなく結束を目指す大統領になる」と宣言し、民主、共和双方の支持者に融和を呼び掛けた。副大統領には、女性、黒人、アジア系として初となるカマラ・ハリス上院議員が就任することになる。ハリス氏は「民主主義は状態ではなく、行動である」「私は女性として最初の副大統領になるだろうが、最後にはならない」と演説して多くの人々に感動を与えた。

今回の米大統領選に大きな影響を与えたと思われるのは、新型コロナウイルス対策とともに五月二五日ミシガン州ミネアポリスの警察官の暴行により黒人男性ジョージ・フロイドさんが殺害されたことを契機に全米に広がった人種差別に抗議するブラック・ライブズ・マター運動である。

アフリカ大陸から初めて黒人奴隷が北米大陸に連れてこられたのは一六一九年といわれている。一七七六年七月四日、米国の植民地がイギリス本国から独立し、「アメリカ独立宣言」が採択された。独立宣言の中には「すべての人間の平等」「生命・自由・幸福追求の権利の不可侵」など基本的人権、国民主権などが盛り込まれているが、黒人は相変わらず奴隷のままであった。

一八六二年九月にエイブラハム・リンカーン大統領により「奴隷解放宣言」がなされ、一八六五年にはアメリカ合衆国憲法修正第一三条により奴隷制が廃止された。また、一八七〇年にはアメリカ合衆国憲法修正第一五条により黒人にも選挙権が認められることになった。しかしながら、奴隷制は廃止されたが、白人用のトイレや水飲み場を黒人が使用することは許されないなど公共施設における黒人と白人の分離が行なわれ、黒人差別は相変わらず継続した。また、選挙権が認められても、財産や文字の読解力というような選挙権資格を設けることを禁止していなかったため、事実上黒人の選挙権の制限が行なわれた。

マーティン・ルーサー・キング牧師などを中心に進められてきた公民権運動により、一九六四年に公共施設、ホテル、レストラン、映画館、職場などにおける人種差別を禁止する「公民権法」が成立した。また、一九六五年の「投票権法」で投票時の人種差別が禁止された。二〇〇九年一月にはバラク・オバマ氏が黒人初の大統領となり、来年一月には黒人女性のカマラ・ハリス氏が女性として初の副大統領となる。

アフリカ大陸から黒人奴隷が初めて北米大陸に連れてこられて四〇〇年が経過する。米国社会には、まだまだブラック・ライブズ・マター運動に象徴されるような根深い人種差別が存在している。しかしながら、四〇〇年を通して見てくると、多くの犠牲を伴いながらも一歩ずつではあるが黒人差別、人種差別の壁が取り払われてきたことがわかる。

現在は自由、平等、人権、民主主義などの理念の崩壊の時代と言われているが、米国における黒人解放運動の歴史を見ると、「すべての人間は平等なのだ」という理念を掲げ、闘い続けることの大切さを改めて知らされる。

経済より感染防止優先に舵を切れ（二〇二〇年一二月二五日　一三二〇号　風速計）

報道各社の世論調査で菅義偉内閣の支持率が軒並急落してきている。日本学術会議問題、安倍晋三前首相の「桜を見る会」疑惑の影響も考えられるが、最も影響を与えているのが菅内閣の新型コロナウイルス感染対策に対する評価であろうと思われる。

『毎日新聞』と社会調査研究センターが一二月一二日に実施した世論調査では、菅内閣の支持率は四〇％（前回一一月七日調査の五七％から一七ポイント下落）、不支持率は四九％（前回三六％）で、菅内閣発足後初めて不支持率が支持率を上回った。

菅内閣の新型コロナウイルス対策を「評価する」は一四％（前回の三四％から二〇ポイント下落）、「評価しない」は六二％（前回二七％）に上昇し、新型コロナ対策の評価は大幅に下落している。新型コロナウイルスに対する日本の医療・検査体制に対しては、「不安を感じる」との回答が六九％、「不安を感じない」は一七％、「どちらとも言えない」は一四％で、多くの国民が日本の医療・検査体制に不安を感じている。

現在日本では新型コロナウイルスの「第三波」が襲来しており、新規感染者数や重症患者数が連日過去最多を更新し、各地で病床が不足するなど医療体制が逼迫《ひっぱく》してきている。北海道旭川市では一二月八日から自衛隊の看護官が市内病院へ派遣され、大阪府では一二月一五日から「大阪コロナ重症センター」など二か所に自衛隊の看護官が派遣されている。これまで経済効率性を優先させるがあまり、全国各地の病院の統廃合を進め保健所を半減させるなど医療・衛生体制を脆弱化させてきた付けが回ってきているのである。

菅首相は世論に押される形で、一二月一四日、国の観光支援策「ＧｏＴｏトラベル」を一二月二八日から来年一月一一日まで全国一斉に停止すると発表したが、遅きに失した決断だ。菅内閣は、感染防止対策よりも「ＧｏＴｏトラベル」に象徴される経済活動を優先させる政策をとってきているが、感染が拡大すれば経済活動そのものができなくなってしまう。したがって現在は、感染拡大防止対策に全力を上げるとともに、全国の病院や医療従事者に対する直接的な経済支援、ＰＣＲ検査体制の拡充、時短要請をした事業者に対する補償の徹底、非正規労働者を中心とした雇用対策、シングルマザー・外国人をはじめとする生活困窮者支援などに全力を上げるべき時である。

首相の姿勢が問われる緊急事態宣言（二〇二一年一月二二日　一三一三号　黒風白雨）

新型コロナウイルスの新規感染者の急増が続く中で、菅義偉首相は一月七日、東京、埼玉、千葉、神奈川の一都三県を対象にして新型コロナウイルス感染拡大防止のための緊急事態宣言を発出した。緊急事態宣言の発出は、昨年四月七日の緊急事態宣言に続いて二度目の発出ということになる。

今回の緊急事態宣言の内容は、期間を一月八日から二月七日までの一ヵ月間とし、飲食店の営業時間を午後八時までとする時短要請、テレワークの推進、午後八時以降の不要不急の外出自粛、大規模イベントの人数制限などを要請の柱としている。しかしながら、現在の新型コロナウイルスの感染状況は昨年の緊急事態宣言発出の時よりはるかに深刻な状況であり、今回の緊急事態宣言の内容で感染拡大が抑制できるか極めて疑問である。

菅首相は新型コロナウイルスの感染が拡大する中で世論に押される形で、昨年一二月一四日、国の観光支援策「ＧｏＴｏトラベル」を一二月二八日から一月一一日まで全国一斉に中止すると発表したが、遅きに失した決断であった。今回の緊急事態宣言の発出についても、経済を優先するあまりに感染拡大防止対策を怠ってきた菅首相の遅きに失した決断であると言わねばならない。宣言発出後になされた菅首相の記者会見も、何としても感染拡大を食い止め国民の命と健康を守るんだという強い気持ちが伝わってこない会見だった。

大阪、愛知などでも感染者は拡大し続けている中で、宣言の対象を一都三県に限定したこと（後日七府県を追加）、宣言の期間を一ヵ月間としたことについても疑問である。

時短要請に応じる飲食店に対する一日最大六万円の協力金も少なすぎる。ヨーロッパのように事業規模に即して事業が継続できるような補償を行なうべきだし、飲食店に対する納入業者や生産者など直接・間接に影響を被る人達に対する補償も行なうべきである。

緊急事態宣言に伴う医療機関に対する支援としては、重症者病床一床あたり一九五〇万円、その他の病床一床あたり九〇〇万円の補助がなされることになったが、現在の医療機関の逼迫状況を考えれば、減収補填をしっかりと行なうなど医療機関や医療従事者に対する支援を抜本的に強化すべきである。

日本で新型コロナウイルスの感染者が発見されて一年もたつのに、日本のＰＣＲ検査体制は依然として諸外国と比較して脆弱なままに推移している。改めてＰＣＲ検査体制の抜本的強化を行なうとともに、医療機関や高齢者施設に対する定期的な検査、いわゆる「社会的検査」を全額国費で行なう体制を整備すべきである。また、コロナの影響で仕事や住まいを失った生活困窮者に対する支援も急務となっている。

医療機関に対する財政支援、ＰＣＲ検査体制の抜本的拡充、時短要請に対する十分な補償、生活困窮に陥った人々に対する手厚い支援を行なう予算としては、「ＧｏＴｏトラベル」に使われる予定の莫大な予算を注ぎ込むべきである。感染拡大の収束なくして経済の回復を考えられないのだから。

生活保護制度における扶養照会は廃止を（二〇二一年二月一二日　一三一六号　風速計）

新型コロナウイルス感染症の拡大により多くの人々が仕事を失い、住まいを失うなどして生活が困窮し生存が脅かされている。人々の生存が脅かされる中で、生存権を保障した憲法二五条を具体化した生活保護制度は生活に困窮する人々の「最後のセーフティネット」として、ますます重要な制度となってきている。

厚生労働省も昨年一二月二二日からホームページで「生活保護は国民の権利です。生活保護を必要とする可能性はどなたにもあるものですので、ためらわずご相談ください」との異例のメッセージを載せている。

しかしながら、わが国では生活保護を利用する権利のある人のうち現に生活保護を利用している人の割合（捕捉率）は、二割程度にとどまっている。背景には、わが国で広がっている生活保護バッシング報道の影響で生活保護を利用するのは「恥だ」と考える人が相変わらず多いことや生活保護制度に対する無理解がある。

そして、もう一つ、生活保護を利用するのをためらわせる大きな要因となっているのが、扶養義務者に対する扶養照会である。

生活困窮者を支援する一般社団法人「つくろい東京ファンド」が年末年始に実施した調査では、生活が苦しくても生活保護を利用しない人の三人に一人がその理由を「家族に知られるのが嫌だから」

と回答している。自由回答では「今の姿を娘に知られたくない」「扶養照会があるから利用できない」などとする声が寄せられている。

日本では扶養義務者は民法で配偶者間、親子間、兄弟姉妹間、その他の三親等内の親族と定められているが、フランスやイギリス、スウェーデンなどでは扶養義務者は配偶者間と未成年に対する親に限られている。ドイツでは配偶者間、親子間、その他家計を同一にする同居者となっているが、扶養を求めるか否かは第一義的には生活保護申請者に委ねられているため、日本のように申請者の意に反して扶養照会を行なうことはできないことになっている。

一月二八日の参院予算委員会における田村憲久《のりひさ》厚生労働大臣の答弁によれば、二〇一六年七月に生活保護を開始した約一万七〇〇〇世帯中、扶養照会件数は累計約三万八〇〇〇件、うち金銭的援助が可能との回答は約六〇〇件にすぎない。生活困窮者を生活保護の利用から遠ざける無用で有害な扶養照会は直ちに廃止するべきである。

司法の役割果たした大阪地裁判決（二〇二一年三月五日　一三一九号　黒風白雨）

三権分立下における司法の本来の役割は、国民・市民の基本的人権を守るという観点から、立法・行政をチェックすることにある。ところが日本の司法は、往々にして司法本来の役割を果たさず立法・行政に追随して立法や行政の裁量権を幅広く認める判決を下すことが多い。

国が二〇一三〜一五年に実施した生活保護基準額の引き下げは生存権を保障した憲法二五条に反するなどとして、大阪府の生活保護利用者ら四二人が生活保護費減額処分の取り消しなどを求めた訴訟で、今年二月二二日、大阪地方裁判所（森鍵一《もりかぎはじめ》裁判長）は、厚生労働大臣の判断過程に過誤・欠落があったとして裁量権の逸脱による違法を認定し、生活保護費減額処分を取り消す判決を言い渡した。

国が二〇一三年から三回にわたり、生活保護費のうち食費や光熱費などの日常生活にあてる「生活扶助」の基準額を平均六・五％、最大一〇％という戦後最大の大幅引き下げを強行したことから、全国二九都道府県で生存権を保障した憲法二五条に違反するとして一〇〇〇人近くの生活保護利用者が原告となり集団訴訟を提起している。昨年六月に出された名古屋地方裁判所の同種訴訟の判決では、厚労大臣の裁量権を広く認め、原告らの請求を棄却する不当判決が出されていた。

二〇一三年からの生活扶助基準額大幅引き下げの背景には、二〇一二年にお笑い芸人の母親の生活保護利用が報じられたことをきっかけに「生活保護バッシング」が吹き荒れ、生活保護利用者に対する厳しい見方が広がったことがある。そして、二〇一二年一二月の衆議院選挙で自助・自立を強調して「生活保護給付水準の原則一割カット」を公約に掲げた自民党が政権に復帰したことで実施された。

今回の大阪地裁の判決は、前述の通り厚労大臣の判断には裁量権の範囲の逸脱または乱用があり、違法であると判断している。そのなかで、生活扶助基準額の引き下げに二〇〇八〜一一年の物価下落率を反映させた「デフレ調整」に関し二つの問題点を指摘した。

一つは、国が物価下落の起点を二〇〇八年とした点である。二〇〇八年は世界的な原油価格や穀物価格の高騰を受け、一一年ぶりに消費者物価指数が一％超上昇した特異な年であるとして、この年を起点として物価の下落率に反映させたことは、客観的数値などとの合理的関連性や専門的知見との整合性を欠くと指摘している。

もう一つは、デフレ調整は厚労省が独自に算定した物価指数で物価の変化率を算定しており、総務省統計局の消費者物価指数がマイナス二・三五％であるところ、変化率をマイナス四・七八％として生活扶助基準額を改定している点である。

厚労省の物価指数では、生活保護利用世帯の支出が一般世帯より低いテレビやパソコンなど家電の物価下落率が大きく反映される指数となっている。このような物価指数を基に改定率を設定したことは、一点目と同様に、統計などの客観的な数値などとの合理的関連性や専門的知見との整合性を欠くと指摘している。

今回の大阪地裁判決は、同種訴訟を闘っている全国の原告団、原告弁護団に大きな励ましと勇気を与えるものである。

「あの日から一〇年」「復興」にほど遠い現状（二〇二一年三月二六日　一三三二号　風速計）

東日本大震災・福島第一原発事故が発生してから今年の三月一一日で一〇年である。地震が発生した二〇一一年三月一一日午後二時四六分、私は東京・霞ヶ関の弁護士会館一六階の日本弁護士連合会（日弁連）の会長室にいた。生まれて初めて経験する大きな地震で弁護士会館の建物は大きく揺れ会長室の壁に飾ってあった絵も落ちてしまった。震源地はてっきり東京近辺と思ったが、その後の報道で東北地方太平洋沖が震源地と聞き、東北地方に甚大な被害が発生している可能性が高いと考え、その日のうちに日弁連内に災害対策本部を立ち上げた。

震災発生からしばらくして、私は宮城県仙台市若林区、岩手県釜石市、陸前高田市、福島県福島市の被災地や避難所などを視察した。仙台市若林区や釜石市、陸前高田市の被害の現場では、津波の破壊力の凄まじさに驚愕したことを思い出す。家屋や自動車、漁船などあらゆるものが流され、海岸に植わっていた松の巨木が根こそぎなぎ倒されあちこちに散乱していた。まるで戦争で空襲にあった跡地を見るようであった。

警察庁などによれば、東日本大震災・福島第一原発事故による死者は一万五九〇〇人、行方不明者は二五二五人、震災関連死は三七七五人に上るということである（二〇二一年三月九日現在）。また、復興庁によれば、東日本大震災・福島第一原発事故による避難者は、一〇年経った現在でも四万一二四一人に上り、福島県からの県外避難者は二万八五〇五人に上っているということである（二〇二一年二月八日現在）。

改めて東日本大震災で亡くなられた方々に哀悼の意を捧げるとともに、現在も困難な状況に置かれている被災者の方々に対し心よりお見舞いを申し上げたい。

津波の被害に遭《あ》った被災地では、土地をかさ上げする大規模な造成工事が行なわれ、りっぱな道路や防波堤が造られたが、高齢化と人口減少が進み「人間の復興」からはまだまだほど遠い状況である。一方で、福島第一原発の現状は、溶け落ちた核燃料（デブリ）の取り出しには全く手がつけられない状態となっている上に、汚染水も増え続けており、原発事故の収束などとても見通せない状況となっている。

こうした現状に対して、東京五輪・パラリンピックが、被災者が置かれている困難な状況、原発事故の過酷な現状から目を逸らさせるものになってはならない。

人権問題は「国内問題」ではない（二〇二一年四月一六日　一三三五号　黒風白雨）

欧州連合（ＥＵ）と米国、英国、カナダは三月二二日、新疆《しんきょう》ウイグル自治区責任者らの資産を凍結するなどの対中国制裁を発動した。イスラム教徒が大半を占める中国の少数民族ウイグル族の人権侵害が理由である。

また、米国国務省は三月三〇日、世界各国の人権侵害についてまとめた二〇二〇年版の年次報告書を発表したが、この中で中国の新疆ウイグル自治区で少数民族ウイグル族に対する「ジェノサイド（民族大量虐殺）」と「人道に対する罪」があったと明記し、厳しく批判している。年次報告書では、中国のウイグル族に対し「政府による恣意的、非合法な殺害」が行なわれ、「一〇〇万人以上のイスラム系少数民族を強制収容所に拘束した」と指摘している。

さらに、「香港でも中国政府が香港の行政や司法に介入する『香港国家安全維持法』を成立させるなどして市民の自由を破壊した」と批判している。

米国国務省の年次報告書による批判に対し、中国外務省の報道局長は三月三一日の記者会見で、「世紀のうそ、真っ赤なうそで、中国人民への最大限の侮辱だ」と猛反発している。また、中国政府はウイグル族や香港の人権侵害批判に対し、「内政干渉である」として国際社会からの批判をはねつけてきている。

しかしながら、中国も加盟している国連の国連憲章（一九四五年発効）では、「人種、性、言語又は宗教による差別なくすべての者」の人権尊重のために国際協力することを国連の目的の一つとしており（一条、一三条、五五条）、加盟国もそのために国連と協力して行動をとることを誓約している

（五六条）。

また、国連が採択した世界人権宣言（一九四八年採択）では、すべての人間の自由、平等（一条）、権利と自由の享有においていかなる差別も受けないこと（二条）、生命、自由、身体の安全に対する権利（三条）、法の前に人として認められる権利（六条）、基本的人権を侵害する行為に対して救済を受ける権利（八条）、恣意的な逮捕や抑留を受けない権利（一一条）、思想、良心、宗教の自由（一八条）、表現の自由（一九条）、平和的な集会と結社の自由（二〇条）、参政権（二一条）、労働の権利（二三条）、教育についての権利（二六条）など、さまざまな人権が規定されている。

中国は現在、国連の国際人権規約（社会権規約）、女性差別撤廃条約、子どもの権利条約、拷問禁止条約、障害者権利条約などを批准しているので、国連憲章や世界人権宣言に加えてこれらの人権条約を遵守する義務を負っている。

このように、国連に加盟し、国連の各種人権条約を批准している国にとっては、国連憲章や世界人権宣言、各種人権条約が定める人権保障規定を遵守する義務があり、人権問題はもはや国内問題ではなくなってきているのである。したがって人権侵害批判に対し「内政干渉」と拒否する中国政府の態度は、国際的にはまったく通用しないものである。

現在では、人権は普遍的なものであり、世界中で適用可能であるだけでなく、過去の社会を評価する上でも有効な原則となっている。

政府は五輪開催を中止し感染症対策を最優先に（二〇二一年五月一四日　一三二八号　風速計）

政府は四月二五日、新型コロナウイルスの感染拡大が続く東京、大阪、京都、兵庫の四都府県を対象に三度目の緊急事態宣言を発出した。二度目の緊急事態宣言を解除してからわずか一ヵ月での緊急事態宣言の発出であった。期間は五月一一日までの一七日間で、その後、三一日までの延長が決定した。昨年四〜五月の一度目の緊急事態宣言が解除まで四九日間、今年一〜三月の二度目の緊急事態宣言が解除まで七四日間であったことを考えれば、当初の発出がかなり短期間の緊急事態宣言だったと言わざるをえない。

感染症対策の専門家の多くは、緊急事態宣言の効果を見極めるためには期間は少なくとも三週間から一か月は必要であると指摘していた。国際オリンピック委員会（ＩＯＣ）のバッハ会長訪日が五月中旬に予定されており、その前に解除しようとしていたのではないかとの疑念が生じる。

昨年三月二四日、東京五輪・パラリンピックが一年延期されると、小池百合子都知事は「感染爆発重大局面」「ロックダウン」などという言葉を強調し始めた。そして四月七日には一度目の緊急事態宣言が発出されている。二度目の緊急事態宣言が解除されたのは今年の三月二一日であるが、東京などでは新規感染者が十分に減少していなかったため再拡大の火種を残してしまった。そして宣言解除直後の三月二五日、福島から聖火リレーがスタートした。

このように見てくると、東京五輪・パラリンピック開催のために新型コロナウイルスの感染症対策が歪《ゆが》められているのではないかとの疑念が生じる。

今年の三月二〇日、東京五輪・パラリンピックの海外観客受け入れ断念が決められたが、それでも選手は約一万一〇〇〇人、関係者を含めると数万人の来日が予定されている。東京五輪・パラリンピックのためには、選手をはじめ大会関係者の病気や負傷に専門的に対処するために約一万人の医療スタッフと約三〇ヵ所の病院の確保が必要であるといわれている。

連日一〇〇〇人を超す感染者を出した大阪は医療が逼迫しており、深刻な状況が続いている。また、今後国内のワクチン接種を進めるためにも多くの医療スタッフが必要となる。政府は、東京五輪・パラリンピック開催を中止して、国民の命や健康を守ることを最優先にした感染症対策に全力を注ぐべきである。

入管法の「真の改正」が必要だ（二〇二一年六月四日　一三三一号　黒風白雨）

政府・与党は五月一八日、送還拒否への刑事罰の新設、難民申請者を強制送還する仕組みの創設など在留資格のない外国人に早期帰国を迫る入管法（「出入国管理及び難民認定法」）改正案の成立を断念し、「改悪案」と言うしかなかった入管法改正案は事実上の廃案となった。

入管法改正案をめぐって国民の不信と怒りを広げたのは、今年の三月、名古屋出入国在留管理局収容中に発生したスリランカ人女性ウィシュマ・サンダマリさん（三三歳）の死亡事件である。ウイシュマさんは二〇一七年に留学ビザで来日したが、日本語学校の学費が払えなくなり退学。留学ビザが失効して不法滞在となり昨年八月に収容された。ウイシュマさんは収容中体調を崩し、食事もできないほど衰弱したため、点滴投与や入院治療、一時的に拘束が解かれる「仮放免」を求めたが、いずれも認められなかったということである。

今年の四月四日に都内で開かれた「反貧困ネットワーク全国集会」で外国人の支援活動を行なっている人から驚くべき報告がなされた。

「家賃が払えなくなり公園で野宿していた仮放免中の外国人男性が、何者かに背後から鈍器で頭を殴られて気を失い、救急車で病院に運ばれた。翌日、外国人男性の意識が戻ると、頭がい骨が陥没し、右足が麻痺していた。しかし病院は、仮放免中の外国人が医療費を払えないとわかると、病院の車で野宿していた元の公園に連れて行き、ベンチに放置した」という報告である。

また、反貧困ネットワークや新型コロナ災害緊急アクションなどが協力して今年の五月三日、五日に聖イグナチオ教会（東京・千代田区）で実施した「大人食堂」には、若者から子ども連れの親子、高齢者に加えて多くの外国人が訪れた。二日間で食料や日用品などの支援物資を受け取った人は六五八人に上る。このうち生活相談、法律相談、医療相談などの相談を受けた人は三二九人であるが、そのうち一四五人が外国人であった。外国人の中には一度入管に収容され、その後仮放免となった外国人が多かった。仮放免中の外国人は就労が禁止され、住所の移動を禁止されている。

しかしながら、少なくとも仮放免中の外国人の就労を禁止するのであれば、政府は最低限の生活保障をするべきであるし、最低限の生活保障すらしないのであれば、仮放免中の外国人には就労を認めるべきだ。

二〇一九年の難民認定数は、日本は四四人で認定率が〇・四％だったのに対し、ドイツは五万三九七三人で認定率二九・九％、米国が四万四六一四人で同二九・六％・フランスが三万五一一人で同一八・五％、カナダが二万七一六八人で同五五・七％となっており、日本の難民認定数は欧米と比べて極端に少ない。

「入管法改悪案」は廃案となったが、入管に収容されている外国人や仮放免中の外国人の人権が守られる状態になったわけではない。日本にいるすべての外国人に人権が保障され一人の「人間」として扱われるような入管法の「真の改正」が求められている。外国人の人権がどの程度保障されているか否かは、日本の人権水準を計るバロメーターである。

税制・財政改革論議の活発化を（二〇二一年六月二五日　一三三四号　風速計）

私が共同代表をしている「公正税制を求める市民連絡会」は、本年六月七日午後五時から衆議院第二議員会館多目的会議室において「コロナ禍で拡大する格差・貧困問題に立ち向かう！〜市民の立場から税制・財政を考える〜」というテーマで、国会議員との対話集会を開催した。

コロナ禍で多くの人々が仕事や住まいを失い、事業継続が困難となる事業者が多発し、貧困と格差がさらに拡大している。コロナ禍はとりわけ非正規労働者や女性、学生、障害者、外国人など弱い立場にある人々に大きな打撃を与えるとともに、わが国の社会保障制度の脆弱性を露わにした。

一方で、国債や借入金などのわが国の借金は、本年三月末時点で約一二一六兆円となり五年連続で過去最大を更新したが、コロナ対策で三度の補正予算を組んだため国の借金はこの一年で初めて一〇〇兆円を超える増加となっている。

米国のバイデン大統領は本年四月二八日の施政方針演説で、「富める者がより豊かになれば、貧しい者にもその恩恵がしたたり落ちるという（新自由主義者がもてはやした）トリクルダウン理論は機能したことはなかった」と断じた上で、「小さな政府」から「大きな政府」へ大きく舵を切る演説を行なった。

そして具体的には、①一兆八〇〇〇億ドルを育児、教育支援に振り向ける格差是正対策②家計への現金給付や失業給付を盛り込んだ一兆九〇〇〇億ドルのコロナ救済対策③老朽インフラの刷新、地球温暖化防止、製造業てこ入れなど二兆ドルのインフラ投資対策、などを打ち出している。

バイデン大統領は、このための財源確保の方策として、①連邦法人税率を二一%から二八%に引き上げる②多国間交渉で世界の最低法人税率について合意し「底辺への競争」を終わらせる③所得税の最高税率を三七%から三九・六%に引き上げる④年に一〇〇万ドル以上稼ぐ世帯の金融所得（配当益や譲渡益）に対する税率を二〇%から三九・六%に引き上げる、などの税制改革案を発表している。

わが国社会でも、もっともっと貧困と格差を是正するための税制・財政改革論議を活発化させる必要があるし、一〇月までに行なわれることが確実となっている衆院選挙においては、各政党は貧困と格差を是正するための税制・財政改革案を国民の前に提示して闘ってもらいたいと思う。

やっぱり東京五輪は中止すべきだ（二〇二一年七月一六日　一三三七号　黒風白雨）

東京都では今年の六月二一日から緊急事態宣言が解除され、まん延防止等重点措置に移行したが、東京都の新型コロナウイルスの新規感染者は一九日連続で前週の同じ曜日を上回った（七月八日現在）。感染再拡大が鮮明になり、政府は七月八日、七月一二日から八月二二日まで、東京都に緊急事態宣言を発出することを決定した。

そもそも、新型コロナの感染状況を分析し助言する厚生労働省の専門家組織「アドバイザリーボード」は六月三〇日、このまま市中感染が拡大すれば東京都の一日の新規感染者数は七月上旬に一〇〇〇人に達し、そのまま強い対策を取らなければ、五輪期間中に二〇〇〇人に達し、確保病床数以上の入院患者が発生するとの試算を公表している。

警察庁の集計によれば、今年一月以降五月二一日までに新型コロナウイルスに感染し自宅で死亡した人は一六都道府県で一一九人に上るということである。最多は大阪府の二八人であるが、東京都は二番目に多い二二人となっている。これらの自宅でなくなった人々の多くは、適切な医療が受けられれば助かったかもしれない人々である。東京五輪・パラリンピックのために要請されている医療従事者は延べ七〇〇〇人、病院は都内一〇か所、都外二〇か所の合計三〇か所と言われている。医療が逼迫している中で貴重な医療資源が東京五輪・パラリンピックに割かれることになれば、ますます助けられる命を助けられなくなる可能性がある。

東京五輪・パラリンピックが開催されれば、八万人近くの選手や大会関係者が来日する上、警備関係者やボランティアなど三〇万人近くの国内関係者が集まることになる。また、もし観客を入れることになれば数百万人が集まることになるという試算もある。このような多くの人々が動くことにより、東京五輪・パラリンピックの開催そのものが一大感染源となる危険性がある。

二〇一三年に東京五輪・パラリンピックの招致が決まった当時の予算規模は七三四〇億円であったが、現在では一兆六四四〇億円に膨れ上がっている。関連経費も含めると三兆円を超えると言われている。東京都は、今年度予算のうち東京五輪・パラリンピック関係の予算として四二二四億円を計上している。

反貧困ネットワークなど生活困窮者を支援する団体が協働して、今年の五月三日、五月五日都内の聖イグナチオ教会で行なった「ゴールデンウィーク大人食堂」には、二日間で六五八人もの人々が訪れ、食料や日用品の提供を受けた。また、長く続いている休業要請や時短要請で営業継続が困難となっている事業者も多い。東京五輪・パラリンピックに割かれようとしている貴重な財源は、コロナ禍で仕事や住まいを失い生活困窮に陥っている人々や営業継続が困難となっている事業者の支援にこそ充てられるべきである。

私が発起人となって開始した東京五輪の開催中止を求めるオンライン署名は現在四四万筆を突破して署名サイト「Change.org　Japan」史上最多となっている。人々の命を守るために、やっぱり東京五輪・パラリンピックは中止すべきである。

感染爆発、医療崩壊の危機（二〇二一年八月六日　一三四〇号　風速計）

多くの人々の開催反対の声を押し切って七月二三日、東京五輪が開幕した。テレビは朝から晩まで五輪報道一色となっているが、新型コロナウイルスの感染が急拡大してきている。

東京都の七月二九日の新型コロナウイルスの新規感染者数は、三八六五人となり、三日続けて過去最多を更新、三一日には四〇五八人と、初の四千人台に達した。埼玉、千葉、神奈川の三県の新規感染者数も過去最多を更新し続けて、政府は、三〇日、大阪府を加えた四府県に対して、緊急事態宣言を出すことを決定した。また、全国の新規感染者数も、二九日、初めて一万人を超えるなど、感染拡大傾向が顕著となってきている。

第三波の時は、一月七日に東京都に緊急事態宣言が出されてから新規感染者数は減少傾向となったが、今回の第五波は、七月一二日に東京都に緊急事態宣言が出されて二週間以上経過するのに新規感染者数は増え続けている。

感染急拡大の原因としては、緊急事態宣言も四度目となり人流抑制の効果が乏しくなっていること、東京五輪の開催が国民に対する外出自粛要請と矛盾するメッセージとなっていること、感染力の強いデルタ株（インド株）の感染が広がってきていること、などが考えられる。

新規感染者数が増えれば、一定の割合で重症化する人が出てくるため、医療逼迫は必至の状況である。七月二九日の東京都のコロナ感染者の入院患者数は三〇三九人で一ヵ月前から倍増している。また、自宅療養者数も八四七七人となり、一ヵ月前の八倍強に急増してきている。

都内の新規感染者数が急増する中で、東京都が都内の医療機関に対し、七月二六日付で通常医療の制限をしてでもコロナ病床確保を求める通達を出していたことが明らかになっている。具体的には、救急医療の縮小・停止、予定手術等の延期、一部診療科の停止、診療機能の縮小などを提示して、八月六日をめどに体制確保を行なうよう求めている。

このまま新型コロナの感染者の急拡大が続けば医療崩壊の危険性もありうる状況にさしかかっている。そうなれば救える命も救えなくなる。五輪中止の決断をするべき時機が到来している。ＩＯＣ、ＩＰＣ、政府、東京都、大会組織委員会の決断が問われている。

入管行政の抜本的改革を（二〇二一年九月三日　一三四三号　黒風白雨）

名古屋出入国在留管理局に収容中だったスリランカ人女性ウィシュマ・サンダマリさん（当時三三歳）が今年三月に亡くなった問題で、出入国在留管理庁（入管庁）は八月一〇日、名古屋入管の対応などを検証した最終調査報告書を公表した。

報告書では、職員による不適切な対応や医療体制の不備を認め、「危機意識に欠け、組織として事態を把握できていなかった」と指摘し、情報共有の徹底や常勤医師配置などの改善を求めている。また、対応にあたった職員に「人権意識に欠ける」発言があったとし、全入管職員の意識改革が必要だと指摘している。

カフェオレがうまく飲み込めず鼻から吹き出したウィシュマさんに対し、職員が「鼻から牛乳や」とからかったり、死亡当日は処方された抗精神病薬の服用後ぐったりしているウィシュマさんに対し、職員が「ねえ、薬きまってる？」と話しかけたりしたということである。

最終調査報告書の公表後、入管庁はウィシュマさんの遺族に監視カメラの映像の一部を開示したが、代理人弁護士の立ち会いは認めず、遺族は全面開示を求めている。また、弁護団がウィシュマさんの収容に関する文書の開示請求を行ったが、開示された段ボール箱三個分一万五一一三枚の文書のほぼすべてが黒塗りだったということである。

このような入管庁の対応をみると、本当にウィシュマさんの死亡事件を反省しているのか疑問になる。

入管庁によると、二〇〇七年以降に限っても、各地の入管施設で合計一七人が亡くなっているということである。二〇一四年には茨城県牛久市の東日本入国管理センターでカメルーン人男性（当時四三歳）が日曜日に死亡した。男性は「死にそうだ」と体調不良を訴えていたのに、翌朝まで救急搬送されなかったことが問題視された。法務省入国管理局（現在の入管庁）は当時、「医師が常駐していれば、医療措置を施すことも可能だった」と報告書をまとめ、休日対応を含めた医療体制の改善を求めている。しかしながら、七年が過ぎた現在でも常勤医師がいるのは東京出入国在留管理局（東京都港区）だけである。ウィシュマさんの死亡事件をみると、過去の反省がまったく生かされていないといわねばならない。

職員の意識改革、人権教育も重要であるが、入管行政そのものに外部のチェックが働くような抜本的改革が求められているのではないか。現在は収容や仮放免、医療の必要性などを入管職員が判断し、第三者のチェックがまったく働いていない。

そもそも入管施設における死亡事件の調査検証は、入管庁から独立した第三者委員会で行なわれるべきである。また、刑事手続ですら身柄の拘束のためには裁判所の令状が必要とされる。身柄の拘束を伴う収容を入管職員だけで行なう現行制度は抜本的に見直さなければならない。

収容に関しては、現在の「全件収容主義」「無期限収容主義」を改め、収容期間中に上限を設定し、収容判断には裁判官（司法）が関与する制度に改革すべきである。さらに、すでに設置されている入国者収容等視察委員会は、その独立性と視察機能を抜本的に強化する必要がある。

総裁選は表紙の掛け替え　主権者として選挙に行こう！（二〇二一年九月二四日　一三四六号　風速計）

菅義偉首相が九月三日、自民党総裁選に出馬しない意向を表明した。

菅政権は、多くの国民の反対を押し切って東京五輪・パラリンピックの開催を強行し、政権浮揚を図ったが、東京五輪開催を機に新型コロナウイルスの感染爆発を招き、容体が急変しても入院できず死亡する自宅療養者が相次ぐ医療崩壊を招いた。この結果、内閣支持率が低迷し、東京五輪が閉幕しても菅内閣の支持率は発足後最低に落ち込んだ。東京五輪閉幕後に行なわれた横浜市長選でも菅首相が全面支援した小此木八郎《おこのぎはちろう》候補が、立憲民主党が推薦した山中竹春《やまなかたけはる》候補に大敗した。菅首相は、コロナ対策で国民の信頼を失った結果、自民党内の求心力も失い、政権を投げ出したわけである。

菅首相が自民党総裁選への不出馬を表明した後、メディアは総裁選報道一色となっている。総裁選後二ヵ月以内には間違いなく政権選択の衆議院選挙が行なわれる。自民党は、コロナ対策で失敗し国民の信頼を失い支持率が過去最低に陥った菅首相に代え、新しい総裁のもとで総選挙を闘おうとしている。長年にわたり政治権力を握ってきた自民党の「したたかさ」を感じる。

しかしながら、誰が総裁になってもこの間の菅政権の失政に関しては、自民党も共同責任を負っていることを忘れてはならない。私たちは単なる表紙の掛け替えにだまされてはならない。

コロナ禍で、多くの国民が日々の生活と政治が密接につながっていることを理解したと思われる。野党はコロナ対策や貧困・格差対策などで、これまでの自公政権の政策とどこが違うのかを国民の前に明確に提示して衆院選を闘ってほしいと思う。

衆院選の主人公は、与党でも野党でもなく、私たち有権者一人ひとりである。政治を変えるためには、私たち有権者の一人ひとりが主権者として声を上げ行動することが重要である。

しかしながら、二〇一七年一〇月に実施された衆議院選挙は五三・六八％の低投票率、二〇一九年七月に実施された参議院選挙はさらに低い四八・八〇％の投票率であった。

有権者の一人ひとりが主権を行使し選挙に行って投票率が上がれば、必ず政治の変革につながるものと確信する。

来るべき衆議院選挙、主権者として政治を変えるために選挙に行こう！

「ダーバン宣言」から二〇年（二〇二一年一〇月一五日　一三四九号　黒風白雨）

二〇〇一年、南アフリカのダーバンで「人種主義、人種差別、外国人排斥および関連のある不寛容に反対する世界会議」が開かれ、植民地支配と奴隷制度を過去にさかのぼって非難する「ダーバン宣言と行動計画」が採択された。宣言では、植民地主義は「いつ、どこで起ころうともそれは非難され、その再発は防止されなければならないことを確認する」と明記し、奴隷制は「人道に対する犯罪」と規定している。

今年の九月二二日、国連総会で「ダーバン宣言」の採択から二〇周年を記念するハイレベル会合が開かれた。ハイレベル会合では、植民地支配や根強く残る人種差別の補償のあり方について、謝罪だけでなく記憶を伝え次世代を教育するなど包括的な対応を求める声が上げられた。

グテーレス国連事務総長は、宣言採択から二〇年たったものの、アフリカ系住民や先住民への差別や暴力など構造的な人種差別と不正が人々の基本的人権を否定していると指摘。その根源に数世紀にわたる奴隷制度と植民地の搾取があり、過去の犯罪が現在に及ぼす影響を認識せねばならないと強調した。また、バチェレ国連人権高等弁務官は、植民地支配の補償には、損害賠償、再建、納得、二度と繰り返さないという保証を目的とした広範囲な措置が必要だと指摘。それには公式に認めて謝罪し、記憶を残し、制度や教育を改革することも含まれると強調した。

ダーバン宣言以降、植民地支配国であった国が過去に行なった植民地支配や奴隷制度を謝罪し賠償する動きが出てきている。

今年五月二八日、ドイツ政府は、二〇世紀初頭に植民地支配をしていたアフリカ南西部のナミビアで行なった「民族大量虐殺（ジェノサイド）」について公式に認めて謝罪し、日本円で約一五〇〇億円の復興・開発支援金を拠出することを表明した。

また、オランダ政府が設立した人種差別問題について提言を行なうための諮問委員会は、今年七月一日報告書を発表し、奴隷制度は人類に対する犯罪だったと断定。政府に謝罪を勧告している。この報告書を受けて、同日アムステルダム市のハルセマ市長は、オランダで一八六三年七月一日に奴隷制度が廃止されたことを記念する式典で、旧植民地時代に市が奴隷貿易に積極的に関与し、奴隷の世界的な取引を行なっていたと認めて公式に謝罪した。

米国では、昨年五月二五日にミネソタ州ミネアポリス市で起きた白人警察官による黒人暴行死事件を機に、人種差別に抗議するブラック・ライブズ・マター運動が全米に広がった。

この運動は、過去の奴隷制の反省を迫る運動に発展し、米国南部バージニア州の州都リッチモンドでは、今年の九月八日奴隷制を支持したとされる南北戦争の南軍司令官リー将軍の像が撤去された。

そして九月二二日には、奴隷制廃止を記念する「奴隷廃止と解放の像」が、リー将軍が設置されていた場所から約三キロの地点に設置されている。

ダーバン宣言は、台湾・朝鮮半島の植民地支配やアジア諸国に対する侵略戦争を行なってきた日本に対しても、厳しい反省を迫っていると言わねばならない。

民主主義の足腰強化が課題（二〇二一年一一月五日　一三五二号　風速計）

一〇月三一日に行なわれた第四九回衆議院選挙の結果は、自民党が追加公認二人を含めて、公示前より一五議席減らしたものの国会運営を主導できる絶対安定多数の二六一議席を獲得した。公示前より三議席増やして三二議席を獲得した公明党と合わせて与党は二九三議席となった。

野党の立憲民主党は公示前より一四議席を減らして九六議席、日本共産党は二議席減の一〇議席、国民民主党は三議席増の一一議席、日本維新の会は三〇議席増の四一議席、社民党は公示前と同じ一議席、れいわ新選組は二議席増の三議席だった。

立憲民主党、日本共産党、社民党、れいわ新選組は共闘体制をつくって衆院選に臨んだが、野党統一候補が東京八区で自民党石原伸晃元幹事長を破り、神奈川一三区で自民党甘利明現幹事長を破るなどしたが、全体としては十分な成果が上げられたとはいえない結果となった。

衆院選直前に一本化がなされ、野党統一候補が選挙区において地に足をつけた活動を行なわないまま選挙戦に突入したことが、野党共闘が伸びなかった原因の一つであると思われる。東京八区や神奈川一三区の候補者は選挙前から地域に密着した活動を行なっていた。

今回の選挙で特徴的なのは日本維新の会の躍進である。日本維新の会は大阪の一五小選挙区に一五人を立候補させ全勝している。また、近畿比例区では自民党を上回る一〇議席を獲得している。日本維新の会の躍進の背景には、大阪市長、大阪府知事が日本維新の会の代表と副代表であること、大阪市議会議員、大阪府議会議員の半分近くを日本維新の会系の大阪維新の会が占めていることにある。

二〇二〇年一二月三一日現在の都道府県議会議員定数は二六四三人であるが、その半分近くの一二八三人を自民党の議員が占めている。また、市区町村議会議員定数は二万九六〇八人であるが、保守系無所属議員も加えると市区町村議会議員数で自民党系が多数となっている。この地方議員構成を変えていかねば野党共闘の前進もないと思われる。

今後、野党共闘を成功させるには、地方議会議員レベルでの共闘にも力を入れ、地方議会における議員を拡大していくことが肝要であると思う。民主主義の足腰を強化することが求められていると言える。

新自由主義からの転換に遅れる日本（二〇二一年一一月二六日　一三五五号　黒風白雨）

安倍晋三政権による新自由主義的経済政策「アベノミクス」で株価が上がり、富裕層はさらに豊かになり、大企業は利益を上げた。しかし、貧しい者にその恩恵がしたたり落ちること（トリクルダウン）はなく、わが国における貧困と格差はさらに拡大した。

「アベノミクス」で雇用が増えたというが、増えたのは大半が非正規労働者の雇用であった。第二次安倍政権が誕生した二〇一二年の非正規労働者数は一八一六万人であったが、コロナ禍直前の二〇一九年の非正規労働者数は二一六五万人に増加している。国税庁の「民間給与実態統計調査」によれば、年収二〇〇万円以下の低賃金労働者は一四年連続で一〇〇〇万人を超えている。日本の労働者の実質賃金は一九九七年をピークに下がり続けており、平均賃金は二〇一五年に韓国に追い抜かれた。

一方で企業の「内部留保」(金融・保険業を除く)は、第二次安倍政権が誕生した二〇一二年度は約三〇四兆円であったが、二〇二〇年度は約四八四兆円に膨れ上がっている。

岸田文雄首相は、自民党総裁選の際には「新自由主義からの転換」や「金融所得課税の見直し」に言及したが、首相になってからはどちらにも言及しなくなってきている。その代わりに「新しい資本主義」を唱え「新しい資本主義実現会議」を設置したが、その内容は極めてあいまいである。

一方、視線を世界に向けると、コロナ禍による危機で大規模な財政支出が行なわれ、政府の役割が大きくなる中で、「小さな政府」政策をとって貧困と格差を拡大させてきた新自由主義からの転換は、今や世界的な流れとなってきている。

米国のバイデン大統領は今年の四月二八日の施政方針演説で「富める者がより豊かになれば、貧しい者にもその恩恵がしたたり落ちるという(新自由主義者がもてはやした)トリクルダウン理論が機能したことはなかった」と断じた上で、「小さな政府」から「大きな政府」へと大きく舵を切る演説を行なった。

そして、総額五・七兆ドル(約六五〇兆円)を、格差是正対策、コロナ救済対策、地球温暖化防止対策などのインフラ投資などにつぎ込む政策を発表し、そのための財源確保策として①連邦法人税率を二一%から二八%に引き上げる②多国間交渉で世界の最低法人税率について合意し「底辺への競争」を終わらせる③所得税の最高税率を三七％から三九・六％に引き上げる④年一〇〇万ドル以上稼ぐ世帯の金融所得（株の配当金や譲渡益）に対する税率を二〇％から三九・六％に引き上げる、などの税制改革案を発表している。

また、英国政府も今年の三月三日、コロナ危機による大規模な財政支出に対応した財源を確保するために、二〇二三年四月から大企業向けの法人税率を現行の一九％から二五％に引き上げると発表している。英国の法人税の引き上げは約五〇年ぶりということである。

このように新自由主義からの転換は世界的な流れとなってきているが、日本政府の対応はあいまいなままであり、世界の流れから取り残されようとしている。

日本ではあまり教えられない明成皇后暗殺事件（二〇二一年一一月一〇日　一三五七号　風速計）

一一月一六日付『朝日新聞』朝刊に「閔妃《ミンビ》暗殺　外交官が明かす書　実行した翌日に手紙」というタイトルの記事が掲載された。

記事によれば、一二六年前の一八九五（明治二八）年一〇月八日、日本の軍人らが朝鮮王妃を殺害した「閔妃暗殺事件」で、実行グループの一員だった外交官が、事件の翌日に郷里の親友に宛てたとみられる書簡が見つかり、書簡には「自分たちが王妃を殺した」と経緯が詳しく記されており、研究者は「事件の詳細を解き明かす貴重な資料」と話しているということである。

書簡の差出人は当時現地の領事官補だった堀口《ほりぐち》九万一《くまいち》で、郷里新潟県中通《なかどおり》村（現長岡市）の親友で漢学者の武石《たていし》貞松《ていしょう》に宛てた一八九四年一一月一七日付から事件直後の一八九五年一〇月一八日付までの計八通が見つかったということである。

閔妃暗殺事件を知らない方のために補足する。日清戦争の講和条約（下関条約）（一八九五年四月一七日）直後に起きた三国干渉を機に、ロシアを頼って日本を排除しようとしていた宮中の実力者であった閔妃を、元軍人で井上馨《いのうえかおる》の後任として朝鮮公使に着任した三浦梧楼《みうらごろう》が主導し、日本の軍人や外交官、警察官、民間人らが実行グループの中心となって起こした暗殺事件である。実行グループは一八九五年一〇月八日早朝、朝鮮王宮景福宮に乱入。朝鮮王朝第二六代国王高宗《コジョン》の王妃閔妃を斬殺し、遺体を焼いた。

一八七六（明治九）年二月に日本と朝鮮王朝との間で締結された日朝修好条規は不平等条約で、日本の実行グループに朝鮮の裁判権は及ばず、事件翌年の一八九六（明治二九）年一月一四日、陸軍将校八人は広島第五師団の軍法会議で無罪に。三浦や堀口ら四八人も、広島地裁の予審で同年一月二〇日に証拠不十分を理由に免訴となり、釈放されている。暗殺事件の中心人物である三浦梧楼はその後、枢密顧問官という要職を務めている。

閔妃暗殺事件は一国の王妃を暗殺するという国際的な大事件であるにもかかわらず、日本の学校教育の中では、ほとんど教えられていない。この暗殺事件のことは、韓国では必ず学校教育の中で教えられているということである。また、韓国では「閔妃」とは呼ばず、「明成皇后《ミョンソンソン》」と呼ばれている。

日韓友好も歴史的事実に謙虚に向き合うところから始めなければ、前進はしないと思われる。

第5章　二〇二二年～二〇二四年

日米地位協定の抜本的見直しが必要（二〇二二年一月二二日　一三六一号　黒風白雨）

年が明けて、また、新型コロナウイルスの感染が急拡大してきた。特に米海兵隊基地キャンプ・ハンセンのある沖縄県や米軍岩国基地のある山口県、隣の広島県などで感染が急拡大している。

沖縄のキャンプ・ハンセンでは昨年の一二月一六日以降新型コロナウイルスの大規模なクラスターが発生している。玉城デニー沖縄県知事は一二月二一日、日米両政府に対し、キャンプ・ハンセンの全ての軍人・軍属へのＰＣＲ検査の実施や基地外への外出禁止、ハンセン以外の軍人らのマスク着用の徹底を求めた。しかし、クラスター発生後も米兵は街に繰り出し、酒気帯び運転で計四人が逮捕されている。玉城知事は今年一月二日臨時の記者会見を開き、「米軍陽性者の急増は、米軍における管理体制の不十分さを示すもので激しい怒りを覚える」と米国側の対応を強く非難し、対策の徹底を再度求めている。また会見で「県内のオミクロン株の感染拡大は米軍からの染みだしが大きな要因」とも指摘している。

福田良彦岩国市長は村岡嗣政《むらおかつぐまさ》山口県知事と連名で一月四日、岩国基地に対し、感染拡大防止策の徹底や幅広いＰＣＲ検査の実施、感染者の感染経路や行動歴の情報提供を速やかに行なうよう要請している。キャンプ・ハンセンや岩国基地以外の在日米軍基地でも昨年末以降、新型コロナウイルスの新規感染者が多数確認されている。

日本政府は、新型コロナウイルスの変異株「オミクロン株」対策として、昨年一一月末から日本に入国する際の水際対策を強化してきた。しかしながら、日本政府が講じた入国規制は、海外から軍用機などで入ってくる米軍関係者には日米安保条約に基づく日米地位協定により適用されないことになっている。政府の水際対策には大きな「抜け穴」が存在していたわけである。

日米地位協定には検疫の規定はないが、同協定に基づく日米合意で「米軍関係者が直接、米軍施設・区域内に入国する場合は、米国が検疫手続き等を行う」（林芳正外相）とされており、日本には権限がない。日米地位協定は、一九六〇年に締結されて以来一度も改定されておらず、基地および米軍には日本の国内法が適用されず、基地への立ち入りもできず、深刻な基地被害が放置され、日本の主権と国民の基本的人権を大きく制約してきている。

日本と同じ第二次世界大戦の敗戦国であるドイツやイタリアにおける米軍基地および米軍に関する地位協定は、日米地位協定とは大きく異なっている。ドイツ、イタリアでは基本的に自国の国内法が適用され、ドイツ、イタリア側の米軍基地への立ち入り権が保障されている。また、米軍の運用は地元自治体や周辺住民の意見を反映してなされており、そのために米軍と自治体や住民とが協議する委員会が設置されている。ドイツ、イタリアでは問題が発生するたびに数度にわたる地位協定の改定も行なわれてきている。

日本の主権と国民の生命・基本的人権を守るためにも、日本政府はドイツ、イタリアに倣い、米国に対し日米地位協定の抜本的な改定を求めるべきである。

中身が乏しい「新しい資本主義」（二〇二二年二月一一日　一三六四号　風速計）

二〇二〇年から始まったコロナ禍で、多くの人々があっという間に仕事や住まいを失い、生存の危機に立たされている。年末年始に行なわれた生活困窮者を支援する各地の取り組みには今年も長い行列ができた。

コロナ禍でわが国社会が極めて脆弱《ぜいじゃく》であることが明らかになったが、その背景にはわが国社会における「貧困の広がり」がある。

厚生労働省が発表した二〇一八年の日本の相対的貧困率によれば、国民の六人に一人、子どもの七人に一人、一人親世帯の二世帯に一世帯が貧困状態におかれている。わが国の相対的貧困率は、G7の中ではワースト二位、多くの先進国が加盟するOECD（経済協力開発機構）の中でも貧困率が大変高い国になっている。

岸田文雄首相は、今年一月一七日の国会における施政方針演説で「新しい資本主義」の実現を強調し、「公平な分配が行われず生じた格差や貧困の拡大」などの問題をあげ、「新自由主義的な考え方が生んださまざまな弊害」を乗り越えると述べた。

しかしながら衆院予算委員会における質疑の中で、岸田首相の看板政策である「新しい資本主義」の具体的内容をめぐり多くの時間が費やされたが、首相は総論的な答弁に終始し、その具体的内容については明らかにならずじまいだった。

わが国における貧困や格差を拡大させてきた大きな原因は、第一に、一九九〇年代後半から労働法制の規制緩和が行なわれ、派遣労働者をはじめとする非正規労働者が全労働者の四割近くにまで増加し、年収二〇〇万円以下の低賃金労働者が一四年連続で一〇〇〇万人を超え、労働者の実質賃金が一九九七年をピークに下がり続けていること、第二に、社会保障費の自然増削減政策がとられ、度重なる生活保護基準の引き下げをはじめとして医療・年金・介護などの負担増・給付削減を行なってきたこと、第三に、消費税を導入し税率を引き上げる一方で、法人税率の引き下げ、所得税の最高税率の引き下げ、株の配当や譲渡所得などに対し税率の低い金融所得課税を維持するなどの不公正な税制が行なわれてきたこと、などにある。

岸田首相が「新しい資本主義」を唱えても、右に述べたわが国において貧困と格差を拡大させてきた原因を是正する政策を示さない限り、安倍晋三政権、菅義偉政権の政策とほとんど変わらないことになる。

人権外交に二重基準は許されない（二〇二二年三月四日　一三六七号　黒風白雨）

岸田文雄首相は国際人権問題を担当する総理補佐官を新設し、人権外交を推進する姿勢を示している。

岸田首相が進めようとしている人権外交は、新疆《しんきょう》ウイグル自治区や香港における人権侵害などが問題となっている中国への対応を念頭においたものだと言われている。しかし、中国だけでなく、北朝鮮、ミャンマー、ベラルーシ、シリアなど他の国でも人権は問題となっている。人権外交が特定の国の人権侵害だけを問題にし、他の国における人権侵害を問題としないならば説得力を失ってしまう。

また、他国の人権問題に口を出すのであれば、最近の入管施設における外国人に対する人権侵害をはじめ、国内における人権侵害も問題にしなければ説得力を失うことになる。人権問題は普遍的な問題であり、二重基準、ダブルスタンダードは許されないのである。

国際的な人権保障の基準としては、国連憲章や国連が採択した世界人権宣言・国際人権規約・各種人権条約などがあるが、日本は国連の国際人権規約・各種人権条約に関する「個人通報制度」をまだ一つも受け入れていない国である。

個人通報制度は、人権侵害を受けたと主張する個人が不服申し立てや裁判など国内で利用できる救済手続を尽くした後に、直接国を通さずに、それぞれの人権条約の委員会に救済の申立てができる制度である。委員会は、申立てを検討した後、条約違反があったかどうか、あった場合には当事国がどのような救済措置を取るべきかについて見解を公表する。

個人通報制度を受け入れるには、国連の国際人権規約（「社会権規約」と「自由権規約」）、女性差別撤廃条約、障害者権利条約などでは「選択議定書」を批准する必要があるし、人種差別撤廃条約では、条約の中の個人通報制度の規定を別途受け入れる必要があるが、日本はまだ一つも受け入れていないのである。

また、日本は、国連が設置を促している「国内人権機関」もまだ設置していない。国内人権機関とは、政府から独立して、裁判所とは別に、人権侵害からの救済と人権保障を推進するための国家機関である。

国際社会ではそのような機関の重要性が広く認識され、国連の人権委員会と国連総会は一九九二年、九三年に「パリ原則」と呼ばれる決議を採択して、政府からの独立性や任務の広範さなど、求められる国内人権機関の概要を示して各国に設置を促している。各国の国内人権機関が協力し情報交換や相互の発展に向けた活動を行なうことを目的として作られたネットワーク「国内人権機関世界連合」（ＧＡＮＨＲＩ）によると、二〇二一年一月現在のメンバーは一一七機関で、そのうちパリ原則に完全に適合すると認められたAランク認定は八四機関となっている。韓国ではAランク認定の国内人権機関が設置されている。

政府が人権担当総理補佐官を設置し人権外交を推進しようとするのであれば、個人通報制度への参加と国内人権機関の設置を急ぎ、国内における人権問題にも国際標準の人権保障を行なう体制を確立すべきである。

ウクライナの主権と独立を守れ（二〇二二年三月二五日　一三七〇号　風速計）

二月二四日、ロシアがウクライナに対する軍事侵攻を開始した。

国連難民高等弁務官事務所によれば、三月一二日時点でウクライナ難民が二六九万人を超えたということである。小さな子ども連れの難民の姿を見ると胸が痛む。また国連人権高等弁務官事務所は、三月一二日までにウクライナ国内で少なくとも五九六人の市民が死亡したと発表している。このうち四三人は子どもだということである。

主権国家ウクライナに対するロシアの侵攻は、加盟国に対する「武力における威嚇《いかく》又は武力の行使」を禁じた国連憲章二条四項に違反する行為である。

国連安全保障理事会は二月二五日、ウクライナに軍事争侵攻したロシアを非難し、ロシア軍の即時撤退を求める決議案の採決を行なったが、常任理事国のロシアが拒否権を行使し決議案は否決された。その後、国連緊急特別総会が開かれ、三月二日、「ロシアを非難しロシア軍の即時撤退などを求める決議」が賛成一四一ヵ国、反対五ヵ国、棄権三五ヵ国の圧倒的多数で採択された。ロシアの国際的孤立は明らかだが、残念ながら国連総会決議には法的拘束力がない。今後国連安全保障理事会の常任理事国が国連憲章などに違反して暴走した場合でも、それに歯止めをかけられるような国連改革が求められている。

ロシア軍はザポリージヤ原発などウクライナの原発を攻撃したり、病院などの民間施設を攻撃したりするなど、ジュネーブ条約第一追加議定書などをはじめとする国際法に違反する行為を繰り返している。

世界中でロシアのウクライナ侵攻に抗議し反戦を訴える世論が広がるとともに、欧米諸国はロシアに対し厳しい経済制裁を加えているが、いまだ独裁者プーチンの蛮行をストップできないでいる。

ロシアのウクライナに対する軍事侵攻は第二次世界大戦後の国際秩序に対する挑戦であり、ウクライナの主権と独立が守られなければ第二次世界大戦後の国際秩序の根幹が崩れることになる。ロシアによる軍事侵攻や核による脅迫が容認されれば、国際法などは関係なしに力が支配する世界となり、世界は再び二〇世紀の「戦争の時代」に逆戻りし、第三次世界大戦、核戦争の危険性が現実味を帯びてくる。国際社会は結束してウクライナの人々と連帯してロシア軍の撤退を勝ち取らねばならない。

ロシア軍の戦争犯罪を許すな（二〇二二年四月一五日　一三七三号　黒風白雨）

ロシア軍が撤退したウクライナの首都キーウ（キエフ）近郊のブチャなどで多数の民間人の遺体が確認され世界に衝撃が走っている。

ウクライナのベネディクトワ検事総長は四月三日、ブチャなどで四一〇人の遺体が見つかったと発表した。後ろ手に縛られ、後頭部を撃たれた遺体や拷問の痕跡のある遺体もあったという。生き残った住民は、ロシア軍兵士が民家に侵入し、略奪や殺害を行なったと証言している。

国連のグテーレス事務総長は同日、「ブチャで殺害された民間人の映像に深い衝撃を受けている」とする声明を発表し「独立した調査によって、しっかりと説明責任を果たさせることが重要だ」と強調した。

一方、ロシア国防省は四月三日の声明で、「ロシア軍管理下で住民は一人も暴力の被害を受けていない」と民間人殺害などへの関与を否定した。またロシアのラブロフ外相は四月四日、「ブチャ虐殺は欧米諸国によるフェイクニュースだ」と主張している。しかしながら、ロシアはこれまでも病院や学校、住宅など民間施設を含む都市破壊攻撃を行ないながら、「民間施設は攻撃していない。標的は軍事施設だけだ」というような明らかな虚偽の説明を繰り返しており、ロシアの反論に説得力はないと言わざるを得ない。

国際人権団体ヒューマン・ライツ・ウォッチ（ＨＲＷ）は、ロシア軍が一時占拠した地域の住民一〇人から聞き取った証言をまとめ、四月三日に報告書を発表している。

それによると、北部チェルニヒウ州の村では二月二七日、三家族の男性六人がロシア軍に身柄を拘束され殺害された。そのうち一人の男性の母親は、息子らの遺体は頭部に弾痕があり、手は後ろ手に縛られていたと証言した。首都キーウ近郊のブチャでは三月四日、Tシャツで頭を覆われ、ひざまずかされた男性五人のうち一人が後頭部を撃たれて死亡した。目撃者がHRWに語ったところでは、ロシア兵はその場にいたウクライナ市民に対し「心配するな。われわれはあなたたちから汚れを浄化するためにやって来た」と述べたということである。首都キーウ近郊のある村では三月六日、ロシア兵が住民が避難した地下室に手榴弾《しゅりゅうだん》を投げ込み、逃げ出してきた女性と一四歳の子どもを撃った。一緒に地下室にいた男性は、「子どもはその場で、母親は二日後に死んだ」と話したという。三一歳の女性は東部ハルキウ（ハルコフ）州の村にある学校に避難中の三月一三日深夜、窓ガラスを割って侵入してきたロシア兵に銃で脅され、性的暴行を受けた。

民間人虐殺、性暴力、略奪などは、ジュネーブ条約第一追加議定書をはじめとする国際法に違反する戦争犯罪行為であることは明らかである。

戦争犯罪を行なった個人を裁く国際刑事裁判所（ＩＣＣ）は三月二日、ロシア軍のウクライナ侵攻について戦争犯罪や人道に対する罪、集団殺害（ジェノサイド）の罪で捜査を開始したと発表している。戦争犯罪にかかわったロシア軍兵士、それを命じた上官もＩＣＣの訴追対象となる。当然軍の最高司令官であるプーチン大統領の責任も厳しく問われなければならない。

平和な国で　平和でない人生（二〇二二年五月一三日　一三七六号　風速計）

反貧困ネットワークは、四月一〇日午後二時から東京都内で「反貧困ネットワーク全国集会２０２

2『コロナ禍、三年目　生きさせろ』」を開催した。全国集会当日は支援団体や当事者から報告がなされ、コロナ禍の中で非正規労働者や女性、在留資格を持たない外国人などが陥っている深刻な貧困の実態が明らかになった。

とりわけ、ミャンマー（ビルマ）のロヒンギャ難民で仮放免中のミョーチョーチョーさんの訴えには心を打たれた。ミョーチョーチョーさんは、二〇〇六年に難民として来日し現在三度目の難民申請中であるが、日本でミャンマーの民主化運動を行なっている。仮放免中の外国人は在留資格がないため就労することができず、都道府県を越えて移動することもできず、健康保険に加入できないので病気になっても病院で治療を受けることもできない。

ミョーチョーチョーさんは、仮放免中であるので生活費が稼げず、自由な生活ができない。健康に不安があるが病院に行けない。迫害を恐れバングラデシュに逃れた父が最近亡くなったが、父に治療費や葬式代を送ることができなかった。自分の人生、将来が見えない。日本は平和な国だが、平和でない人生を送っている、などと訴えた。

国連難民高等弁務官事務所は、四月二六日ロシア軍によるウクライナ侵攻により国外に逃れたウクライナ避難民は五三〇〇万人を超えたと発表。法務省によれば、日本へのウクライナ避難民は、四月二六日現在七二八人となっている。日本政府はウクライナ避難民に対しては前例のない支援を行なっている。在留資格は九〇日間の短期滞在で入国し、一年間働ける「特定活動」への切り替えを認める。日本に親族や知人がいない場合などは、一時滞在するホテルと食事を提供し、生活費として一二歳以上に一日一〇〇〇円（一一歳以下は半額）を支給する。ホテルを出る際には、一時金として一六歳以上は一六万円、一五歳以下には八万円を支給し、その後の生活費は一二歳以上は一日最大二四〇〇円（一一歳以下は半額）に増額する。医療、日本語教育などにかかった実費も必要に応じて負担し、通訳なども提供するとしている。

日本政府のウクライナ避難民に対する支援策は大いに評価するものであるが、日本にすでに来ているミョーチョーチョーさんのような外国人に対しても、同じ人間として同様な支援がなされるべきだと考える。

北欧二ヵ国の歴史的政策転換（二〇二二年六月三日　一三七九号　黒風白雨）

五月一八日、北欧のフィンランドとスウェーデン両国が、中立政策を転換し、北大西洋条約機構（NATO）への加盟を申請した。

フィンランドはロシアと約一三〇〇キロにわたって国境を接しており、第二次世界大戦中ソ連の侵攻を受け、一九三九～四〇年の「冬戦争」と一九四一～四四年の「継続戦争」を戦い、多くの犠牲者を出しながら独立を守ったが、領土の約一割を失い、賠償金を科された。そのため第二次世界大戦後はソ連、ロシアとの関係を重視して、NATOには加盟せずソ連、ロシアとの協調路線をとってきた。

スウェーデンはロシアとの第一次戦争（一七八八～九〇年）、第二次戦争（一八〇八～〇九年）の結果、多くの領土を失った。一八三四年当時の国王カール一四世ヨーハンが中立を宣言し、以後約二〇〇年間にわたり軍事的な「中立」を維持してきた。

フィンランドの世論調査ではNATO加盟支持率は、昨年秋は三割に満たなかったが、ロシアのウクライナ侵攻で世論が激変し、五月にはＮＡＴＯ加盟支持率は七六％に跳ね上がった。スウェーデンでもロシアのウクライナ侵攻開始後、三月に行なわれた世論調査ではＮＡＴＯ加盟支持率が急増し、初めて過半数に達した。最近の世論調査では五七％がＮＡＴＯ加盟を支持している。

私は二〇一八年六月九日から六月一七日にかけて、日本弁護士連合会の第六一回人権擁護大会の若者問題を考える第三分科会シンポジウム実行委員会のメンバーとして、スウェーデンのストックホルムとウプサラを訪問視察したことがある。その際、私たちがスウェーデンを訪問する前年の二〇一七年に、スウェーデンでは二〇一〇年に廃止していた徴兵制を復活させたと聞いた。そして、どうして徴兵制を復活させたのかと聞いたところ、ロシアの脅威に備えるためだということであった。

私はスウェーデンが高度な福祉国家であり、平和国家、中立国家だと思っていたので、スウェーデンでロシアの脅威に備えるために徴兵制を復活させたと聞いて、大変驚いたことを覚えている。

しかし今から考えれば、ロシアは二〇一四年にウクライナのクリミアを一方的に併合しており、これを機にロシアの軍事的脅威が北欧にも及ぶ可能性に危機感が高まっていたものと推測される。そして、今回のロシアのウクライナ侵攻が中立政策転換の決定打になったと考えられる。

プーチン・ロシア大統領は、ウクライナ侵攻について「ＮＡＴＯの東方拡大からロシアの安全を守るためだ」と主張してきた。しかしながら、ロシアのウクライナ侵攻はフィンランドやスウェーデンに中立政策を転換させ、ＮＡＴＯ加盟申請をさせる契機となっている。ＮＡＴＯの拡大、強化の動きに弾みをつけているのはロシア自身のウクライナ侵略行為である。

プーチン大統領の「ＮＡＴＯの東方拡大からロシアの安全を守るため」というのは、ウクライナ侵略の口実にすぎなかったことが明白になってきている。プーチン大統領は直ちにウクライナ侵略を停止し、ロシア軍をウクライナから完全に撤退させるべきである。

軍拡よりも社会保障の充実を（二〇二二年六月二四日　一三八二号　風速計）

政府は六月七日、「経済財政運営と改革の基本方針二〇二二」（骨太の方針）を閣議決定した。この骨太の方針では、防衛費を国内総生産（GDP）比二％程度に増額することを念頭に置き、防衛力を五年以内に抜本的に強化する方針が明記されている。

「骨太の方針」は防衛力強化の理由に、ロシアのウクライナ侵攻やインド太平洋地域での力による一方的な現状変更で安全保障環境が厳しさを増していることなどを挙げるとともに、北大西洋条約機構（NATO）諸国が国防予算を対GDP比二％以上とする基準をめざしていることを例示している。

二〇二二年度の防衛費はGDP比一％程度の約五兆四〇〇〇億円である。これをGDP比二％に増やした場合、防衛費は約一一兆円となる。防衛費をGDP比二％に増やせば日本は世界第三位の軍事大国となる。

六月三日付の『東京新聞』では、防衛費の増額分を教育や年金、医療など暮らしのために振り向ければ、どのようなことができるのかを紹介している。

子育て・教育に使えば、大学授業料の無償化は一・八兆円、児童手当の高校までの延長（所得制限撤廃）は一兆円、小・中学校の給食無償化は四三八六億円で実現できる。大学の授業料無償化、児童手当の拡充、給食無償化が合わせて三兆円台で実現できることになる。

また、年金生活者のために使うとすれば、四〇五一万人の年金受給者全員に対し月一万円、年一二万円を上乗せして支給する場合、四兆八六一二億円で実現できる。医療に使うとすれば、公的保険医療の自己負担（一～三割）をゼロにする場合、五兆一八三七億円で実現できる、としている。

ロシアのウクライナ侵略や米中対立に乗じた軍拡方針は、かえってアジア太平洋地域における軍拡競争と緊張の激化を招き、安全保障環境の悪化を招く可能性が大である。

戦争放棄を定めた憲法九条を有する日本としては、これまで以上にアジア太平洋地域における緊張緩和と平和的環境をつくるための外交に力を注ぐべきであるし、防衛方針としては専守防衛に徹すべきである。そしてコロナ禍や物価高で、貧困や格差が拡大し生活困窮者が増え続けている現状を考えれば、防衛費増額分は子育て・教育、年金、医療など社会保障の充実にこそ回すべきである。

改憲勢力が三分の二以上を占めた参院選（二〇二二年七月二二日　一三八六号　黒風白雨）

安倍晋三元首相が街頭演説中に銃撃され死亡するという衝撃的事件が発生する中で行なわれた第二六回参議院選挙の結果は、自民党が、野党共闘が不調に終わったこともあり三二ある一人区で二八勝四敗と勝利し、単独で改選過半数の六三議席を確保し大勝した。公明党の議席と合わせると、非改選の議席も含めて一四六議席となり参議院定数の過半数を超えた。一方、野党は日本維新の会が改選議席から倍増し躍進した一方、立憲民主党、国民民主党、日本共産党などは改選議席を下回った。

また、与党と改憲に前面きな日本維新の会、国民民主党などの改憲勢力は非改選を含めると一七七議席となり、改憲発議に必要な三分の二（一六六議席）を上回った。昨年一〇月に行なわれた第四九回衆議院選挙でも、自民党、公明党、日本維新の会、国民民主党の改憲勢力は、改憲の発議に必要な三分の二（三一〇議席）を上回っている。

今回の参院選の選挙区の投票率は五二・〇五％で、史上二番目の低投票率であった三年前の投票率四八・八〇％より三・二五ポイント高くなったが、過去四番目の低さだった。主権者である国民の二人に一人しか主権を行使しない低投票率は、わが国の民主主義が引き続き危機的状況に陥っていることを示している。

岸田文雄首相が衆議院を解散しない限り、今後三年間は国政選挙のない政権与党にとって「黄金の三年間」が始まることになる。しかしながら、岸田政権の政策課題は山積みである。

ロシアのウクライナ侵略戦争や円安などの影響で食料品やエネルギーなどの物価が高騰する一方で、労働者の実質賃金は二五年間上がっていないし、年金受給者に対しては今年から支給額が減らされている。岸田政権は、看板政策に「新しい資本主義」を掲げ、分配を重視し、格差是正に取り組むと強調してきたが、その内容はあいまいなままであり、格差是正の具体的政策や労働者の賃上げの道筋もまったく見えてきていない。

また、岸田政権が六月七日に閣議決定した「経済財政運営と改革の基本方針二〇二二」（骨太の方針）では、防衛力を五年以内に抜本的に強化すると明記し、今回の参院選における自民党の選挙公約でも「NATO諸国の国防予算の対GDP比目標（二％以上）も念頭に、真に必要な防衛関係費を積み上げ、来年度から五年以内に、防衛力の抜本的強化に必要な予算水準の達成を目指します」としているが、その財源をどうするかは示していない。財源としては、増税、国債の発行、社会保障費など他の予算の削減、などが考えられるが、財源を示さないのはあまりにも無責任である。

さらに、衆・参で改憲勢力が三分の二を上回ったことを考えると、岸田政権のもとで今後三年間の間に改憲の発議と国民投票が行なわれることが考えられる。憲法改悪を許さないためには、立憲野党の国会内での闘いとともに、国会の外における憲法改悪を許さない市民運動を広げることが重要になってくる。いずれにしても政権与党にとっての「黄金の三年間」は、日本の市民運動と民主主義が試される三年間となる。

法的根拠がない安倍元首相の国葬（二〇二二年八月五日　一三八八号　風速計）

政府は七月二二日、参院選の街頭演説中に銃撃され死亡した安倍晋三元首相の国葬を九月二七日に日本武道館で行なうことを閣議決定した。岸田文雄首相は、七月一四日の記者会見で国葬とする理由として、首相在職日数が憲政史上最長であること、日本経済の再生や外交に大きな実績を残したこと、国内外から幅広い哀悼、追悼の意が寄せられていることなどを挙げている。

しかしながら、国葬に関しては、明確な法的根拠がない。戦前は一九二六年公布の国葬令に基づいて国葬が行なわれていたが、政教分離を定めた現行憲法の制定にともない一九四七年に国葬令は失効している。政府は国葬の法的根拠について、内閣設置法で国の儀式が内閣府の所掌事務とされており、国葬は国の儀式として実施するので閣議決定を根拠として行なうことができると説明している。しかしながら内閣設置法が国葬の法的根拠になるとは思われない。国葬に法的根拠がない以上、国会で議論を尽くすべきである。

NHKの世論調査（七月一六～一八日実施）では、安倍元首相の国葬実施について「評価する」が四九％であったが、「評価しない」も三八％以上に上っている。『熊本日日新聞』（電子版）の調査（七月一五～一九日、SNS登録者に実施）では、国葬に「賛成」「どちらかといえば賛成」が合わせて四二％であるのに対して、「反対」「どちらかといえば反対」が四九％と、反対が賛成を上回っている。

安倍政権は長期政権ではあったが、プーチン大統領と二七回も首脳会談を行なったにもかかわらず、北方領土問題は解決できず、最重要課題の一つに挙げていた北朝鮮による日本人拉致問題も解決できなかったなど、外交的実績成果に乏しい政権であった。また、安倍政権は歴代内閣が堅持した憲法解釈を変更して集団的自衛権の行使を容認する安保法制を強行した。森友・加計学園や桜を見る会をめぐる問題では権力の私物化が問題となった。

さらに、銃撃犯・山上徹也容疑者の犯行動機が明らかになるにつれ、安倍元首相と世界平和統一家庭連合（旧統一教会）との関係も問題になってきている。

国葬が安倍政権に対する自由な論評を封ずるものになってはならないし、また国民に弔慰を強制することがあってはならないのは当然のことである。そのようなことがあれば正に民主主義の危機となる。

岸田政権は統一教会と決別を（二〇二二年九月二日　一三九一号　黒風白雨）

安倍晋三元首相銃撃犯山上徹也容疑者の犯行動機が明らかになるにつれ、統一教会（現・世界平和統一家庭連合）との関係に国民の関心が集まっている。政治家が統一教会関連団体のイベントで挨拶をしたり祝電を送ったりすることで統一教会に「お墨付き」を与え、そのことにより統一教会による霊感商法や高額献金の被害を拡大させたとすれば由々しき問題である。

一九八〇年代以降、統一教会の不安をあおって高額な壺や印鑑などを売りつける霊感商法が、社会問題となり、二〇〇九年には印鑑販売会社社長の信者が逮捕されている。「全国霊感商法対策弁護士連絡会」によると、全国の消費者センターに寄せられたものを含め、霊感商法や高額献金に関する被害相談は一九八七年から二〇二一年までで三万四五三七件。被害総額は約一二三七億円に上る。銃撃事件以降、数件だった相談件数が一ヵ月で一〇〇件を超えたという。また「全国統一協会被害者家族の会」にも、家族の脱会支援などを求める相談が急増しており、二〇二一年度は五六件だったが、今年の七月は九四件、八月は一〇〇件超の勢いであり、信者の両親から生まれた「二世」からの相談が目立つという。

内閣改造・自民党役員人事を受けて実施された報道各社の世論調査では、岸田文雄内閣に対する支持率が軒並み急落している。内閣改造を行なっても支持率に改善傾向が見られず、支持率が低下するのはきわめて異例なことである。岸田改造内閣の支持率低下の理由としては、統一教会との癒着や、感染が急拡大したコロナ対応、物価高騰対策、安倍元首相の国葬強行などに対する不信が考えられるが、中でも統一教会との癒着問題が大きな影響を与えているのではないかと思われる。

『毎日新聞』と社会調査研究センターが八月二〇日、二一日に行なった世論調査によると、岸田内閣の支持率は三六％で、七月一六日、一七日の前回調査の五二％から一六ポイント下落し、昨年一〇月の内閣発足以降最低となっている。不支持率は五四％で前回（三七％）より一七ポイント増加している。自民党と統一教会の関係に問題があったと思うかとの問いに対しては、「極めて問題があったと思う」が六四％、「ある程度問題があったと思う」が二三％で、合わせて九割弱が問題があったと答えている。政治家は、統一教会との関係を絶つべきだと思うかと尋ねたところ、「関係を絶つべきだ」は八六％に上り、「関係を絶つ必要はない」は七％だった。

岸田首相は内閣改造前の記者会見で、統一教会との関係について「自ら点検し、厳正に見直していただくことが新閣僚、党役員においても前提となる」などと述べ、統一教会との関係を絶つよう求めているが、それだけでは不十分である。岸田政権が本気で統一教会どの関係を絶つつもりであれば、統一教会による霊感商法などの反社会的行為に対する取締強化と宗教二世問題を含む被害者の救済支援体制の強化を行ない、統一教会による霊感商法などの被害の根絶を図るべきである。また、この教団が宗教法人の認証を与えるのにふさわしい教団であるか否かについても検討がなされるべきである。

入管行政の抜本的改革を迫る判決（二〇二二年九月三〇日　一三九四号　風速計）

東日本入国管理センター（茨城県牛久市）で二〇一四年三月に収容中のカメルーン人男性（当時四三歳）が死亡したのは、体調不良を訴えたのに入管側が放置したためだとして、男性の母親が国に対し一〇〇〇万円の損害賠償を求めた訴訟の判決で、水戸地裁（阿部雅彦裁判長）は九月一六日、入管側が男性の救急搬送を要請する義務を怠ったとして、国に対し一六五万円の賠償を命じる判決を言い渡した。入管施設での収容者の死亡をめぐり、国に賠償命令が出されるのは初めてのことである。

判決によると、男性は二〇一三年一〇月に成田空港で入国を拒否され、同年一一月に東日本入国管理センターに収容された。男性は糖尿病などを患い、同センターの非常勤医師の診察を受けていたものの、体調が悪化。二〇一四年三月二九日に、「アイム　ダイイング（私は死にそうだ）」などとうめき声を上げたり、胸の痛みを訴えたりして立てなくなったが、職員は床に寝かせたままにしていた。三〇日朝に男性が心肺停止状態になっているのを職員が発見し、病院に救急搬送したが、死亡が確認されたということである。

判決は苦しんでいた男性の状態を「尋常ではない状態だった」とし「速やかに救急車を呼ぶべきだった」と指摘し、心肺停止状態で見つかるまで搬送しなかった入管の対応には注意義務違反の過失があるとした。

入管施設での死亡事案としては、昨年三月に名古屋出入国在留管理局でスリランカ人女性のウィシュマ・サンダマリさん（当時三三歳）が死亡した事案が記憶に新しい。ウィシュマさんは、体調不良を訴え続けていたにもかかわらず、適切な治療を施されないまま入管施設で死亡した。

ウィシュマさんの遺族らは今年三月、国に対し、約一億五六〇〇万円の支払いを求める訴訟を提起し、現在名古屋地裁で係争中である。ほかにも、入管の医療措置に不備があったなどとして国に対し損害賠償を求める訴訟が複数提起されている。

全国の入管施設では、二〇〇七年以降一七人の外国人が病気や自殺で亡くなっている。国の施設で死亡事案が多発していることは異常である。同じ悲劇を繰り返さず収容者の命を守るためにも、国は今回の判決を重く受け止め、常勤医師の確保など、医療体制の強化をはじめとした入管行政の抜本的改革を図るべきである。

ノーベル平和賞と人権擁護活動（二〇二二年一〇月二二日　一三九七号　黒風白雨）

ノーベル賞委員会は一〇月七日、二〇二二年のノーベル平和賞をウクライナの人権団体「市民自由センター」、ロシアの人権団体「メモリアル」、ベラルーシの人権活動家アレシ・ビャリャツキ氏に授与すると発表した。

ウクライナの人権団体「市民自由センター」は、人権と民主主義の擁護を掲げて二〇〇七年にキーウで設立された。今年二月ロシアがウクライナに軍事侵攻を開始してからは、ロシア軍が撤退したキーウ近郊のブチャやイルピンなどで住民の証言を集め、戦争犯罪を記録する取り組みを続けてきている。市民自由センターでは、約二〇人のスタッフが活動しており、キーウ州などでのロシア軍による戦争犯罪を罰するために、これまで二万以上の記録を集めてきたということである。

ロシアの人権団体「メモリアル」は、ソ連時代末期の一九八七年に設立された。設立には七五年にノーベル平和賞を受賞した人権活動家で物理学者のサハロフ氏もかかわっている。メモリアルは、ソ連共産主義政権の弾圧と犠牲者を救う取り組みを行なってきた。

また、ソ連崩壊後も犠牲者に関する記録を作成、保存する活動を続け、チェチェン戦争では、ロシア軍と親ロシア派による市民虐殺と戦争犯罪の情報を集めて検証する取り組みを行なってきている。プーチン政権による締め付けが強まり、昨年一二月、ロシア最高裁によって解散を命じられたが、活動を支えてきた人々は解散を拒み、活動は現在も続けられているということである。

ベラルーシの人権活動家アレシ・ビャリャツキ氏は、二〇代で人権運動に携わり、一九九六年に人権団体「ビャスナ（春）」を設立した。ビャスナは、一九九四年以降、権力を握り続けているルカシェンコ大統領に対する抗議運動で弾圧された市民の人権侵害を記録し、真実を伝え、言論の自由を守る役割を担ってきた。また、不当逮捕された野党政治家や政治犯らを支援し、人権抑圧を国際社会に訴えてきている。ビャリャツキ氏は通算すると二五回以上逮捕され、現在も収監中であるということである。

ロシアのプーチン政権は、ウクライナに対する軍事侵攻に反対する市民を徹底的に弾圧し、政権を批判するメディアを「外国の代理人」と呼び、徹底した言論弾圧を行なってきた。ベラルーシのルカシェンコ大統領は、「ヨーロッパ最後の独裁者」と呼ばれ、一九九四年から大統領の地位にあるが、選挙のたびに不正選挙疑惑が持ち上がり、二〇二〇年八月の大統領選挙の際も疑惑が指摘され、全土で反政権デモが拡大したが、徹底的にデモを弾圧した。

今回のノーベル平和賞は、このような独裁政権や侵略戦争に抗って人権擁護活動を続けてきた人権団体や人権活動家を評価したものである。

ノーベル賞委員会のライスアンデシェン委員長は、受賞理由の発表で「市民社会が権威主義と独裁に屈せざるを得ないとき、しばしば犠牲になるのは平和だ」と述べている。

言論や集会の自由が封殺され、市民の基本的人権の侵害が続く社会では「平和」が危うくなる。最大の人権侵害が「戦争」であるからである。

STOP！　インボイス（二〇二三年一一月一一日　一四〇〇号　風速計）

一〇月二六日夜、東京日比谷野外音楽堂で、消費税の新ルール「インボイス制度」に反対する「STOP！インボイス　10・26日比谷MEETING」という集会が開かれた。影響を受ける声優やアニメーターなどフリーランス・個人事業主を中心に約一二〇〇人が参加し、インボイス制度の導入中止を訴えた。

インボイス制度の導入は、二〇一九年の消費税率一〇％引き上げとセットで決定され、二〇二三年一〇月からの導入が予定されている。インボイス制度とは、消費税の仕入れ税額控除（事業者が消費税の納付税額を算出する際、売上の消費税から仕入れや経費の支払い等のために支払った消費税を差し引くこと）にあたって適格請求書（インボイス）の保存が必要とされる仕組みである。そして、この適格請求書を発行するためには、適格請求書発行事業者の登録をしなければならないが、この登録ができるのは消費税の課税事業者に限られている。そのため、消費税の免税事業者（前々年の課税売上高が一〇〇〇万円以下の個人事業者が対象）が事実上、取引から排除されるなどの不利益を被る可能性がある。

インボイス制度の導入により、これまで消費税の免税事業者であったフリーランスや個人事業者が、取引先から適格請求書発行事業者となることを求められ、これに応じれば、免税とならずに生活が圧迫されることになる。他方、これを拒否すれば、仕事の発注を受けられないという苦渋の選択を迫られることになる。

この影響は、建設業のひとり親方、独立系システムエンジニア、フリーライター、個人タクシーの運転手、声優、アニメーター、フードデリバリーの配達員、シルバー人材センターの会員など幅広い職業に及ぶ。

アニメ業界で働くフリーフンスを対象にした意識調査によれば、同業界で働くフリーランスの約半数が年収三〇〇万円未満であり、四人に一人がインボイス制度導入によって「廃業する可能性がある」と回答している。また、声優有志でつくる「VOICTION」が実施した実態調査でも、インボイス制度の導入によって二割以上が「廃業するかもしれない」と回答している。

私が共同代表を務める「公正な税制を求める市民連絡会」でも、一一月一日「コロナ禍・物価高で導入強行？　STOP！　インボイス11・1院内集会」を開催した。

日本の精神科医療に国連が勧告（二〇二三年一二月二日　一四〇三号　黒風白雨）

ひきこもり支援をうたう「引き出し屋」に連れ出され、強制的に五〇日間、精神科病院に入院させられた男性が、入院先の成仁病院（東京都足立区）の運営法人に対し、損害賠償を求めた訴訟の判決が、一一月一六日東京地裁（大嶋洋志裁判長）であった。東京地裁は、病院に慰謝料など三〇八万円の賠償を命じた。

東京地裁判決は、男性は精神保健指定医の診察を受けておらず、また精神障害者であったとは認められないので医療保護入院の基本的要件を満たしておらず入院決定は違法であり、入院中の身体拘束、隔離、面会禁止、電話禁止などの行動制限も違法であると判断した。

また、病院が男性の同意を得ることなく医療情報を第三者に提供したこともプライバシーの侵害であり、違法であると判断している。私はこの訴訟で原告弁護団団長を務めた。

ところで、わが国が二〇一四年に障害者権利条約を批准した後、初めての国連による対日審査が行なわれ、今年の九月九日、国連の障害者権利委員会が、日本政府に対する総括所見・勧告を公表した。勧告の中で国連の障害者権利委員会は、日本の精神科医療に関し、強制入院は障害に基づく差別であると指摘し、強制入院による自由の剥奪を認めているすべての法的規定を廃止するよう求めている。

日本の精神科医療には、措置入院、医療保護入院、任意入院の三つの入院形態があるが、措置入院と医療保護入院は、患者の同意を必要としない強制入院と呼ばれている。このうち措置入院は、精神保健指定医二人の診察に基づき、自傷他害の恐れがあると判断された場合のみ適用される。これに対し、医療保護入院は、厳格な要件はなく、精神保健指定医一人による診察と家族等のうち一人の同意があれば、入院治療が行なわれる。二〇二〇年における措置入院患者数は一四九四人、医療保護入院患者数は一三万二三二人、任意入院患者数は一三万六五〇二人となっている。

ＥＵ諸国では強制入院比率が平均一〇％台である。にもかかわらず、日本では入院患者のほぼ半数の四九％が強制入院であり、強制入院の大半は医療保護入院となっている。医療保護入院は、その意に反する入院でありながら、司法審査を欠き、期限の定めがなく、入院費用の負担を強いるという点で、世界でも特異な強制入院制度となっている。

また、日本の精神科病院の病床数はＯＥＣＤ（経済協力開発機構）加盟国の中でも突出して多く、ＯＥＣＤ加盟国全体の四割弱を占めている。また、平均入院日数もＯＥＣＤ加盟国の多くが四〇日を超えていないにもかかわらず、日本では二七七日と突出して長くなっている。

韓国や台湾にも医療保護入院制度があったが、現在では廃止されている。韓国では、二〇一六年九月に、憲法裁判所が医療保護入院制度は憲法違反と判断している。

国際的には措置入院も含めたすべての強制入院を撤廃する機運が高まっており、先進国では在宅医療が主流となってきている。日本政府は今回の国連障害者権利委員会の勧告を重く受け止め、精神科医療の改革に向けて一歩踏み出すべきだ。

国民生活を犠牲にした安保政策の大転換（二〇二二年一二月二三日 一四〇六号 風速計）

自民・公明両党は一二月一二日、政府の外交・安全保障の基本方針を示す「国家安全保障戦略」、日本の防衛力指針を示す「国家防衛戦略」、具体的な装備品の整備と防衛費の総額を定める「防衛力装備計画」の安保関連三文書の改定内容に合意した。そして政府は一二月一六日、改定された安保関連三文書を閣議決定した。

これに先立ち岸田文雄首相は一二月五日、二〇二三～二七年度の五年間の防衛費を総額約四三兆円とするよう浜田靖一訪衛相と鈴木俊一財務相に指示した。五年間で約四三兆円の防衛費を増額すると、二〇二七年度の防衛費は、国内総生産（GDP）比二％の約一一兆円となる。また岸田首相は一二月八日、政府与党政策懇談会で防衛費増額分の約一兆円強を増税で賄う方針を表明している。

安保関連三文書の内容には、これまでの「専守防衛」戦略を大きく転換する敵基地攻撃能力（反撃能力）の保有が盛り込まれている。わが国と密接な関係にある他国に対する武力攻撃が発生し、これによりわが国の存立が脅かされ、国民の生命、自由及び幸福追求の権利が根底から覆される明白な危険がある事態、すなわち「存立危機事態」であると判断される場合に、もし敵基地を攻撃すれば、日本も戦争に巻き込まれ、日本全土が戦場となる危険性がある。敵基地攻撃能力の保有や防衛費倍増は、東アジア地域の軍拡競争と緊張激化を招き、際限のない軍備拡張競争を招く恐れが大きい。

このような安全保障政策の大転換であるにもかかわらず、先の臨時国会では十分な議論が行なわれなかった。

一方で、コロナ禍や物価高で生活に困窮する人々が増加し、貧困と格差が拡大してきている。この間、政府はたび重なる生活保護基準の引き下げや年金支給額の減額など、社会保障費の削減を続けてきている。今後は、後期高齢者の医療保険料の引き上げや高齢者の介護保険料や自己負担の引き上げなどが予定されている。また、今年の出生数は過去最少を更新し、一九四七年の統計開始以来、初めて年間八〇万人を割り込む公算が大きくなっており、「少子化対策」も待ったなしの課題となっている。

安保政策の転換が行なわれれば、今後ますます社会保障費が削減される可能性が強い。国民の命と暮らしを守らずして一体何を守ろうとしているかが問われる安保政策の転換である。

米国追随の安保政策の大転換（二〇二三年一月二七日　一四〇九号　黒風白雨）

日米両政府は、米国ワシントンで一月一一日午後（日本時間一二日午前）、外務・防衛担当閣僚による日米安全保障協議委員会（2プラス2）を開くとともに、一月一三日午前（日本時間一四日未明）、日米首脳会談を行なった。

「2プラス2」の共同発表文書では、日本は防衛予算の相当な増額を通じて敵基地攻撃能力（反撃能力）を含めた防衛力を抜本的に強化するとの決意を表明し、これに対し米国は日本の新たな国家安全保障政策について、同盟の抑止力を強化する重要な進化として強い支持を表明した。

また共同発表文書では、中国に対する強い警戒感を示すとともに、中国に対抗するため、日米が連携して日本の南西諸島の防衛を強化する方針を打ち出している。日米の施設の共同使用を拡大し、共同演習・訓練を増やすほか、米側は沖縄の海兵隊を二〇二五年までに改編し、離島防衛に即応する「海兵沿岸連隊（MLR）」を設けるとしている。

日米首脳会談では、岸田文雄首相が昨年一二月に国家安全保障戦略など安保関連三文書を改定し、反撃能力の要となる米国製の巡航ミサイル「トマホーク」の導入や防衛費増額を決めたことを説明し、新たな方針が日米同盟の抑止力・対処力を強めることにつながると意義を強調した。バイデン米大統領は日本の安保政策の転換と防衛力強化の方針の全面的な支持を表明し、日本の防衛について米国は全面的に責務を果たすとともに日本の国家安全保障戦略を踏まえて「日米同盟の現代化」を進めると述べた。

米国が昨年策定した国家安全保障戦略では、同盟国に軍事力強化を促し、自国の抑止に組み込む「統合抑止」を掲げているので、日本の防衛費の大幅増額、敵基地攻撃能力の保有といった安保政策の大転換は、米国の要請に沿っての安保政策の転換と言える。

岸田首相は昨年末、これまでの憲法九条に基づく「専守防衛」戦略を大きく転換する敵基地攻撃能力の保有と防衛費を大幅に増額する方針を打ち出した。

防衛費の大幅増額に関しては、二〇二三年度から五年間で総額約四三兆円とし、二〇二七年度には防衛費を国内総生産（ＧＤＰ）比で二％とする方針を打ち出すとともに、財源の一部を増税で賄う方針を表明した。

このような安保政策の大転換は、国会での審議や国民的議論を欠いたまま唐突に決められたものであるが、今回の日米両政府の「２プラス２」会合、日米首脳会談に間に合わせるための政策転換だったと言える。

日米首脳会談や「２プラス２」会合では、日米の軍事協力の強化だけが話されていて、本来議論されるべき「台湾有事」をどうすれば防ぐことができるかという課題については、ほとんど議論されていない。日米の軍事一体化が進めば、「台湾有事」が発生し、米軍と中国軍が衝突した場合、日本を戦争に巻き込まれる危険性が高くなる。

日本は米国の安保戦略に追随するのではなく、日本独自の安保戦略と平和戦略を考えるべき時がきていると言える。

人権感覚が欠如した政権（二〇二三年二月一七日　風速計）

ＬＧＢＴなど性的少数者や同性婚のあり方をめぐり「隣に住んでいたら嫌だ。見るのも嫌だ」「社会のあり方が変わる。秘書官室は全員反対で、私の身の回りも反対だ。同性婚導入となると社会のありようが変わってしまう。国を捨てる人、この国にはいたくないと言って反対する人は結構いる」などと発言した荒井《あらい》勝喜《まさよし》首相秘書官を、岸田文雄首相は二月四日更迭した。

岸田首相は、荒井首相秘書官の更迭理由に関し、「多様性を尊重し包摂的な社会を実現していくとする内閣の考え方にそぐわない、言語道断の発言だ」と説明した。

岸田政権下では、昨年一二月、月刊誌への寄稿やブログで「ＬＧＢＴカップルには生産性がない」などと表現していた杉田水脈《すぎたみお》総務政務官が更迭されている。しかしながら岸田首相が杉田衆院議員を総務政務官に任命した昨年八月時点では、杉田衆院議員のＬＧＢＴに対する差別表現は既に大きな問題になっていたのであり、このような議員を総務政務官に任命した岸田首相自身の人権感覚が問われる任命であったといえる。

岸田首相は二月一日の衆院予算委員会での答弁で、同性婚の法制化に関し「極めて慎重に検討すべき課題だ。こうした制度を改正することになると、日本の国民すべてが大きな関わりを持つことになる。社会が変わっていく問題である。すべての国民にとっても家族観や価値観、社会が変わってしまう課題だ」と極めて後ろ向きな答弁をしている。

今年五月には広島で日本が議長国を務める主要七ヵ国首脳会議（Ｇ７サミット）が開かれることになっているが、Ｇ７の中で国の制度として同性婚を認める制度も同性カップルを支援するパートナーシップ制度もない国は日本だけである。

日本の人権状況について審査を行なった国連の人権理事会は二月三日、日本政府に対するさまざまな勧告が盛り込まれた報告書を採択している。この報告書の中で同理事会は、日本政府に対し性的少数者に対する差別の解消や同性婚の合法化を勧告している。

岸田首相は、「多様性を尊重し包摂的な社会の実現」などとお題目を唱えるのではなく、本当にこのような社会を実現しようと思うのであれば、性的少数者の人権を守るための差別禁止や同性婚を認める法整備に早急に取り組むべきである。

ロシア軍完全撤退を求める国連決議（二〇二三年三月一〇日　一四一五号　黒風白雨）

ロシアによるウクライナ侵略が始まってから二月二四日で一年となったが、プーチン大統領は侵略戦争をやめる気配がまったくない。

国連総会は二月二三日、ロシアの侵略戦争開始から一年に合わせた緊急特別会合で、ロシア軍の即時、完全かつ無条件の撤退、ロシア軍による重要インフラや学校、病院への攻撃の即時停止、ウクライナで行なわれた国際法に反する重大な犯罪に対する公正で独立した調査と訴追、完全な捕虜の交換、拘束・強制移送された民間人の全員の帰還、国連憲章に基づくウクライナにおける包括的、公正かつ永続的な平和の早期達成、などを求める決議を一四一ヵ国の圧倒的賛成多数で採択した。反対は七ヵ国、棄権が三二ヵ国、一三ヵ国は投票しなかった。

戦争の長期化でウクライナに対する支援継続が各国の重荷となる「ウクライナ疲れ」も指摘されていたが、今回の国連総会決議は、国連憲章や国際法に違反するロシアのウクライナ侵略に対する非難が弱まっていないことを示すとともに、ロシアの国際的孤立を明らかにした。

ロシアのウクライナ侵略戦争開始から一年に合わせて中国外務省は二月二四日、中国の立場を示す文書を発表した。この中で、中国は主権と領土の一体性の尊重や停戦の実現、和平交渉の開始など一二項目の和平案を提案している。

しかし、この和平案では停戦を実現するための具体策についてはまったく言及されていない。停戦や和平交渉を実現するためにも、まずロシア軍のウクライナからの撤退か必要不可欠だと思われるが、この点についてもまったく触れられていない。

国連人権高等弁務官事務所（ＯＨＣＨＲ）が二月二一日に発表したところによれば、ウクライナでの民間人の死者は八〇〇六人、負傷者は一万三二八七人が確認されたということである。ロシアが占領した地域では多数の市民が虐殺されている可能性があり、実際の死者数はさらに多くなると思われる。また、人口約四〇〇〇万人のウクライナから八〇〇万人以上の人々が国外に逃れ、国内の別の地域に逃れた避難民も五〇〇万人以上にのぼるといわれている。

米国務省の支援を受けて米エール大学がまとめた報告書によると、少なくともウクライナの六〇〇〇人以上の子どもがロシア国内やクリミアの施設に収容され、ロシアの愛国教育、場合によって、軍事訓練や強制的な養子縁組が行なわれているということである。

残念ながら戦争の終結の兆しはまだ見えないが、一つだけ明らかなことがある。それは、二度とロシアに他国を侵略させないためには、ロシア軍をウクライナから完全撤退させること、ロシアの戦争犯罪が国際的な法廷で裁かれること、戦後においてウクライナの主権と独立が確実に守られるような国際的安全保障の枠組みがつくられること、が求められているということである。

そうでなければ、ロシアのような強権的独裁国家は再び領土拡張を求めて侵略戦争を開始するだろう。

二一世紀を二〇世紀に続く「戦争の世紀」にしないための人類の知恵が問われている。

袴田さん再審無罪へ（二〇二三年三月二一日　一四一八号　風速計）

東京高検は三月二〇日、強盗殺人罪などで死刑が確定していた袴田巖《はかまたいわお》さんの再審開始を認めた三月一三日の東京高裁決定を受け入れ、最高裁に特別抗告をしないと発表した。これで再審開始決定が確定し、静岡地裁で開かれる再審公判で袴田さんが再審無罪となる公算が強くなった。

袴田さんの第二次再審請求は二〇〇八年に始まり、静岡地裁が二〇一四年三月再審開始と死刑の執行停止、袴田さんの釈放を認める決定を出したが、検察側が即時抗告し、東京高裁が二〇一八年六月に再審開始決定を取り消した。これに対し、弁護側が特別抗告し、二〇二〇年一二月最高裁が審理のやり直しを命じて東京高裁に差し戻していた。

差し戻し審の東京高裁で争点になったのは、犯行時に犯人が着ていたとされた「五点の衣類」についた血痕の色であった。衣類は事件発生から一年二ヵ月後に現場近くのみそ工場のタンクで見つかり、当時の実況見分調書では、血痕は「濃赤色」などと記されていた。弁護側は、血痕のみそ漬け実験を行ない、一年後なら黒く変色し、赤みは消えると主張し、主張を補強する法医学者の鑑定書を提出していた。

三月一三日の東京高裁決定は、弁護側の実験結果を「無罪を言い渡すべき明らかな新証拠」と判断した上で、「事件から相当期間経過後に第三者がみそタンク内に隠匿した可能性が否定できない。第三者は捜査機関の可能性が極めて高い」と指摘している。

袴田さんは一九六六年八月に強盗殺人容疑などで逮捕され、一九六八年九月静岡地裁で死刑判決を受け、一九八〇年一一月最高裁で上告棄却となり、翌月、死刑判決が確定していた。

袴田さんは現在八七歳。約四八年間にわたる拘束、死刑への恐怖などから今も拘禁症状で苦しんでいる。もし、検察側か二〇一四年の静岡地裁の再審開始決定に対し即時抗告をしなければ、袴田さんはもっと早く再審無罪となっていた可能性が高い。

犠牲者やその家族の大切な人生を奪い去る冤罪は、国家による最大の人権侵害である。一刻も早く袴田さんの再審公判を開き、無罪を言い渡さないと、袴田さんに対する人権侵害が続くことになる。

また、袴田さんのような冤罪犠牲者を早期に救済するためにも、再審開始決定に対する検察官の不服申立ての禁止、再審請求審における証拠の全面開示などを柱とする再審法の早期改正が求められている。

入管難民法改正案は廃案に（二〇二三年四月二一日　一四二一号　黒風白雨）

入管難民法改正案の国会審議が四月一三日から衆議院で始まった。改正案は、名古屋入管におけるスリランカ人女性死亡事件が批判を浴びて二〇二一年に廃案に追い込まれた改正案とほぼ同じ内容である。

改正案は、難民認定申請の回数を原則二回までに制限し、三回目以降は申請中でも難民申請者の強制送還を可能にしている。

また、自主的に退去しない外国人を「送還忌避者」として罰則を科す退去命令制度を創設している。さらに改正案は、一時的に社会で生活できる「監理措置制度」を新設しているが、収容か監理措置かを判断するのは裁判所ではなく入管庁となっており、入管庁の広範な裁量権が温存されている。

わが国の二〇二一年の難民認定者数は七四人、難民認定率はわずか〇・七%である。同年の欧米諸国の難民認定者数と認定率は、ドイツ三万八九一八人（認定率二五・九%）、カナダ三万三八〇一人（認定率六二・一%）、フランス三万二五七一人（認定率一七・五%）、米国二万五九〇人（認定率三二・二%）、英国一万三七〇三人（認定率六三・四%）であり、欧米諸国と比べるとその差は歴然としている。

「難民鎖国」状態の解消こそ急がれているのに、政府の姿勢は難民申請者の国外追放の強化に終始している。改正案が難民認定申請を二回に制限し、三回目以降は難民認定申請中でも強制送還を可能にしていることは、日本も加盟する難民条約の第三三条に違反し、ノン・ルフールマン原則に違反するものである。

日本の入管行政のゆがみの根本原因は、司法審査がなく入管庁に広範な裁量権があること、非正規滞在の外国人を全て収容する「全件収容主義」と収容期間に上限のない「無期限収容主義」が採られていることである。

国連の自由権規約委員会は日本政府に対し、二〇二二年一一月三日、難民を含む外国人の人権に関し、「国際基準に則った包括的な難民保護法制を早急に採用すること、医療を含む収容施設での処遇についての改善計画の策定も含め、国際基準に沿って移民が虐待対象とならないことを保障するあらゆる適切な措置を採ること、仮放免中の移民に対する必要な支援と就労活動の機会確立を検討すること及び収容期間の上限導入に向け取り組むこと」などを勧告している。

仮放免中の外国人は家族、子どもも含めて就労が禁止されているし、生活保護の利用もできない。

また、国民健康保険に加入できないので、病気や負傷したときの治療費は全額自己負担となる。日本で生まれて日本で育った仮放免の外国人の子どもは義務教育を受けることはできるが、高校授業料は無償化の対象にならないので、高校進学を断念せざるを得ない子どもも多い。

政府がやるべきことは、難民認定制度や入管行政を国際人権水準に沿ったものに抜本的に改めること、仮放免の外国人が人間として尊厳をもって生きられるよう在留資格を与え、就労を可能にするとともに、仮放免の外国人の子どもたちの学ぶ権利を保障する入管難民法の抜本的な「改正」である。

投票率の低下と民主主義の危機（二〇二三年五月一九日　一四二四号　風速計）

今回の統一地方選では日本維新の会（大阪維新の会を含む）の躍進が目立った。大阪府知事選、大阪市長選を制し、大阪府議選、大阪市議選でも単独過半数を獲得しただけではなく、奈良県知事選でも与党系候補を破った。統一地方選で当選した維新の首長・議員は五九九人で、非改選と合わせると七七四人となり、「地方議員六〇〇人以上」という目標を大きく上回った。

しかしながら、深刻なのは統一地方選の低投票率である。統一地方選前半戦の九道府県知事選の平均投票率は四六・七八％、四一道府県議選の平均投票率は四一・八五％でいずれも過去最低を記録している。統一地方選後半戦でも、市議選、町村長選、町村議選は平均投票率がいずれも過去最低を更新し、市長選と東京の区長選、区議選は前回を上回ったが、引き続き投票率は五〇％を切る低水準となっている。

また、無投票当選者も多かった。統一地方選前半戦の四一道府県議選では、総定数（二二六〇）のうち、無投票当選者が四分の一にあたる五六五人に上った。三六六ある一人区では、五割超の一九〇人が無投票で当選し、競争率の低さが際立った。統一地方選後半戦の町村議選では、約三割にあたる一二五〇人が無投票で当選を決めている。大分市長選や、東京・中央区長選などでも無投票当選となっている。

地方自治は民主主義の学校とも言われている。子育て、教育、医療、介護、防災、まちづくりなど、私たちの生活に最も身近な政治が行なわれているところである。その自治体の首長や議員を選ぶ選挙の投票率が年々低下し、半数以上の有権者が投票していない状況は、わが国の民主主義にとって危機的な状況と言える。

救いは今回の統一地方選で、女性の当選者が増えたことである。四一道府県議選における女性の当選者数は過去最多の三一六人となり、二九四市議選の女性の当選者も一四五七人で過去最多となった。東京都では三人の女性区長が誕生し、東京二三区の女性区長は、非改選現職と合わせて過去最多の六人になった。武蔵野市議選では女性の当選者が半数に達し、杉並区議選では女性の当選者が男性を上回った。

危機に瀕するわが国の民主主義を救うためには、政治参加を促進する市民運動の強化と学校における主権者教育・民主主義教育の徹底が求められている。

理解増進法より差別禁止法を（二〇二三年六月九日　一四二七号　黒風白雨）

自民、公明両党は、ＬＧＢＴＱ（性的少数者）に対する「理解増進法案」を、五月一八日、衆議院に提出した。

この理解増進法案は、二〇二一年に超党派の議員連盟がまとめた理解増進法案のうち、法案の立法目的にあった「性的指向及び性自認を理由とする差別は許されない」という記述を削除し、基本理念にあった「差別は許されない」との文言を「不当な差別はあってはならない」と修正している。しかしながら、差別に「正当な差別」があるはずがない。

また、「性自認」という文言を「性同一性」に修正している。ともに「ジェンダー・アイデンティティ」の訳語であるが、「性同一性」という文言は「性同一性障害」のように医学分野で使われてきた言葉である。性別の自己認識を指す「性自認」より対象が狭められる危険性がある。

現在、国会では、自民、公明両党が提出した理解増進法案に加え、二一年に超党派の議員連盟でまとめた理解増進法案をそのまま提出した立憲民主、共産、社民の三党案、自民、公明案を一部修正した維新、国民民主の両党案が乱立している状態であり、今国会で審議入りする見通しが立っていない。

しかしながら、性的少数者の当事者団体が要求しているのは理解増進法ではなく、「差別禁止法」である。

日本の性的少数者の権利を守る法整備の遅れは、国際社会でも際立っている。ＬＧＢＴＱの人権保障に関する経済協力開発機構（ＯＥＣＤ）の直近（二〇一九年）の調査では、日本の法整備の進捗状況は三五ヵ国中、三四位の評価で、ワースト二位となっている。

調査は、ＬＧＢＴＱ差別の禁止や同性婚をはじめとする同性パートナーシップを認める法律の制定、人権侵害を調査する委員会の設置など四一項目を尋ね、国別の「法整備の達成度」を算出している。

すべて実現していれば一〇〇％であるが、日本はトルコに次いで低い二四・一％で、「最も消極的な国」に分類されている。

二月三日に採択された国連人権理事会の報告書でも、日本政府に対し、「差別禁止法を整備し、同性婚を認める法律を制定すべきだ」という勧告が行なわれている。

主要七ヵ国（G７）の中で、差別禁止法や国の制度として同性婚を認める制度も同性カップルを支援するパートナーシップ制度もない国は日本だけである。五月一九〜二一日に広島で行なわれたG７サミットの首脳声明でも、ＬＧＢＴＱの人権保障をめぐり、「性自認や性的指向にかかわらず、全ての人が暴力や差別を受けることなく、生き生きとした人生を享受できる社会の実現」がうたわれている。

同性婚を認めないのは憲法違反として同性カップルが国に損害賠償を求めた訴訟の判決で、名古屋地裁（西村修裁判長）は五月三〇日、同性婚を認めないのは「結婚や家族に関する法律は個人の尊厳と両性の本質的平等に立脚して制定する」と定めた憲法二四条二項と、「法の下の平等」を定めた憲法一四条に違反すると判断した。

性的少数者の人権を守るための差別禁止法や同性婚を認める法整備を怠ってきた政府や国会の怠慢が、厳しく問われている。

百済武寧王と日本とのつながり（二〇二三年六月二三日　一四二九号　風速計）

私が通っている東京労働者学習協会が主催する「ハングル講座」の受講生向け研修旅行に参加し、

五月一六日から二一日まで韓国の光州《クァンジュ》、公州《コンジュ》、ソウルを訪問してきた。

研修旅行の主な目的は「光州五・一八民主化運動」と「東学農民革命運動」について学ぶことであったが、古代朝鮮百済の古都であった公州で「公州武寧王《ぶねいおう》陵と王陵園」を見学し、歴史ツアーガイドから百済や百済の第二五代王武寧王（在位五〇一年〜五二三年）と日本との関係についていろいろと説明を受けたことが印象に残った。

武寧王は日本とたいへん関係の深い王で、武寧王と王妃の木棺の材料は、日本産のコウヤマキが使用されているということである。また、武寧王の生誕地は日本の佐賀県唐津《からつ》市鎮西町《ちんぜいちょう》の加唐島《かからじま》であるといわれており、『日本書紀』にもこのような記述があるという。加唐島で武寧王の命日に合わせて毎年六月の最初の土曜日に開催される武寧王生誕祭には、韓国公州市からも数十名が参加しているということである。

さらに、宮崎県美郷町《みさとちょう》で毎年一月下旬の金、土、日の三日間に行なわれている「師走《しわす》祭り」は、古代朝鮮の百済の王族が流れ着いたという伝説にちなんだもので、旧暦の師走に行なわれていたので、「師走祭り」と言われている。百済の王族である「禎嘉王《ていかおう》」とその息子の「福智王《ふくちおう》」が年に一度対面する儀式で、一三〇〇年以上の歴史があるということである。

二〇〇一年一二月一八日、天皇誕生日を前に行なわれた当時の天皇（現上皇）の記者会見で、翌〇二年に日韓共同のサッカーワールドカップが開催されることから、記者たちは歴史的につながりがあり、地理的にも近い国である韓国に対しての関心、想いなどを天皇に聞いた。

それに対し、天皇は「日本と韓国との人々の間には古くから深い交流があったことは、日本書紀などに詳しく記されています」「私自身としては、桓武《かんむ》天皇の生母が百済の武寧王の子孫であると、続日本紀《しょくにほんぎ》に記されていることに、韓国とのゆかりを感じています。武寧王は日本との関係が深く、この時以来、日本に五経博士が代々招へいされるようになりました。また、武寧王の子、聖明王《せいめいおう》は日本に仏教を伝えたことで知られております」と答えている。

古代朝鮮百済と日本との交流にあれこれと思いをめぐらした楽しい研修旅行だった。

議会制民主主義の劣化（二〇二三年七月一四日　一四三二号　黒風白雨）

六月二一日通常国会が閉会した。

通常国会では、法案審議の過程で法案のさまざまな問題点が明らかになったにもかかわらず、十分な審議が行なわれることなく、「成立ありき」の強行採決が繰り返され、問題法案が次々と成立した。

難民認定申請の回数を原則二回までに制限し、三回目以降は申請中でも難民申請者の強制送還を可能にする「改正入管難民法」に関しては、政府は難民認定審査に携わるある難民審査参与員の「難民を認定したいのに、ほとんど見つけることができなかった」という国会答弁を、申請回数を制限する法改正の根拠に挙げていた。しかしながらこの参与員には物理的に不可能なほどの多数の審査が集中していたことが参院での審議中に明らかになった。本来であれば、難民審査参与員の審査の実態を調査するとともに、法案の抜本的見直しも行なわれるべきであったのに、審議を打ち切り、法案をそのまま成立させてしまった。

性的少数者への理解を促す「ＬＧＢＴＱ理解増進法」も成立したが、超党派の議員連盟が二年前に合意した法案から大幅に後退した内容となった。議連案にあった「差別」は与党修正案で「不当な差別」に変わり、「性自認」は再修正案で「ジェンダーアイデンティティ」に変わった。さらに「全ての国民が安心して生活することができることとなるよう、留意する」との文言が追加された。少数者への偏見や差別をなくすための法律に多数派への配慮を求めること自体が矛盾しているものであり、当事者団体が厳しく批判していたにもかかわらず、成立させてしまった。

二〇二四年秋に現行の健康保険証を廃止してマイナ保険証に一本化するほか、マイナンバーの年金受給口座との紐付けを進める「改正マイナンバー法などの関連法案」に関しては、マイナンバーカードをめぐり、さまざまなトラブルが多発していることが明らかになった。

たとえば、マイナ保険証に別人の情報を紐付けるミスや公金受取口座の誤登録、公金受取口座に家族名義の口座登録、マイナ保険証で資格の確認ができず医療費を一〇割負担させられた、コンビニで別人の住民票の写しが発行された、などのトラブルが多発している。相次ぐトラブル発生の中で、いったん立ち止まって法案を見直すべきなのに、国会はそのまま法案を成立させてしまった。

防衛予算の倍増に向けた「防衛財源確保法」も、憲法九条に基づく専守防衛政策との関係や防衛費増額の必要性、財源をどうするか、などについて十分な審議が行なわれないまま成立した。

原発の新増設や原発の運転期間六〇年超への延長を盛り込んだ「GX（グリーントランスフォーメーション）脱炭素電源法」も、福島原発事故を踏まえて「原発依存度を低減する」「新増設、建て替えは想定しない」としてきたこれまでの方針を大転換する原発回帰法案であるにもかかわらず、十分な審議が行なわれないまま成立した。

以上のような法案審議をみると、国会審議の形骸化、議会制民主主義の劣化を強く感じざるを得ない通常国会であったといえる。

財源問題を先送りした骨太方針（二〇二三年七月二八日　一四三四号　風速計）

政府は六月一六日、経済財政運営の指針いわゆる「骨太方針」と成長戦略「新しい資本主義のグランドデザイン及び実行計画二〇二三改訂版」を閣議決定した。

政府は防衛政策に関しては、二〇二三年度から五年間で防衛費に総額約四三兆円をつぎ込んで防衛費の「倍増」を図る計画であり、先の通常国会では防衛財源を確保するために「防衛力強化資金」を創設する「防衛財源確保法」を成立させている。

また、財源の一部を法人税、所得税、たばこ税の増税で賄ケ方針を決めているが、増税時期はこれまで「二〇二四年以降の適切な時期」としていたが、骨太方針では「二〇二五年以降のしかるべき時期とすることも可能となるよう、柔軟に判断する」として、増税の先送りを示唆している。近いうちにあると予想されている衆議院選挙をにらんだ対応と思われる。

岸田政権が重視する少子化対策では児童手当の拡充など三年間の集中的な取り組みに三兆円台半ばの追加予算を投じることになっており、財源としては社会保障費の歳出改革や社会保険料の上乗せを検討するとしていた。しかしながら、骨太方針では具体的な財源論議は先送りしている。

成長戦略として盛り込んだ「新しい資本主義の実行計画」では、学び直しによる労働者の能力向上や成長分野への労働者の移動を支援する労働市場改革を掲げているが、岸田文雄首相が首相就任時に示した分配強化や貧困・格差の是正は大きく後退してしまっている。防衛政策や少子化対策の財源をあいまいにして先送りする骨太方針は、無責任と言わねばならない。

また、防衛政策に関しては、敵基地攻撃能力（反撃能力）の保有を含む防衛予算倍増政策は、憲法九条に基づく専守防衛政策と矛盾する憲法違反の防衛政策であり、厳しく批判されねばならない。

さらに、少子化対策についても、岸田政権は当初「異次元の少子化対策」と言っていたが、発表された少子化対策の内容はとても「異次元」と言えるものではなく、きわめて貧弱な内容である。「異次元」というからには、せめて、全国の小中学校の学校給食の完全無償化、大学の授業料の無償化、返済中の奨学金の半額返済免除、最低賃金の全国一律時給一五〇〇円への引き上げ、非正規労働者の正規化の促進ぐらいは打ち出すべきである。

坂本弁護士一家慰霊の旅（二〇二三年九月八日　一四三九号　風速計）

八月二六、二七日、「坂本弁護士と家族を救う全国弁護士の会」の呼びかけに応えて「坂本弁護士一家慰霊の旅」に参加した。慰霊の旅には、救う会の弁護士のほか、日本弁護士連合会（日弁連）の小林元治会長や日弁連の弁護士業務妨害対策委員会の弁護士なども参加した。

慰霊の旅では、新潟県上越市名立《なだち》区にある坂本堤弁護士のメモリアル、富山県魚津市にある坂本都子さんのメモリアル、長野県大町市にある龍彦ちゃんのメモリアルを訪問し、メモリアルの前で追悼式を行なった。追悼式には、地元の弁護士会会長や地元自治体の市長や副市長なども参加した。

坂本弁護士一家は、一九八九年一一月三日の夜から四日の未明にかけてオウム真理教の幹部らによって殺害され、遺体は五年一〇ヵ月間、新潟県、富山県、長野県の山中に埋められていた。事件発生当時、坂本堤弁護士は三三歳、都子さんは二九歳、龍彦ちゃんはまだ一歳二ヵ月であった。龍彦ちゃんが生きていれば、今年で三五歳となる。

一九九五年九月に三人の遺体が発見された後、三人の遺体が埋められていた近くに現在はメモリアルが設置されている。

坂本弁護士の妻都子《さとこ》さんは、一九八四年四月から一九八八年一月まで私の弁護士事務所で働いていた。都子さんが私の事務所に入所した当時は、堤さんはまだ司法試験の受験生であったため、都子さんが私の事務所で働きながら、家計を支えていたのである。

その後、堤さんが、司法試験に合格し、弁護士となり、一九八七年に横浜法律事務所に就職した。都子さんは龍彦ちゃんを出産するので、一九八八年一月に私の事務所を退職した。事件が発生したのは、その翌年のことである。

坂本弁護士一家殺害事件は、弁護士業務に向けられた、家族をも巻き込んだ非人道的で卑劣極まりない妨害事件である。

弁護士は基本的人権擁護と社会正義の実現を使命としている（弁護士法第一条一項）。弁護士が業務妨害を受けて萎縮してしまうと、市民の人権が守られなくなり、民主主義社会が危機に陥ることになる。

慰霊の旅に参加した弁護士は、メモリアルの前で坂本弁護士一家殺害事件を風化させることなく、坂本弁護士の志を継承し、卑劣な業務妨害に屈することなく、基本的人権の擁護と社会正義の実現という弁護士の使命を果たしていくことを誓い合った。

マスメディアも自己検証が必要（二〇二三年九月二九日　一四四二号　黒風白雨）

ジャニーズ事務所が九月七日都内で記者会見を開き、創業者の故ジャニー喜多川氏（以下「ジャニー氏」という）による未成年者に対する大規模な性加害を初めて認め、謝罪した。

国連人権理事会の「ビジネスと人権」作業部会のメンバーが八月四日に日本記者クラブで記者会見し、「タレント数百人が性的搾取と虐待に巻き込まれるという、深く憂慮すべき疑惑が明らかになった」と述べ、「日本のメディア企業は数十年にわたり、この不祥事のもみ消しに加担したと伝えられている」と指摘した。

また、「外部専門家による再発防止特別チーム」が八月二九日調査報告書を公表し記者会見し、「ジャニー氏が一九五〇年代以降、二〇一〇年代半ばまでの間、性加害を繰り返していた」と認定し、ジャニーズ事務所が隠蔽《いんぺい》体質を強めて被害が拡大し続けた背景には「マスメディアの沈黙」があったと指摘している。

再発防止特別チームによる「マスメディアの沈黙」が被害を拡大させたとの指摘に対し、マスコミ各社は「重く受け止める」などのコメントを発表しているが、第三者委員会を設置するなどした自己検証はこれまでに行われていない。ＮＨＫは九月一一日に放送された『クローズアップ現代』という番組で、検証番組を放送したが、ＮＨＫ全体として検証したものではなかった。

一九八〇年代後半ジャニー氏の性加害を告発した暴露本が多数出版され、一九九九年一〇月からは週刊文春が一四週連続でジャニーズ事務所の特集記事を掲載し、その中でジャニー氏の性加害問題についても大きく取り上げた。週刊文春の特集に対しジャニーズ事務所側が名誉毀損による損害賠償を求めた訴訟では、二〇〇四年二月最高裁がジャニーズ事務所側の上告を棄却し、ジャニー氏の性加害の事実を認めた東京高裁の判決が確定している。

しかしながら、ジャニー氏の性加害問題については、二〇二三年三月にＢＢＣが特集番組を報道し、その後元ジャニーズＪｒ．のカウアン・オカモト氏が性加害の被害告発の記者会見を行なうまで、テレビ局をはじめとするマスメディアは正面からほとんど取り上げてこなかった。

再発防止特別チームの調査報告書は、テレビ局などがジャニーズ事務所のアイドルタレントを出演させることができなくなると恐れ、報道することを控えたことが性加害を拡大させる一因になったと指摘している。

ジャニーズ事務所とマスメディアのもたれあいの構図は、中古車販売大手ビッグモーターと損害保険会社である損保ジャパンの関係によく似ている。損保ジャパンはビッグモーターの保険金不正請求を知りながら、自社の利益を優先してビッグモーターとの取引再開を決めている。マスメディアも損保ジャパンも自社の利益を優先するがあまり、取引先の人権侵害や不正行為に目を瞑《つぶ》ってきたのである。

テレビ局をはじめとするマスメディアは、ジャニー氏の性加害問題をなぜ報道できなかったのか、第三者委員会を設置するなどして真摯《しんし》に自己検証する必要がある。

「新たな貧困ビジネス」が広がっている（二〇二三年一〇月一三日　一四四四号　風速計）

コロナ禍に加えて最近の物価高で生活に困窮する人が増え続けている。このような状況下で、現在、住まいの確保や就労支援をうたい文句にして生活困窮者を勧誘し、生活保護を利用させて都心から離れた郊外のアパートを入居させ、空室を埋めて満室にした上で、アパートを転売して利益を上げる「新たな貧困ビジネス」が広がり、問題となっている。

二〇二一年頃から首都圏の生活困窮者支援団体には、都心から離れたアパートなので仕事探しが困難である、期待していた就労支援が受けられない、他の入居者より高い家賃や管理費を支払わされている、運転免許証やマイナンバーカード、印鑑、通帳、キャッシュカードなどを取り上げられ困っている、といった新たな貧困ビジネスによる被害相談が多数寄せられるようになっている。このような新たな貧困ビジネスに対処するため、弁護士や支援団体関係者で「住宅穴埋め屋対策会議」が結成された。

新たな貧困ビジネスが広がる背景の一つには、福祉事務所のケースワーカーの人手不足問題がある。ケースワーカーは生活保護費の支給に関する事務や生活保護利用者に対する就労指導など自立支援の役割を担っている。社会福祉法一六条では、ケースワーカーの標準数が、市町村の設置する福祉事務所で生活保護世帯八〇世帯当たり一人、都道府県の設置する郡部の福祉事務所で六五世帯当たり一人と定められている。

しかしながらケースワーカーの人手不足が解消されていないため、多くの市町村ではケースワーカー一人で一〇〇世帯以上を担当していることも珍しくない。このため、ケースワーカーによる生活保護利用者が居住している住まいのチェックや十分な就労指導が行われていないのである。

貧困ビジネスが広がるもう一つの背景には、わが国社会の「住まいの貧困」がある。生活困窮者が利用できる低家賃の公営住宅が少なく、災害時などを除き、平常時に利用できる自治体による恒常的な借り上げ住宅制度や家賃補助制度が存在しないことが、このような貧困ビジネスが横行する大きな要因となっている。

国や自治体は、生活困窮者を食い物にする新たな貧困ビジネスに対する監視体制を強化するとともに、福祉事務所におけるケースワーカーの人手不足の解消、「住まいの貧困」対策に力を入れるべきだ。

場当たり的な岸田政権（二〇二三年一一月一七日　一四四九号　風速計）

ＡＮＮが一〇月二八日、二九日に実施した世論調査の結果によると、岸田内閣の支持率は六ヵ月連続で下落して政権発足以降、過去最低の二六・九％になったということである。

また、所得税などを定額で四万円減税することを軸に政府が検討を進めていることについては、「評価しない」と答えた人が五六％で半数を超え、「評価する」が三一％だった。「評価しない」主の理由については、「政権の人気取りだと思うから」と答えた人が最も多く、四一％だった。次に多かったのは、「財政に懸念があるから」と答えた人が二六％だった。さらに、住民税の非課税世帯などを対象にした一世帯あたり七万円程度の給付金の支給については、「評価しない」が四八％で、「評価する」が四一％だった。

岸田文雄首相は臨時国会における所信表明演説で「成長による税収の増収分の一部を公正かつ適正に還元し、物価高による国民の負担を緩和する」と表明し、現在所得税など一人あたり年四万円の定額減税と住民税非課税世帯を対象にした一世帯あたり七万円程度の現金給付が検討されている。

しかしながら、岸田政権は昨年一二月、防衛費増額のために所得税、法人税、たばこ税三税を増税する「軍拡増税」を決めたばかりである。一年足らずで減税へと舵を切るのは場当たり的で一貫性を欠くと言わねばならない。内閣支持率の下落が続く中での人気取り政策として出されてきた政策であることは、ＡＮＮの世論調査で明らかなように国民にも見透かされている。

国債や借入金などを合わせた政府の債務、いわゆる〝国の借金〟は、今年三月末の時点で一二七〇兆円あまりと過去最大を更新し、日本のＧＤＰの二倍を超え世界最悪の水準にある。

政府、日銀が、日本の長期金利を低く抑える大規模な金融緩和政策を続けているため、日米の金利差が拡大し、円安の大きな要因となっている。円安は現在の物価高騰の大きな原因となっているし、国債の大量発行は将来世代にツケを回すことにもなる。このような懸念についてもＡＮＮの世論調査では国民も感じ取っている。

「新しい資本主義」「成長と分配の好循環」は掛け声だけに終わっており、場当たり的政策を繰り返す岸田首相は、一体何がやりたいのかはっきりせず、ただ長く首相をやることだけを目的としているような政権に思える。

恒久的停戦と根本的解決を（二〇二三年一二月八日　一四五二号　黒風白雨）

一〇月七日のイスラム組織ハマスの奇襲攻撃から始まったイスラエルとハマスの戦闘が一一月二二日、四日間の「人道的な戦闘休止」をすることで合意がなされた。

一一月二四日から始まった四日間の戦闘休止期間中にハマスが解放した人質は外国籍を合わせて六九人、イスラエルが解放したパレスチナ人は一五〇人となった。また、戦闘休止期間中燃料を含む大量の人道支援物資がパレスチナ自治区ガザ地区に搬入された。

この戦闘休止期間はさらに一一月三〇日まで三日間延長され、ハマスが解放した人質は合計で一〇五人、イスラエルが解放したパレスチナ人は合計で二四〇人となったが、一二月一日戦闘が再開されてしまった。

日本を含む国際社会は、再度の戦闘休止と人質の全員解放を求めるとともに恒久的な停戦の実現に向けた努力をしなければならない。

ハマスの奇襲攻撃とイスラエル軍のガザ地区に対する空爆や地上侵攻により、一〇月七日以降イスラエル側の死者は約一二〇〇人、ガザ側の死者は一万五千人以上で犠牲者の六七％が子どもと女性といわれているが、戦闘が再開されたことでさらに犠牲者が増えることが危惧される。

今回の戦闘をめぐっては、国連総会緊急特別会合が一〇月二七日、「人道目的での休戦などを求める決議」を一二一ヵ国の賛成で採択し、国連安全保障理事会も一一月一五日「パレスチナ自治区ガザでの『緊急かつ延長された人道的な戦闘の一時休止』と人質の即時解放を求める決議」を一二ヵ国の賛成で採択した。今回の戦闘の一時休戦は、このような国際世論の圧力が影響を与えたと思われる。

国連のグテーレス事務総長は国連安保理で一〇月二四日、イスラエルの空爆と封鎖が続くガザ地区で「国際人道法違反」が見られるとの認識を示し、「武力紛争のいかなる当事者も国際人道法を超越するものではない」と述べた。また、今回の軍事衝突のきっかけとなったハマスによるイスラエル攻撃について「何もない状況で急に起こったわけではない」「パレスチナの人々は五六年間、息のつまる占領下に置かれてきた。自分たちの土地を入植によって少しずつ失い、暴力に苦しんできた。」などと述べている。

ガザは、一九四八年のイスラエル建国により故郷を追われた人々が人口の多数を占める。二〇〇七年以降は、周囲を封鎖され、人の移動も物の運搬も厳しく制限され、世界最大の「天井のない監獄」と呼ばれている。失業率は平均五〇%で若者の失業率は六〇~七〇%に上っている。パレスチナ自治区ヨルダン川西岸地区でも、イスラエル人の入植によってパレスチナ人の農地が奪われ、これに抗議するパレスチナ人は射殺されたり暴力を振るわれることが日常化している。このような国際法違反行為が放置されてきたことが、今回の戦闘の背景にあることを忘れてはならない。

戦闘の恒久的停戦が実現した後には、根本的解決に向けて占領や封鎖といった不平等を解消し、パレスチナの人々が人間らしく尊厳をもって生きられる状態を作り出すことが、国際社会に求められる課題となる。

激震走る自民党派閥の裏金疑惑（二〇二三年一二月二二日　一四五四号　風速計）

自民党派閥の政治資金パーティーをめぐる収入の過少記載や裏金疑惑が発覚し、自民党と岸田政権に激震が走っている。

　特に自民党の最大派閥「清和政策研究会」（安倍派）は、直近五年間でノルマを超えてパーティー券を販売した所属議員にキックバック（還流）した裏金の総額が約五億円に上るといわれている。いずれも派閥や議員側の政治資金収支報告書には収支の記載がないといわれているので、政治資金規正法違反（不記載・虚偽記載）となることは明らかだ。

　岸田文雄首相はこの問題の対応策として当初各派閥へのパーティー自粛の指示、自身の岸田派離脱を打ち出したが、最近では安倍派所属の閣僚や副大臣、党幹部を交代させる方向で調整に入ったといわれている。

　現行の政治資金規正法は、政治家個人への献金は「賄賂」になりやすいので、企業・団体献金を受けられる政治団体を政党と政党の政治資金団体、政党支部に限っている。ところが、政治資金集めのパーティー券は、派閥や議員個人の政治団体でも企業・団体に購入を求めることができる。そして、パーティー券の大半は企業・団体が購入しているのが実態といわれている。

　リクルート事件をはじめとする政治腐敗を解消する目的で一九九四年に成立した政治助成法による政党助成制度は、企業・団体献金を制限するかわりに政党に対し国が助成する制度である。助成金の総額は国民一人あたり年間二五〇円で決められた額で、二〇二三年の政党交付金の総額は約三一五億円であり、自民党にはこのうち約一五九億円が、立憲民主党には約六八億円が交付されることになっている。政党助成制度は、企業・団体献金の廃止をにらんだものであったが、前述したとおり政党や政党の政治資金団体、政党支部への企業・団体献金は残された。そして今回問題となっている政治資金パーティの実態は、形を変えた企業・団体献金となっているのである。

国民の政治不信は極限に達している。岸田文雄首相は、この問題に正面から取り組むべきだ。安倍派所属の閣僚や党幹部を交代させるだけでは問題の解決にならないことは明らかだ。企業・団体によるパーティー券の購入を含む政治献金の全面禁止、収支報告の透明化、罰則の強化など政治資金規正法の抜本的な改正に乗り出すべきだ。

「防災省」の設置を検討すべき（二〇二四年二月九日　一四五九号　風速計）

能登半島地震が発生してから一ヵ月が経過した。現時点（二月一日現在）の死者は二四〇人、行方不明者は一五人、避難者は体育館などの一次避難所に避難している人が九五五七人、宿泊施設などに二次避難している人が四七九二人、合わせて一万四〇〇〇人を超える。停電はほぼ復旧したが、断水は八市町村で四万戸を超えている。

能登半島地震で亡くなられた方々のご冥福を心よりお祈りするとともに、被災された方々に対し心よりお見舞いを申し上げたい。

わが国では一九九五年の阪神・淡路大震災、二〇〇四年の新潟県中越地震、二〇一一年の東日本大震災、二〇一六年の熊本地震、二〇一八年の北海道胆振東部地震、今回の能登半島地震に見られるように、地震により甚大な被害が発生し続けている。

そして、地震災害が発生する度に見られるのが、プライバシーがまったく配慮されない体育館や公民館の冷たい床の上で雑魚寝を余儀なくされている避難者の光景である。劣悪な避難所の環境は災害関連死の多発につながっている。東日本大震災の災害関連死は三七九二人、熊本地震の災害関連死は二二六人となっている（いずれも二〇二三年四月一四日現在）。特に熊本地震では地震で直接死亡した人は五〇人だったので、災害関連死は地震で直接死亡した人の四倍を超えている。

わが国と同じ地震大国のイタリアでは、三〇〇〇人近くの犠牲者を出したイタリア南部イルピーニア地震で地震による直接死よりも災害関連死の方が多かったことの教訓から、一九八二年に「市民安全省」という常設の国家機関が設置されている。

災害対策も抜本的に見直され、避難所には「TKB（トイレ、キッチン、ベッドの頭文字）」が標準装備され、シャワー付きのトイレや家族ごとに生活できる大型テントとベッド、プロの調理師が暖かい食事を提供するキッチンカーなどの資・機材が全国の州ごとに備蓄されているということである。そして、災害発生から四八時間以内にこれらが装備された避難所を設置することが、法律で定められている。

地震大国でありながら、わが国の避難所の実態は全く進歩がないと言わねばならない。イタリアの経験も参考にしながら、わが国でも国家レベルでの常設の「防災省」の設置を検討すべきと考える。

目に余る米国のダブルスタンダード（二〇二四年三月一五日　一四六四号　風速計）

昨年一〇月七日に始まったパレスチナ自治区ガザにおけるイスラエル軍とイスラム組織ハマスの戦闘は、三月七日で五ヵ月となる。

ガザ保健当局は、ガザでの死者は三万人を超え、負傷者は七万人以上と発表している。死者の七割が女性と子どもであるということである。また、ガザでは飢餓が深刻化しており、ガザ保健当局は、ガザ北部の病院で二月二七日以降子ども六人が餓死したと発表している。国連人道問題調整事務所（OCHA）は、ガザ全域で人口約二三〇万人の四分の一に当たる五七万六千人が「飢餓にあと一歩の状態」だと報告している。

パレスチナ自治区ガザでの人道支援活動の中心的役割を果たしてきたのは国連パレスチナ難民救済事業機関（UNRWA）であるが、同機関の一部職員がハマスのイスラエル攻撃に関与した疑いが浮上し、米国など一〇ヵ国以上が同機関への資金拠出の停止を決めている。日本も米国に同調し資金拠出を停止している。欧州連合（EU）やノルウェーなどは資金拠出を継続しているが、大口資金拠出国の資金拠出停止は同機関の活動を停止させ、ガザにおける人道危機を更に深刻化させる恐れが大である。日本は米国に追随するのではなく、同機関に対する資金拠出を復活させるべきだ。

国際司法裁判所（ICJ）は一月二六日、ガザ地区への攻撃を続けるイスラエルに対しジェノサイド（民族大量虐殺）防止や人道状況の改善を求める暫定措置命令を出している。イスラエルはICJの暫定措置命令を遵守し、民間人に対する無差別攻撃をやめるべきだ。

国連安全保障理事会では二月二〇日、ガザでの即時の人道的停戦を求める決議案が採決されたが、常任理事国の米国が拒否権を行使して決議案は否決された。昨年一〇月七日にイスラエルとイスラム組織ハマスの戦闘が始まって以降、米国がガザに関する安保理決議案で拒否権を発動したのはこれで四度目である。ロシアのウクライナ侵略問題に対する対応と比較しての米国のダブルスタンダード（二重基準）は目に余る。

日本は三月一日から一ヶ月間国連安保理の議長国を務める。日本は米国の顔色をうかがうのではなく、各国の意見を調整し安保理がガザにおける人道状況の改善と実効的な停戦につながる決議を採択できるよう全力をあげるべきである。

空襲被害者救済法の制定を急げ（二〇二四年三月二九日　一四六六号　黒風白雨）

一九四五年三月一〇日未明の東京大空襲から七九年となる。米軍の無差別爆撃で東京の下町は火の海となり、一夜で約一〇万人が犠牲となった。米軍による空襲は東京だけでなく、大阪、名古屋、神戸など全国二〇〇ヵ所以上の都市で敗戦まで行われ多くの犠牲者が出たが、空襲被害の全貌は未だに明らかになっていない。

国は軍人・軍属や遺族に対してはこれまでに約六〇兆円の補償を行ってきているが、空襲などによる民間の戦争被害者に対しては原爆被害者など一部を除き、「戦争被害は等しく受忍すべきだ」（戦争被害受忍論）と主張して、全く補償を行ってきていない。

名古屋空襲で左目を失った故杉山千佐子さんが一九七二年、全国戦災傷害者連絡会（全傷連）を設立し、民間の空襲被害者への補償を求める運動を始めた。この運動を受けて一九七〇～一九八〇年代、旧社会党を中心に民間人への補償をめざす戦時災害援護法案が一四回にわたって国会に提案されたが、すべて廃案となった。

二〇〇〇年代には東京、大阪、沖縄で空襲被害者が国に対し、謝罪と補償を求める集団訴訟を起こしたが、いずれも敗訴した。ただ二〇〇九年の東京地裁判決は「立法を通じて解決すべき問題」とし、立法的解決を促した。

この判決を受けて二〇一〇年に全国空襲被害者連絡協議会（全国空襲連）が結成され、翌年には超党派の国会議員による空襲議員連盟（空襲議連）が発足した。

空襲議連は、①空襲などで心身の障害を負った民間被害者への一時金の支給②国による空襲被害の実態調査③追悼施設の設置、を柱とする空襲被害者救済法の要綱案をまとめているが、自民党内の調整が進まず、法案はいまだに国会に提出されていない。

日本と同じ第二次世界大戦敗戦国であったドイツでは、一九五〇年西ドイツで「戦争犠牲者の援護法」が制定され、軍人や民間人といった立場に関係なく、またドイツ国籍があるか否かに関係なく、被害に応じた補償が行われてきている。同じく第二次世界大戦敗戦国であったイタリアでも、一九七八年「民間被害者に軍人と同等の年金を支給する関連法」が制定され、民間の戦争被害者にも補償が行われている。

また第二次世界大戦の戦勝国であったアメリカやイギリス、フランスでも、軍人に限らず民間の戦争被害者に対する補償が行われてきている。

このような主要国の対応を見てくると、「戦争被害受忍論」を振りかざして民間の戦争被害者に対する補償を拒み続けている日本政府の対応は、異様であるとしか言いようがない。

日本政府は、軍人・軍属と差別することなく空襲被害者など民間の戦争被害者に対しても、同じ戦争被害者として補償を行うべきである。

現在では空襲被害者の多くが高齢化しており、空襲被害者の救済を求める運動を担ってきた被害者の中でも亡くなる人が相次いでいる。高齢の空襲被害者にとって残された時間は少ない。国は空襲被害者救済法の制定を急ぐべきだ。

機能性表示食品制度の見直しが必要（二〇二四年四月一九日　一四六九号　風速計）

小林製薬が製造した紅麹《べにこうじ》原料を使ったサプリメント「紅麹コレステヘルプ」を摂取した結果、腎疾患を発症するなどしてこれまでに五人が死亡し、全国で健康被害の訴えが相次いでいる。同社は一月一五日に医師の連絡で腎疾患の症例を認識したが、消費者庁に報告したのは約二ヵ月後の三月二二日であった。厚生労働省は、四月七日の時点で体調に異変を感じるなどして延べ一二二四人が医療機関を受診し、延べ二一二人が入院したことが小林製薬からの報告で明らかになったと発表している。

小林製薬の「紅麹コレステヘルプ」は機能性表示食品として販売されてきている。

機能性表示食品は、特定保健用食品（トクホ）と異なり、安全性や機能性に関して国の審査がなく、事業者が自主的に安全性と機能性を届け出る食品である。これに対し特定保健用食品は、安全性や機能性については国が審査を行い、食品ごとに消費者庁長官が許可している。

機能性表示食品制度は二〇一三年六月、当時の安倍晋三首相がアベノミクスの柱の一つである「規制緩和による成長戦略」として「健康食品の機能性表示を解禁する」方針を示したことを受け、二〇一五年四月に導入されたものである。

調査会社の富士経済によると、二〇二三年の機能性表示食品の市場規模は六八六五億円と前年比一九・三％増となり、二〇一八年の三倍超に急拡大しているということである。対照的に特定保健用食品の関連市場は、大幅に縮小してきている。

日本弁護士連合会（日弁連）は、今年の一月一八日「機能性表示食品の表示規制や制度の在り方についての意見書」を公表している。日弁連の意見書は、現行の機能性表示食品制度は、食品の安全性や品質確保が事業者の自主点検や事業者団体による自主規制に委ねられており、消費者への情報開示、透明性の観点から見て、表示・広告規制の運用、安全性や機能性の科学的根拠を確保するための制度の運用がいずれも不十分であるため、制度の運用改善を求めている。

今回の小林製薬の紅麹原料を使った機能性表示食品による健康被害は、安倍政権以来すすめられてきた食の安全に関する規制緩和政策が問われている問題だと言える。

食の安全は健康・命に直結する問題である。機能性表示食品制度の廃止も視野に入れた抜本的見直しを行なう必要がある。

深刻な物価高に対する岸田政権の無策（二〇二四年五月三一日　一四七四号　風速計）

厚生労働省が五月九日発表した三月の毎月勤労統計調査によると、物価変動を考慮した一人当たりの実質賃金は前年同月比二・五％減となり、マイナスは二四ヵ月連続でリーマン・ショックなどにより景気が低迷していた時期を超え過去最長を更新したということである。物価高騰に賃金上昇が追いつかない状況が二年に及び、家計悪化に歯止めがかからない状態が続いている。

今年の春闘では大企業の正規労働者を中心に大幅な賃上げが行われたが、この大幅賃上げは全労働者の約四割を占める非正規労働者や全労働者の約七割を占める中小企業で働く労働者には及んでいない。

内閣府が五月一六日に発表した二〇二四年一～三月期の国内総生産（ＧＤＰ）速報値は、物価変動を除く実質で前期比〇・五％減、年率換算では二・〇％減であった。ＧＤＰの約六割を占める個人消費は前期比〇・七％の減少で、リーマン・ショックの影響を受けた二〇〇九年一～三月期以来となる四四半期連続の減少であった。個人消費の低迷の背景にはこのところの異常な物価高がある。

政府は物価高対策として六月に一人当たり四万円の減税を行うが、一時的な対症療法に過ぎない。減税の実施とほぼ同時期には、電気・ガス料金に対する政府の補助金が終わり電気・ガス料金が値上がりする。食料品などの値上げもいまだ収束する気配がなく、みずほリサーチ＆テクノロジーズの試算によれば、二〇二四年度の二人以上世帯の家計支出額が二〇二三年度に比べ一〇万円余り増える見通しであるということである。このほかにも国民健康保険料や介護保険料の値上げも続いている。

このところの物価高の背景には歴史的な円安がある。円安の主要な原因はアベノミクスの「第一の矢」として行われた「異次元の金融緩和」政策である。インフレ対策として金利を引き上げた欧米諸国と超低金利政策をとってきた日本の金利差が円安の大きな要因となっているのである。

四月二八日に行われた三つの衆院補欠選挙では、自民党は不戦敗も含め全敗した。自民党の敗北は自民党派閥の政治資金パーティーの裏金問題に対する有権者の批判が広がった結果であるが、根底には物価高で苦しむ国民生活に対し何ら有効な対策が打てていない岸田政権の無策に対する有権者の怒りがある。

死刑廃止の検討開始を（二〇二四年六月二一日　一四七七号　黒風白雨）

一九六六年に静岡県で一家四人を殺害したとして強盗殺人罪などで死刑が確定していた袴田巖《はかまたいわお》さんの裁判をやり直す再審公判は、静岡地裁で五月二二日に結審し判決は九月二六日に言い渡されることになった。判決では再審無罪判決が確実視されている。

袴田さんが最初に再審請求をしてから再審公判が開始されるまで四〇年以上かかっている。袴田さんのような冤罪犠牲者を早期に救済するためにも、再審開始決定に対する検察官の不服申立ての禁止、再審請求審における証拠の全面開示などを柱とする再審法の早期改正が求められている。

また、もし袴田さんに対し死刑が執行されていたら取り返しがつかないことになっていたということを考えれば、袴田さんの事件は死刑廃止についても真剣に検討することが求められている冤罪事件と言える。

わが国では、一九八〇年代に四件（免田事件、財田川事件、松山事件、島田事件）の死刑確定事件について再審無罪が確定しているが、袴田さんが再審無罪となれば死刑確定事件について五件目ということになる。死刑判決を下すか否かを人が判断する以上、冤罪による死刑判決と死刑執行を避けることができない。

二〇二二年一二月三一日現在、法律上死刑を廃止している国は一一二ヵ国で、事実上死刑を廃止している国（一〇年以上死刑が執行されていない国を含む）は三二ヵ国であり、法律上および事実上の死刑廃止国は一四四ヵ国に上り世界の中で四分の三を占めている。死刑廃止は国際的な潮流になっていると言える。

また、ＯＥＣＤ（経済協力開発機構）加盟国三八ヵ国のうち死刑を存置しているのは、日本、米国および韓国の三ヵ国のみである。このうち韓国は死刑の執行を二五年以上停止している事実上の死刑廃止国である。米国では五〇州中二三州が死刑を廃止し、三州が死刑の執行を停止している。したがって、国家として統一して死刑を執行しているのは、ＯＥＣＤ加盟国の中では日本だけである。

さらに、日本は、国連の国際人権（自由権）規約委員会や拷問禁止委員会、人権理事会などから再三にわたり死刑執行を停止し、死刑廃止を前向きに検討するべきであるとの勧告を受け続けているにもかかわらず、死刑の執行を繰り返しているのである。

日本国憲法一三条は「すべて国民は、個人として尊重される。生命、自由及び幸福追求に対する国民の権利については、公共の福祉に反しない限り、立法その他の国政の上で、最大の尊重を必要とする。」と規定している。

すべての基本的人権は人が生きているからこそ意味を持つものである。その意味で生命権はすべての基本的人権の基礎となる最も重要な人権である。しかも生命権はひとたび奪われてしまうと、これを回復することは何人《なにびと》にも不可能である。

死刑は、国家による人の生命の剥奪するという刑罰であり、国家による重大かつ深刻な人権侵害である。

袴田さんの再審無罪判決を契機に、政府および国会は死刑廃止の検討を開始すべきである。

国立大学の授業料値上げに反対する（二〇二四年七月五日　一四七九号　風速計）

東京大学が授業料を二〇%、約一〇万円値上げすることを検討をしていることを明らかにしたのに続き、広島大学など各地の国立大学で値上げを検討する動きが相次いでいる。このような動きに対し、東京大学の学生や教職員による学費値上げに反対する声が急速に広がっている。

このような国立大学の授業料値上げの背景には、三月下旬に開かれた中央教育審議会の特別部会で、委員である慶應義塾大学の伊藤公平塾長が国公立大学の学費を年一五〇万円程度、現状の約三倍に引き上げることを提言したこと、自民党の政務調査会と教育・人材力強化調査会（柴山昌彦会長）が国立大学授業料の事実上の値上げを求める提言を五月二七日に盛山正仁文科相宛提出したことなどがある。

現在の国立大学の一年間の授業料は五三万五八〇〇円、入学金は二八万二〇〇〇円となっている。私が東京大学に入学した一九六五年当時の国立大学の授業料は一年間一万二〇〇〇円であったので、現在の授業料は当時と比較して四四倍も高くなっていることになる。国立大学の学費は文部科学省令で標準額が定められ、大学の裁量で最大二割まで上乗せできることになっている。いくつかの国立大学はすでに値上げしているところも出てきている。

しかしながら、ヨーロッパや北欧諸国では大学まで授業料は無償のところが多い。OECD（経済協力開発機構）の調査によれば、二〇一九年時点のGDP（国内総生産）に占める教育機関に対する公的支出の割合は、OECD平均は四・一%であるが、日本は二・八%でデータのある加盟三七ヵ国中三六位である。また、大学などの高等教育を受ける学生の私費負担の割合は、六七%でOECD平均の三一％を大きく上回っている。

日本は国際人権規約（社会権規約）を一九七九年に批准しているが、同規約一三条二項cでは高等教育の無償化をうたっている。国立大学の授業料の値上げは国際人権規約（社会権規約）に違反するものと言わねばならない。

また、国立大学の授業料の値上げは、教育を受ける権利を保障している憲法二六条一項にも違反するものである。

政府は国立大学の授業料を引き上げるのではなく、私立大学の授業料も含めて無償化をめざすべきである。

旧優生保護法「違憲」最高裁判決（二〇二四年八月二日　一四八三号　風速計）

「戦後最大の人権侵害」を断罪する歴史的な司法判断が示された。

旧優生保護法の下で不妊手術を強制されたのは憲法違反だとして、被害者らが国に損害賠償を求めた五件の訴訟の上告審で、最高裁大法廷は七月三日、旧優生保護法を「立法時点で違憲だった」とし、国に賠償を命じる判決を判決を言い渡した。不法行為から二〇年で賠償請求権が消える「除斥期間」については、人権侵害の重大性に照らし「適用するのは著しく正義・公平の理念に反する」と判断し、国の主張は権利の濫用で許されないと判断した。

最高裁判決は、旧優生保護法の違憲性について「不良な子孫の出生を防止する」ことを目的とする不妊手術を認める規定は「当時の社会状況をいかに勘案しても正当とはいえない」と指摘し、生殖能力を失わせるという重大な犠牲を強制し、憲法一三条が保障する「自己の意思に反して身体の侵襲を受けない自由」を侵害するとしている。また、障害のある人らだけを手術の対象にしたのは差別的取り扱いで「法の下の平等」を定めた憲法一四条にも違反するとしている。その上で、明白に違憲の法律をつくった国会議員の立法行為自体が違憲と断じている。

一九四八年に制定された旧優生保護法が一九九六年に母体保護法に改正されるまでの間、優生思想に基づいて障害のある人に対して不妊手術が約二万五〇〇〇件、人工妊娠中絶が約五万九〇〇〇件、合計約八万四〇〇〇件の手術が実施されている。

最高裁判決を受けて岸田文雄首相は七月一七日原告らと首相官邸で面会し、初めて被害者らに直接謝罪し、訴訟を提起していない被害者や配偶者に対する補償の検討や係争中の訴訟については和解による解決を目指す方針を表明した。被害者らは一刻も早い全面解決を求めるとともに、「差別のない社会を作ってほしい」と訴えた。

最高裁から立法時点で違憲だったと指摘された旧優生保護法は、議員立法で一九四八年六月二八日に与野党全会一致で成立したものであるが、その前年の一九四七年五月三日には日本国憲法が施行されている。基本的人権の尊重原理は日本国憲法の重要な基本原理の一つであるが、違憲の立法を半世紀近く存続させてきたことは国会や政府の責任はもちろんのこと、人権尊重の考え方が定着していないわが国の戦後社会のあり方が問われている問題と言える。

中国人権派弁護士弾圧709事件（二〇二四年九月六日　一四八七号　黒風白雨）

中国では二〇一五年夏に全国的規模の人権派弁護士や人権活動家の弾圧が行われた。この弾圧は二〇一五年七月九日に開始されたため、「709事件」と呼ばれている。

709事件に関しては、国際人権NGOヒューマンライツ・ナウ（HRN）が二〇一八年九月、「中国の人権派弁護士の資格を廃止、無効化していることに対して深い懸念を表明する」との人権理事会声明を出している。HRNは同声明で、中国当局に対し、恣意的に拘禁されている弁護士を解放し、恣意的に無効にされている弁護士資格を復帰させ、人権派弁護士に対する嫌がらせや弾圧を止めるよう呼びかけている。

同声明によれば、二〇一五年七月九日、三二〇人以上の弁護士、パラリーガル、助手、法律事務所の役員、人権活動家と彼らの家族が尋問され、召喚され、国を離れることが禁じられ、自宅監視され、刑事的に拘置または逮捕され、多くが国家政権転覆罪で起訴され、重大犯罪集団の一員だと国営メディアによって烙印《らくいん》が押されているということである。また、二〇一七年一〇月から二〇一八年七月までに、一六人以上の人権派弁護士と三ヵ所以上の弁護士事務所が行政処分として資格廃止や無効化され、弁護士の就業権利を剥奪されているということである。

同声明は、中国当局による今回の人権派弁護士の弾圧は、言論の自由を保障した世界人権宣言一九条や恣意的な逮捕、拘禁を禁止した同宣言九条、言論、集会の自由などを保障した中華人民共和国憲法三五条などに違反していると指摘するとともに、脅迫、妨害、嫌がらせ、不当な干渉を受けることなく弁護士活動を行うことを保障するとともに弁護士の表現の自由と集会の自由などを保障した国連の「弁護士の役割に関する基本原則」(一九九〇年第八回国連犯罪防止刑事司法会議で採択)に違反していると指摘している。

現在の中国の弁護士・弁護士会は、日本の法務省に相当する「司法部」という中央官庁の管理監督を受けており、国家から完全に独立した存在という意味での「弁護士自治」が存在しない。

戦前の日本の弁護士、弁護士会も、国家すなわち司法大臣の監督下に置かれていた。検事長は司法大臣の命により、またその認可を受けて国家の意に沿わない弁護士の懲戒の申立てをすることができた。

人権派弁護士として著名な布施辰治《ふせたつじ》弁護士は、一九二九年八月、検事局により大阪地方裁判所での弁護活動を理由に東京控訴院に懲戒を申し立てられ、一九三二年一一月大審院で弁護士除名の判決が確定し、弁護士資格を失っている。

戦後一九四九年に成立した新しい弁護士法では、このような戦前の反省の上に立って、弁護士・弁護士会には国家の監督を受けない「弁護士自治」が認められ、弁護士の懲戒処分は弁護士会だけが行なえるようになっている。「弁護士自治」は国民・市民の基本的人権を守るために必要な制度であると言える。

中国政府は、人権派弁護士の弾圧を止め、国民・市民の人権を守るためにも「弁護士自治」を認める弁護士制度の改革を行なうべきである。

朝鮮人虐殺追悼文送付の動き広がる（二〇二四年九月二〇日　一四八九号　風速計）

　都内墨田区横網町公園内にある関東大震災朝鮮人犠牲者追悼碑前で九月一日行われた朝鮮人犠牲者追悼式典に、東京都の小池百合子知事は今年も追悼文を送らなかった。追悼式典が始まった一九七四年当時の美濃部亮吉知事以来歴代都知事はすべて追悼文を送ってきたのに、今年で小池知事は八年連続で追悼文を送らなかったことになる。小池知事は、東京都の慰霊堂で行われる大法要で全ての震災犠牲者を慰霊していると弁明しているが、自然災害による犠牲者と虐殺という人災による犠牲者とでは犠牲者の性格が全く異なるものである。

　東京都の首長である小池知事の追悼文不送付は、認めたくない過去を黙殺する虐殺否定論につながるとともに、外国人差別、排外主義を助長する行為であり、厳しく批判されねばならない。

　小池知事は関東大震災で虐殺された朝鮮人犠牲者の追悼式典への追悼文を送らなかったが、首都圏の自治体では、関東大震災朝鮮人犠牲者の追悼式典に自治体の首長が追悼文を送る動きが広がってきている。

　市民団体が千葉県船橋市で九月一日開いた関東大震災で虐殺された朝鮮人犠牲者の追悼式典には、千葉県の熊谷俊人《くまがいとしひと》知事が初めて追悼文を送付している。

　また、九月四日さいたま市で行われた関東大震災の朝鮮人虐殺事件でさいたま市内において犠牲になった姜大興《カンテフン》さん（当時二四歳）をしのぶ市民団体による追悼会には、埼玉県の大野元裕《おおのもとひろ》知事が初めて追悼文を送付している。この追悼会には、昨年に続いて清水勇人《しみずはやと》さいたま市長も追悼文を送っている。

さらに、埼玉県本庄市と熊谷市、上町《かみまち》では、関東大震災で犠牲となった朝鮮人を追悼する式典を長年続け、首長も出席しているということである。

本庄市の吉田信解《よしだしんげ》市長は、マスコミの取材を受けて「過ちをくり返さないために、何が起きたかをきちんと調べ、殺された人の無念の思いを寄せて追悼することは大事」と語っている。本庄市の吉田市長は、生家が市内の寺で、幼い頃から慰霊式に参列してきており、市長就任後も毎年出席し、追悼の言葉を送っているということである。

歴史を直視しようとしない政府や小池知事は、本庄市の吉田市長の姿勢を学ぶべきである。

袴田さん再審無罪判決再審法改正を（二〇二四年一〇月一一日　一四九二号　黒風白雨）

一九六六年に静岡県清水市で起きた一家四人強盗殺人事件で死刑が確定した袴田巖《はかまたいわお》さんの再審公判で、静岡地裁（国井恒志《くにいこうし》裁判長）は九月二六日無罪の判決を言い渡した。

戦後、死刑事件の再審無罪判決は、免田事件、財田川事件、松山事件、島田事件に続き五件目となる。

判決は、犯行着衣とされた5点の衣類と衣類の一部の切れ端、自白調書の三つを「捜査機関の捏造《ねつぞう》」と認定し、警察や検察の責任を厳しく断罪した。

再審公判では、事件の一年二ヵ月後に現場近くのみそタンクから発見され、赤みのある血痕が付いていた「5点の衣類」の評価が最大の争点となった。判決は、検察、弁護側双方が行った血痕のみそ漬け実験結果や専門家の証言を踏まえ「タンク内で一年以上みそ漬けされれば血痕は赤みを失う」と認定し、発見の一年前に身柄を拘束されていた袴田さん以外の人物がタンクに入れたとして「5点の衣類は犯行着衣ではない」と判断した。その上で判決は、「衣類は捜査機関が血痕を付けるなどの加工をし、タンクに隠匿した捏造証拠だ」と断定した。

また、判決は衣類発見後の捜索で袴田さんの実家から見つかった衣類の「端切れ」も捜査機関が捏造したものと認定した。さらに、判決は検察官が作成した自白調書は「捜査機関の連携により、肉体的・精神的苦痛を与えて供述を強制する非人道的な取り調べで獲得された」として「実質的に捏造された」と指摘した。

その上で判決は、これらの証拠を排除すると、他の証拠では袴田さんを犯人とは認定できないと結論づけた。

事件発生から五八年を経てようやく袴田さんは再審無罪となったが、袴田さんの身体拘束は四八年間、死刑囚として過ごしたのは四四年間に及ぶ。死の恐怖のもとでの長期間にわたる拘束で袴田さんには拘禁症状が残り、意思の疎通が困難になっている。

最初の再審請求から四三年、二回目の再審請求で再審開始決定がなされてからも一〇年が経過している。逮捕時三〇歳だった袴田さんは、今は八八歳である。冤罪を晴らすに要した時間は途方もなく長い。

誤った判決を正すのに途方もない年月がかかっているのは、再審制度が機能不全に陥っているからである。

現行の刑事訴訟法で再審手続きについて規定しているのはわずか一九条しかない。期日や陳述の機会を設けるかなど審理の進め方に関する規定がほとんどなく、裁判官の裁量に委ねられている。検察側は手持ちの証拠を弁護側に開示する義務がなく、再審開始が決まった場合、検察側に抗告権が認められている。

冤罪は国家権力による最大の人権侵害である。冤罪犠牲者を早期に救済するには、再審請求審における証拠の全面開示、再審開始決定に対する検察官の不服申立ての禁止などを柱とする再審法の改正が急務である。

袴田さんをこれまで支えてきた姉の袴田ひで子さんも「巌の体を元に戻してとは言わない、巌の四八年間を生かしてほしい」と早期の再審法の改正を訴えている。

被団協にノーベル平和賞（二〇二四年一〇月二五日　一四九四号　風速計）

ノルウェーのノーベル賞委員会は一〇月一一日、二〇二四年のノーベル平和賞を被爆者団体の全国組織日本原水爆被害者団体協議会（被団協）に授与すると発表した
被団協は、広島や長崎の被爆者が中心となって一九五六年に結成された。国連の軍縮総会などで一貫して「被爆の実相」を世界に発信して「核廃絶」を訴え続けきた。核兵器の開発や保有などを法的に禁止する「核兵器禁止条約」の締結に向けた国際NGO「核兵器廃絶国際キャンペーン（ICAN）」の国際的署名活動にも被団協は協力してきた。二〇一七年七月には核兵器禁止条約が国連で採択され、ICANは二〇一七年のノーベル平和賞を受賞している。
しかしながら、世界は核兵器の廃絶には向かっていない。ストックホルム国際平和研究所（SIP

RI）の推計によると、今年一月時点の世界の核弾頭総数は一万二一二一発に上っている。そのうち米国とロシアが抱える核弾頭が九割を占める。中国は昨年から九〇発増やして五〇〇発となり核戦力を急拡大しているが、中国を加えた核軍縮の枠組みは存在しない。また、北朝鮮も約五〇発を保有していると言われている。

また、ウクライナ侵攻を続けるロシアのプーチン大統領は核使用の威嚇を繰り返しており、パレスチナ自治区ガザの戦闘拡大で事実上の核保有国と言われているイスラエルと核開発を続けるイランが対立する中東情勢の緊張も高まっている。このような核軍拡の動きや緊迫するウクライナ情勢や中東情勢が、被団協のノーベル平和賞受賞の背景にあると思われる。

ノルウェーのノーベル賞委員会のフリードネス委員長は、被団協にノーベル平和賞を授与する理由について、「被爆者の体験を伝えることで、核兵器の使用は道徳的に許されないという国際的な規範を作った。この規範は『核のタブー』として知られるようになった。」と説明し、「核兵器が八〇年近く使われていないのは、彼らの貢献のおかげでもある」と、被団協の活動をたたえた。

唯一の戦争被爆国を自任する日本政府は、ノーベル平和賞を受賞した被団協の願いを重く受け止め、核兵器禁止条約参加に踏み切るべきだ。また、国の指定区域外で被爆した「被爆体験者」を被爆者と認めて、すべての被爆者に補償の道をひらくべきである。さらに、日本で被爆した韓国被爆者に対する補償も行われるべきである。

おわりに

二〇二二年二月二四日国連安全保障理事会の常任理事国でもあるロシアが、国連憲章を踏みにじり、国連加盟国であるウクライナに対する軍事侵攻を開始した。ロシアのウクライナ侵略戦争は現在も続いており、戦争終結の見通しが立っていない。

また、二〇二三年一〇月七日に始まったパレスチナ自治区ガザにおけるイスラエル軍とイスラム組織ハマスの戦闘も終息していない。さらにシリアでは、父子2代で半世紀以上続いたアサド独裁政権が、二〇二四年一二月八日崩壊した。中東情勢の先行きはますます不透明になってきている。

隣国韓国では、二〇二四年一二月三日夜、尹錫悦大統領が突然「非常戒厳」を宣言し兵士が国会に突入しようとしたが、二度と軍事独裁政権の時代に後戻りはさせてはならないと決意した多くの市民が立ち上がり、国会が戒厳令の解除要求決議を可決したため戒厳令は六時間後に解除された。韓国政治も当面流動的になると思われる。

このように国際情勢が混迷する中で、二〇二四年一一月五日に行われたアメリカ大統領選挙では、アメリカ第一主義を唱える共和党のドナルド・トランプが当選した。

国内的には、二〇二四年一〇月二七日に行われた衆議院選挙で自民党、公明党の与党が過半数割れし、少数与党に転落した。「自民党一強」時代が終わろうとしており、国内政治は流動化の様相を呈している。

さらに、年々深刻化している地球温暖化問題・気候危機問題と貧困と格差の拡大問題は世界的・人類的課題となってきている。いずれの問題も国際的な協調・協力なくして解決できない問題であるが、国際政治・国内政治とも前述のとおり混迷の度を増してきている。

混迷する国際政治・国内政治を打開していく鍵となるのは、自由と人権、民主主義を求める市民運動であると思っている。

また、深刻化する気候危機問題や貧困と格差拡大問題を解決する鍵となるのも、気候危機問題の解決を求める市民運動や反貧困の市民運動であると思っている。

これからは、このようなさまざまな市民運動の国際的連帯が大変重要になってくる時代だと思う。私も日本の市民の一人として、また世界市民の一人として、このような市民運動にこれからも参加していきたいと思っている。

二年間にわたる日弁連会長としての活動、三度にわたる都知事選の活動では家族には大変迷惑をかけたと思っている。私が活動を続けることができたのは家族の理解と支えがあったからである。ここで改めて妻美佐子と家族に感謝したい。

二〇二四年一二月一三日

宇都宮健児（うつのみや・けんじ）
1946年愛媛県生まれ
1969年東京大学法学部中退、司法修習所入所
1971年弁護士登録、東京弁護士会所属

クレジット・サラ金問題・多重債務問題に早くから取り組み、現在は貧困問題の解決に向けた運動にも取り組む。

これまで、日弁連消費者問題対策委員会委員長、日弁連上限金利引き下げ実現本部本部長代行、日弁連多重債務対策本部本部長代行、東京弁護士会副会長、豊田商事破産事件破産管財人常置代理人、地下鉄サリン事件被害対策弁護団団長、ティーピーシー事件・ＫＫＣ事件・オレンジ共済事件・和牛預託商法事件・八葉物流事件などの被害対策弁護団団長、年越し派遣村名誉村長、日本弁護士連合会会長（2010年度、2011年度）などを歴任し、2012年12月、2014年2月、2020年7月の都知事選に出馬。

現在は、全国クレサラ・生活再建問題対策協議会副代表幹事、全国ヤミ金融・悪質金融対策会議代表幹事、オウム真理教犯罪被害者支援機構理事長、全国消費者行政ウォッチねっと代表幹事、一般社団法人反貧困ネットワーク理事長、のりこえねっと（ヘイトスピーチとレイシズムを乗り越える国際ネットワーク）共同代表、人間らしい労働と生活を求める連絡会議（生活底上げ会議）代表世話人、公正な税制を求める市民連絡会共同代表、再審法改正をめざす市民の会共同代表、希望のまち東京をつくる会代表、週刊金曜日編集委員などを務める。

著書には、『消費者金融　実態と救済』（岩波新書）、『大丈夫、人生はやり直せる――サラ金・ヤミ金・貧困との闘い』（新日本出版社）、『弁護士、闘う　宇都宮健児の事件帖』（岩波書店）、『反貧困――半生の記』（花伝社）、『弁護士冥利――だから私は闘い続ける』（東海教育研究所）、『東京をどうする』（花伝社）、『自己責任論の嘘』（ベスト新書）、『天皇制ってなんだろう？　あなたと考えたい民主主義からみた天皇制』（平凡社）、『韓国市民運動に学ぶ――政権を交代させた強力な市民運動』（花伝社）など多数。

黒風白雨——私はこのように生きてきた

2025年1月15日　初版第1刷発行

著者 ——宇都宮健児
発行者 —平田　勝
発行 ——花伝社
発売 ——共栄書房
〒101-0065　東京都千代田区西神田2-5-11出版輸送ビル2F
電話　03-3263-3813
FAX　03-3239-8272
E-mail　info@kadensha.net
URL　https://www.kadensha.net
振替 ——00140-6-59661
装幀 ——北田雄一郎
印刷・製本— 中央精版印刷株式会社

ISBN978-4-7634-2152-4 C0036